EL HONOR DE LA PREDICACIÓN

PARTICIPANDO EN LA TRANSFORMACIÓN QUE DIOS OPERA EN EL MUNDO

DARRELL W. JOHNSON

Johnson, Darrell W.

El honor de la predicación: participando en la transformación que Dios opera en el mundo - 1.ª edición – Certeza Unida, 2021.
310 pp.; 15.2 x 22.9 cm.

ISBN 978-612-4252-99-0
Hecho el Depósito Legal en la Biblioteca Nacional del Perú N° 2021-02937

1. Religión. 2. Ministerio cristiano. 3. Predicación.

Título del original en inglés: *The Glory of Preaching: Participating in God's Transformation of the World*
©2009 Darrell W. Johnson, InterVarsity Press, P.O. Box 1400, Downers Grove, USA.
Esta traducción se publica en acuerdo con InterVarsity Press, P.O. Box 1400, Downers Grove, USA.
Primera edición en castellano.

Las citas bíblicas corresponden a la Nueva Versión Internacional (NVI), excepto donde se indique otra versión.

Traducción: Alvin Góngora
Edición: Alejandro Pimentel
Diseño de carátula: Daniel Leandro Flores
Diagramación: Hansel J. Huaynate Ventocilla

Ediciones Certeza Unida es la casa editorial de IFES en los países de habla hispana. La IFES (International Fellowship of Evangelical Students), también conocida en América Latina como la Comunidad Internacional de Estudiantes Evangélicos (CIEE), agrupa a movimientos estudiantiles nacionales que procuran formar comunidades de discípulos quienes, transformados por el evagelio, impacten la universidad, la iglesia y la sociedad para la gloria de Cristo.

Editoriales miembro de Certeza Unida:

Certeza Argentina, Bernardo de Irigoyen 678, 5° I, (1072) CABA, Argentina.
certeza@certezaargentina.com.ar

Ediciones Puma, Av. 28 de Julio 314, Oficina G, Jesús María, Lima, Perú.
Apartado Postal 11-168.
ventas@edicionespuma.org | www.edicionespuma.org

Andamio Editorial, Alts Forns 68, Sótano 1, 08038, Barcelona, España.
libros@andamioeditorial.com | www.andamioeditorial.com

Contenido

Prólogo
Siempre sucede algo

Cada vez que alguien, con Biblia en mano, se coloca frente a un grupo de personas y los invita a leer un pasaje determinado de la Biblia y luego intenta de la manera más fiel posible repetir lo que el Dios viviente dice en el pasaje bíblico, siempre sucede algo. Siempre sucede algo que logra transformar, facultar e inspirar.

Sí, ya sé que me he tomado el atrevimiento de afirmar esto. No faltará quien diga que esta afirmación es sumamente atrevida, incluso audaz. Habrá quienes la vean como muy simplista e ingenua. Lo entiendo. Con frecuencia me digo lo mismo. Sin embargo, me mantengo firme en esta afirmación. Se trata del honor de la predicación.

Creo firmemente que la predicación de la Palabra de Dios cambia el mundo. Creo firmemente que la predicación del evangelio de Jesucristo cambia personas, vecindarios, ciudades y naciones, pues cuando predicamos las buenas noticias de Jesucristo (que es básicamente lo que proclama cada uno de los pasajes de la Biblia) resultamos involucrados con el Dios vivo en el proceso constante de transformación del mundo. No es que la predicación sea el único medio que Dios utiliza. Obviamente Dios también lleva a cabo su transformación divina por medio de una variedad de ministerios, como grupos pequeños, mentores espirituales, grupos de música, grupos que propugnan la justicia social, aquellos que promueven la sanidad divina, el asesoramiento espiritual, por medio de los cultos y la oración intercesora. Pero, Dios ha elegido, sin duda alguna, transformar el mundo mediante el ministerio de la predicación, por medio de la exposición de pasajes bíblicos con el poder del Espíritu que los inspira. «Dios… tuvo a bien salvar», escribe el apóstol Pablo, «mediante la locura de la predicación, a los que creen» (1Co 1.21).

Dios salva al mundo por medio de la cruz y «el mensaje de la cruz» (1Co 1.18). Dios salva al mundo por medio del evento de la pasión de Jesús y la proclamación de ese evento. Resulta que la propia predicación es un evento salvífico.

Una vez más, estoy consciente que lo dicho es una afirmación atrevida. Sin embargo, me mantengo firme en esta afirmación. El Dios trino lleva a cabo el milagro de la transformación por medio de un predicador que siempre es imperfecto y cuya proclamación jamás es perfecta.

La siguiente historia nos permitirá entender la razón por la que escribí este libro.

En cierta ocasión, una amiga y yo nos encontrábamos saliendo de la iglesia. Yo había terminado de predicar acerca del Jesús del que nos narra Juan 2.1-11, el Jesús que convierte el agua en vino en una boda en Caná de Galilea. Comentábamos con beneplácito cuán maravillosamente el Espíritu de Dios había obrado en el sermón y por medio de este. Aparentemente la mayoría de los congregantes fueron profundamente conmovidos y una esperanza renovada los reanimó.

El sermón había enfatizado que lo que Jesús hizo en esa boda constituye el acto más milagroso de los realizados por Jesús, superado únicamente por el que se realizó en Jesús la mañana del día de la Pascua. Es el más milagroso porque, a diferencia de cualquier otro hecho portentoso realizado por Jesús, en este caso no solamente cambió lo que ya existía, sino que produjo algo que no existía. En todos sus milagros de sanidad, por ejemplo, Jesús toca lo que ya está allí, lo que no está funcionando correctamente, y pone las cosas nuevamente en orden.[1] Por ejemplo, en la alimentación de los 5,000 (el portento del que dan cuenta todos los evangelios) Jesús toma lo que ya hay —cinco panes y dos peces— y produce muchos más panes y peces. Es un hecho realmente impresionante. En Caná, sin embargo, Jesús no produce más de lo que ya hay; crea lo que todavía no existe. La manera como lo expresé en mi sermón fue: «Los ingredientes para el vino no estaban en las tinajas del agua». Mencioné que muchos expositores de Juan 2.1-11 suelen citar a San Agustín quien, cuando trató de resolver lo milagroso de ese acto, dijo algo así como: «El Creador está siempre convirtiendo el agua en vino, usualmente a través de un proceso lento, natural; en Caná, el Creador, ahora en nuestra carne y sangre, simplemente aceleró el proceso». Pero, mi argumento fue que no era así en este caso. El Creador está siempre convirtiendo el agua y las uvas en vino mediante un proceso lento, natural, pero él no está convirtiendo solamente agua en vino. En Caná, Jesús no aceleró un proceso natural. No hay proceso natural que pueda sacar vino solamente de agua. Los ingredientes para el vino no están en las tinajas del agua; allí no hay uvas, hay solamente agua. Jesús no está simplemente transformando lo que ya está allí. Esta creado algo que allí no existe.

¡Cómo me hubiera gustado haberlos tenido a todos ustedes como testigos del gozo que surgía en ese recinto a partir del pasaje bíblico! Yo lo percibí especialmente cuando llegamos a una de las conclusiones del pasaje bíblico: «Cuando Jesús promete hacer una obra nueva en ustedes, los ingredientes para la nueva obra no tienen que estar presentes», aseguré; «él puede crear algo totalmente nuevo sin la condición previa de ingredientes ya existentes».

Así que, al salir mi amiga y yo de la iglesia, nuestros corazones rebosaban de esperanza, conscientes de que casi todos los que habían estado presentes ese día ingresaban a «una lectura alternativa de la realidad» que da origen a esa clase de fe.[2] Sabiendo que yo venía desde hacía algún tiempo orando en torno a solicitudes que se me habían hecho para que escribiera un libro sobre predicación, ella me dijo: «Darrell, no creo que puedas plasmar en un libro lo que acaba de suceder en ese momento de predicación».

«¿Por qué?» —le pregunté.

«Porque lo que acaba de suceder trasciende lo que tú como predicador estabas haciendo, es algo muy «distinto» a lo que tú hacías».

Mi corazón palpitó de alegría. Entonces le pregunté: «¿Me estás diciendo que ni siquiera debo tratar de articular lo que acaba de pasar?»

«No» —respondió con su gentil dejo sureño estadounidense[3]— «lo que estoy diciendo es que quizá no sea posible. Yo creo que tú lo puedes expresar muy bien en persona mientras interactúas con los estudiantes y con otros predicadores cara a cara; pero no creo que ni tú, ni ninguna otra persona, pueda plasmarlo por escrito».

Tienen en sus manos el intento que plasmar lo que quizá no sea posible realizar. Tienen en sus manos mi intento de explorar y articular la honra de la predicación.

Yo no escribo como si fuera un especialista en predicación. A juzgar por lo que digo en este libro acerca de la predicación, podrán apreciar las razones por las cuales yo no creo que alguien pueda llegar a ser todo un especialista. A la hora de escribir este libro, he venido ejerciendo la predicación por casi cuatro décadas (desde la primavera de 1970). Entonces, me pueden considerar un predicador experimentado (y profesor de homilética), pero no me consideren un experto. El término *experto* da a entender que dominas la materia y que ejerces cierto grado de control sobre ella. No creo haber llegado a dominar la materia y, como verán en este libro, definitivamente no creo haber llegado a tener control sobre el acto de la predicación (ningún ser humano es capaz de ello). Prefiero que me consideren un entrenador o *coach* o alguien que anima a los demás. Escribo en calidad de un estudiante más de predicación, como uno que todavía sigue aprendiendo. Me considero, por la gracia de Dios, un discípulo del gran Predicador, del propio Jesús. Soy su estudiante y siempre lo seré.

Permítanme explicar, de manera preliminar, algunas de las convicciones fundamentales de las que parto en este libro:

1. *Cuando el Dios viviente habla, siempre sucede algo.* «Sea la luz». Y fue la luz —luz, mucha luz. «¡Silencio! ¡Cálmate!». Y el viento y el mar se calmaron. «¡Lázaro, sal fuera!». Y Lázaro, que había estado muerto, salió de la tumba.

2. *Cuando el predicador proclama el discurso de Dios, Dios habla.* Aquí me permito parafrasear las palabras de Martín Lutero.[4] Su afirmación se encuentra en el centro de la tradición reformada, de la cual provengo. *Predicatio verbi Dei est verbum Dei*: «La predicación de la Palabra de Dios es la Palabra de Dios» (Segunda Confesión Helvética).[5]

3. *Por lo tanto, cuando el predicador pronuncia el discurso de Dios, siempre sucede algo.* ¿Siempre?

   Me ocuparé en desarrollar y defender estas convicciones en lo que resta del libro.

Estas convicciones constituyen las materias concretas de los capítulos uno, dos y tres.

Hay algo más que vale la pena mencionar también de manera preliminar. Algo sucede. ¿Qué es lo que sucede? Creo que cada vez que los seres humanos salen de algún momento de predicación[6] (un momento constituido por la predicación de la Palabra de Dios), llevan consigo

- una visión más clara del Dios viviente en Jesús (quien, según él mismo, es el sujeto de todo pasaje bíblico y, por lo tanto, de todo sermón sobre todo pasaje bíblico)[7]
- una mejor comprensión del evangelio de Jesús, las buenas noticias de lo que Dios ha hecho, continúa haciendo y hará en Jesús
- una «lectura alternativa de la realidad», una perspectiva diferente y más redentora de las circunstancias, los desafíos y los temores en sus vidas
- una nueva forma de pensar, sentir, actuar y responder que está delineada por una visión más clara, una mejor comprensión y una lectura alternativa
- un nuevo poder que los faculte a andar en la nueva realidad a la cual el pasaje bíblico predicado los ha llevado

A medida que se desarrolla el contenido del libro estaré aclarando y aplicando estas convicciones, especialmente en los capítulos tres, cuatro y diez.

La frase clave en el título de este libro es *formar parte de*. La he escogido por dos razones. En primer lugar, puesto que el evangelio de Jesucristo es la buena noticia de que, en virtud de lo que Jesús ya logró («todo se ha cumplido», Jn 19.20), él puede invitarnos, y en efecto, nos invita a participar en su vida (lo cual, a la postre, es la vida íntima del Dios trino). Cada vez que escribo o pronuncio esas palabras siento como si danzara, o al menos con los ímpetus para prorrumpir en un «amén». Gracias a Jesús, a su obra en la cruz, a su resurrección y ascensión, nosotros, simples seres humanos, simples seres humanos pecadores, estamos incluidos en la vida misma de la Trinidad; estamos incluidos en la relación filial de Jesús con aquel a quien él llama Padre; estamos incluidos en la relación que él tiene con aquel a quien él llama Paracleto, el Espíritu de verdad y vida; estamos incluidos en su condición[8] de «Hijo», y, por lo tanto, en su ministerio[9] en calidad de «Hijo». Jesús nos invita a que formemos parte junto a él en su ministerio como profeta, sacerdote y rey (o, si lo prefieren, revelador, redentor y regente).[10] Ser llamados al ministerio de oración intercesora significa formar parte de su ministerio de oración intercesora; ser llamados al ministerio de la enseñanza significa formar parte de su ministerio de enseñanza; y así sucesivamente de tal manera que abarcamos la amplitud del ministerio de Jesús en el mundo y a favor de este. Y ser llamados al ministerio de la predicación significa formar parte de su ministerio de predicación.

Escogí la frase *formar parte de* por otra razón, una que libera y que faculta. En un último análisis, el peso del triunfo de la predicación descansa en los hombros del Predicador por excelencia, en los hombros de Jesús. (Estoy consciente de que el término «Predicador» en la Biblia se refiere usualmente al autor del Eclesiastés, pero confío en que ustedes estarán de acuerdo conmigo en que esa palabra es más apropiada si se aplica a Jesús de Nazaret). Lo que hace que la predicación funcione es el Predicador quien, por su Espíritu, realiza su labor en el pasaje bíblico y con este, en el predicador y con este, en los oyentes y con estos. La predicación produce resultados porque de alguna manera el Predicador, que resucitó y ascendió a los cielos, y que es el objeto de la predicación, es el que realiza la predicación. No nos paramos solos delante de los demás, con Biblia en mano; nos paramos en el nombre de Jesús y junto con él. Formamos parte de la actividad de alguien más.

El panorama es aún más alentador, pues resulta que al predicar participamos en la predicación de Jesús respecto a su Padre. En el momento de la predicación, el propio Jesús señala y revela al Padre. Al predicar, participamos en la predicación del Padre respecto a su Hijo. En el momento de la predicación, el propio Padre señala y revela a su Hijo: «Este es mi Hijo amado; estoy muy complacido con él» (Mt 3.17); «Este es mi Hijo amado; estoy muy complacido con él. ¡Escúchenlo!» (Mt 17.5). Al predicar, participamos en la predicación del Espíritu Santo respecto a Jesús. En el momento de la predicación, el Espíritu revela a Jesús, nos ofrece su propio testimonio respecto a Jesús, y lo hace de manera tal que produce convencimiento y fe (Jn 16.8-15). Somos partícipes de una obra divina, de una obra trinitaria cuyo resultado final no recae sobre nuestros hombros.

Debo aclarar que nada de esto quiere decir que la predicación humana no tenga relevancia alguna. Eso espiritualizaría demasiado esta participación liberadora y potenciadora. De hecho, los predicadores juegan un papel y han sido llamados a cumplirlo de una manera competente y fiel como les sea posible. Ese es el tema que procuro desarrollar en los capítulos cinco al nueve.

Posteriormente, en el capítulo diez, regresaré al tema fundamental con el fin de definir la predicación como «estar situado en el misterio».

He tenido muchos mentores que me han ayudado en mi predicación, demasiados como para que intente ahora mencionarlos a todos por nombre en este prólogo (los irán descubriendo a medida que avancen en la lectura de este libro). Sin embargo, quiero mencionar, en orden alfabético, aquellos que me han enseñado y estimulado de manera significativa hasta este momento: F. Dale Bruner, Maxine Hancock, E. Stanley Jones, Walter Luthi, G. Campbell Morgan, Earl F. Palmer, Fleming Rutledge, James S. Stewart, John R. W. Stott y Rod K. Wilson. Siempre he creído que, si tan solo pudiera predicar con la precisión exegética de John R. W. Stott,[11] la imaginación literaria de Maxine Hancock,[12] la alegre creatividad de Earl. F. Palmer,[13] el amor hacia la Biblia que uno encuentra en F. Dale Bruner,[14] el orden habilidoso de G. Campbell Morgan[15] y Walter Luthi,[16] la retórica brillante de James. S. Stewart,[17] la compasión por la humanidad presente en Charles Swindoll,[18] la conciencia cultural de Fleming Rutledge,[19] y la conciencia de la «realidad» de Rod Wilson,[20] ¡por fin podría predicar! Obviamente, me equivoco. Si bien puedo aprender de cada uno de esos mentores y lo he hecho, tengo que descubrir lo que nos corresponde descubrir a todos nosotros: tengo que predicar de la manera como fui creado y redimido, tengo que predicar con mi propia voz.[21] Lo cual significa que hay tantas maneras para predicar como predicadores hay. (En el capítulo ocho ampliaré un poco más este asunto).

Como ya se habrán dado cuenta, abordo el significado y la tarea de la predicación desde una sólida orientación reformada. Me aproximo a la teoría y la práctica desde la convicción profunda de que, como lo asegura el apóstol Pablo, la palabra del mensaje de Dios consiste no solamente de las palabras de los seres humanos, sino que es «palabra de Dios, la cual actúa en ustedes los creyentes» (1Ts 2.13). Le atribuyo una alta importancia a la predicación.

Cuando acepté mi nombramiento en Regent College (inicié mis labores en septiembre del 2000), el doctor Robert Meye, ex decano de la Facultad de Teología del Seminario Teológico Fuller (y, por entonces, profesor emérito), me envió un correo electrónico en el que, aunque expresaba su tristeza de que yo abandonara el área de Los Ángeles, me extendía su bendición en mi nuevo llamado. Me mencionó un libro que había leído y releído en años recientes y que me animaba ahora a leerlo y releerlo (lo cual he seguido haciendo). El libro es *Princes of the Church*, escrito por W. Robertson Nicoll, y se trata de una colección de elogios que Nicoll escribiera con ocasión del fallecimiento de predicadores importantes de su tiempo y quienes, en su mayoría, fueron sus amigos. En su carta, el Dr. Meye me compartió una cita de lo que Nicoll escribió sobre Charles Edwards, rector de University College en Aberystwyth, Inglaterra, y autor de un comentario sobre 1 Corintios, que es un clásico:

> El Rector Edwards estaba plenamente convencido de que la predicación antecede a todo lo demás, y creía que esta jamás ocupará el lugar que le corresponde a menos que se ocupe de los misterios más profundos de la fe cristiana. Una de sus frases memorables a la que acudía con frecuencia dice: «El último recurso de Cristo es un gran predicador». Lo que quería decir es que cuando la fe decae, cuando la iglesia se enfría, la esperanza surgía en la aparición repentina de un gran predicador. La predicación, solía decir, continuará en la iglesia por los siglos de los siglos ya que Cristo no va a permitir que su pueblo muera».[22]

El Dr. Meye añadió a continuación: «Darrell, creo que ese es su desafío particular, dar a conocer esta verdad en la iglesia». En tal espíritu ofrezco este libro.

Me entregué al llamado de la predicación esa tarde en la noche del 4 de abril de 1968, el día en que Martin Luther King Jr. fue asesinado. Durante toda la noche las estaciones de radio habían estado emitiendo los sermones del Dr. King. Todavía puedo recordar su estruendosa voz que decía: «He subido al monte. He visto la Tierra Prometida. No le temo a la muerte»; «Yo tengo un sueño».[23] Hacia la medianoche salí de la cama, caí de rodillas y dije: «Señor, eso es lo que quiero hacer con mi vida, predicar tu Palabra de tal manera que no solo las personas, sino las naciones, lleguen a ser transformadas». En la mañana llamé a mi abuela, Alina Johnson (1900-1987), para contarle lo que había hecho. Comenzó a llorar. Me dijo que cuando yo era pequeño, de unos tres años, me quedé con ella por algunas semanas. Un domingo en la tarde ella me sentó en su regazo para que pudiera escuchar con ella la emisión de *The Old Fashioned Revival Hour*, un programa radial con Charles E. Fuller.[24] Luego del mensaje, mi abuela me dirigió en una oración de respuesta. Según su relato, me subí a la calefacción ubicada cerca a la ventana principal y anuncié: «Cuando yo crezca voy a predicar acerca de Jesús». Me dijo que desde ese día comenzó a orar para que mis palabras se hicieran realidad. Aquella mañana de abril de 1968 mi abuela lloraba porque su oración había sido respondida. A su memoria, y con gratitud, dedico este libro.

Lo dedico también a un hombre que, más allá de lo que es consciente, trazó el curso de lo que ha sido mi vida a lo largo de los últimos 40 años. Mientras cursaba la carrera de Física en la Universidad de California, empecé a congregarme en la Iglesia Presbiteriana Solana Beach, en el norte de San Diego. En aquella época, H. Hollis Allen era el pastor auxiliar. Fue él quien despertó en mí el don de la predicación. Fue él quien se percató de que yo estaba dotado para enseñar y predicar las Escrituras y quien luego me dio las primeras oportunidades para que yo ejerciera mis dones. Él vio en mí lo que yo no podía ver en mí mismo. Desde entonces, él ha creído en mí.

Puesto que soy un predicador por llamado y formación, ustedes me verán en este libro «funcionando» como predicador. He hecho todo lo posible para evitar escribir tal como hablo; he tratado de no usar exclamaciones, frases, repeticiones y otros recursos retóricos que son más apropiados para la comunicación oral. Allí donde no he hecho el tránsito al arte literario les ruego su indulgencia; en tales casos, les pido que simplemente continúen con la lectura. Después de todo, me paso la mayor parte del tiempo ayudando a predicadores jóvenes, estudiantes de posgrado, a que cambien el estilo de escribir para el ojo a escribir para el oído. (Sobre esto hay más material en el capítulo seis).

Deseo agradecer a un buen número de personas que me ayudaron con este libro. Un profesor de pedagogía, ya jubilado, Ken Nixon, y tres distinguidos predicadores de diferentes confesiones evangélicas, Brian Buhler, Mike Lee y Dick Wiedenheft, leyeron todo el manuscrito y me ofrecieron sus muy útiles aportes críticos. Mary Romero leyó cada una de las páginas y me ayudó con la corrección. Doug Hills, secretario de la facultad de Regent College, intervino en muchas ocasiones y me ayudó a encontrar datos bibliográficos que yo no hubiera podido ubicarlos. Dos autores de libros sobre predicación que permanecen anónimos, a petición de InterVarsity Press revisaron cuidadosamente mi trabajo y ofrecieron críticas esclarecedoras. Emily Varner, gentilmente y con imaginación, me ayudo a disminuir mi tendencia a escribir para el oído. Gary Deddo, editor de InterVarsity Press, me guio a lo largo del camino estimulándome con sus propias preguntas y sugerencias. Desde luego, cualquier error que aún perviva en el libro es solamente mío.

Estoy convencido que nada va a tomar el lugar que le corresponde a la predicación en la obra que Dios lleva a cabo en el mundo. No importa los cambios que sucedan en la teoría y práctica de la comunicación, nada va a ocupar jamás el lugar de una persona, Biblia en mano,[25] de pie frente a un grupo conformado por otras personas, y que los invita a un pasaje bíblico específico, y dice lo que Dios ya dice en el pasaje bíblico y por medio de este. Puede que la predicación no reciba la atención que acaparan otras formas de comunicación. Que así sea. La predicación puede verse como algo sin sentido o débil tal como el supuestamente loco y débil mensaje del supuestamente loco y débil Salvador y Señor. Que así sea. «Nada de que angustiarse», como se suele decir en mi vecindario canadiense. Ese mensaje resulta siendo la sabiduría y el poder del Dios viviente (1Co 1.18-25); y la predicación de ese mensaje no es otra cosa que la manera sabia y poderosa por la cual el Creador y Redentor transforma el mundo.

Un pastor chino dijo en cierta ocasión: «Atrévase a predicar… y mire lo que ocurre».

Siempre sucede algo.

Notas

1. No deja de sorprenderme que yo haya logrado aprender esta lección de David Strauss en su *The Life of Jesus Critically Examined*, de 1831 (ed. por Peter C. Hodgson, trad. George Eliot), Ramsey, NJ: Sigler Press, 1972, pp. 219-27). Strauss no cree que haya sucedido nada de lo que los escritores de los evangelios afirman. Sin embargo, cuando lee un pasaje puede capturar lo que el autor había dicho, mucho mejor que alguien que sí cree lo que el pasaje afirma.

2. La frase que Walter Brueggemann utiliza en sus estudios sobre el papel que juega el pasaje bíblico y la predicación. Ver su *Cadences in Hope: Preaching Among Exiles*, Louisville, Ky.: Westminster John Knox Press, 1997.

3. Mi amiga es Polly Long, una de nuestras profesoras de Nuevo Testamento en Regent College, y una gran predicadora.

4. Nota del editor: La alusión a Lutero se encuentra en LW 51.76 *(Deus loquens)*.

5. Nota del editor: La cita no aparece en la Segunda Confesión Helvética, sino que es más bien una acotación al margen que aparece en el primer artículo, párrafo 3.

6. Al decir «momento de predicación» me refiero no solamente a la predicación de los cultos del Día del Señor, sino también a las reuniones en los hogares durante la semana, o las reuniones estudiantiles en las universidades, etc.

7. Juan 5.39; Lucas 24.27, 44.

8. Larry Hurtado, *At the Origins of Christian Worship*, Grand Rapids: Eerdmans, 1999, p. 107.

9. N. T. Wright, *The Lord and His Prayer*, Grand Rapids: Eerdmans, 1996, p. 81.

10. Bruce Metzger, de Princeton Seminary. Nota del editor: El original en inglés contiene una serie de tres palabras *(Revealer, Redeemer and Ruler)*, que reflejan la práctica lingüístico-cultural en el mundo anglosajón por rimas al principio de las palabras.

11. John Stott es, para mi concepto, el más puro predicador expositivo de la historia. Me he valido de sus trabajos sobre el sermón del Monte, Hechos y Efesios. Incluso ubico a Stott algunos escalones más arriba de

los correspondientes a Juan Crisóstomo, Martín Lutero y Juan Calvino —los grandes predicadores del pasado— simplemente porque Stott, a diferencia de los tres mencionados, mantuvo sus debates con otros líderes cristianos al margen del tono y contenido de sus sermones.

12. Maxine Hancock, profesora de Estudios Interdisciplinarios en Regent College, tiene tal ingenio con las palabras y las imágenes que zambulle a sus oyentes en el pasaje y los lleva a los pies de Jesús. Su sermón sobre Genésis 1, «Ser un humano», me redujo a lágrimas de liberación y gozo.

13. Earl Palmer aborda la Biblia de tal manera que produce una inmediata atracción y despierta el gozo. La primera vez que lo escuché fue en 1976, en una conferencia estudiantil celebrada en el centro de conferencias Forest Home en las montañas al oriente de Los Ángeles, y seguí escuchándolo cuando fue pastor de la iglesia First Presbyterian Church, en Berkeley, California, posteriormente en la iglesia University Presbyterian Church, en Seattle, Washington.

14. Conocí a Dale al poco tiempo de haber dejado las Filipinas, donde había enseñado en el Union Theological Seminary, con el fin de trabajar en Whitworth College, en Spokane, Washington. No hay alguien que yo conozca que tenga la habilidad para extraer la riqueza del pasaje bíblico tal como lo hace Dale. Nos muestra que todo el material ilustrativo necesario se encuentra ya en el pasaje.

15. Morgan predica sobre un libro de la Biblia únicamente después de haberlo leído 40 o 50 veces. Sus sermones se encuentran en *The Westminster Pulpit: The Preaching of G. Campbell Morgan*, 10 vol., 1906-1916, Grand Rapids: Baker House, 1954-1955, reimpresión. Ver igualmente su *Studies in the Four Gospels*, Westwood, NJ: Fleming H. Revell, 1927.

16. De Luthi, ver su *St. John's Gospel: An Exposition*, trad. por Kurt Schoenenberger, Richmond, VA: John Knox Press, 1960, y *The Letter to the Romans*, Edimburgo y Londres: Oliver and Boyd, 1961. Hasta donde alcanza mi conocimiento no hay nadie que pueda tomar todo un capítulo o un evangelio y producir un sermón tan claro y conciso como él consigue hacerlo.

17. Muchos consideran a James S. Stewart «el más grande predicador» (al menos en el mundo anglosajón) del siglo xx. Ver especialmente sus dos libros sobre predicación, *Heralds of God* (1946), Vancouver, BC: Regent College Publishing, 2001, reimpresión, y *A Faith to Proclaim* (1953), Vancouver, BC: Regent College Publishing House, 2002, reimpresión. Leo a Stewart y mi corazón arde en fuego con el evangelio. Le debo a mi tío,

Emmet Johnson, un predicador de primer orden, que me haya puesto en contacto con Stewart. Cuando recibí mi ordenación, mi tío me llevó a la librería del Lutheran Seminary en St. Paul, Minnesota, y me regaló toda la obra impresa de Stewart a la sazón disponible.

18. Charles Swindoll es un narrador magistral, con una capacidad cautivante para convertir cualquier pasaje, no solamente los pasajes narrativos, en una historia viva.

19. Hace poco que empecé a familiarizarme con el ministerio de Fleming Rutledge. Sin previo aviso, ella puede llevarlos al corazón del pasaje y su conexión redentora con la cultura. Me hubiera encantado haberla conocido antes. Pueden ser de su interés sus colecciones de sermones, ya sea en *The Bible and The New York Times*, Grand Rapids: Eerdmans, 1999, o en *Help My Unbelief*, Grand Rapids: Eerdmans, 2000.

20. Rod Wilson, quien estudió junto conmigo en la facultad, es rector de Regent College, donde enseña Consejería Cristiana. Es un líder de la más alta calidad con el que yo he trabajado. Para él, su trabajo número uno es «nombrar la realidad», lo cual desempeña con coraje, distinción y honestidad en su predicación.

21. Phillips Brooks, «Preaching is truth through personality», en *Lectures on Preaching*, Nueva York: E. P. Dutton, 1877, p. 5. La cita completa reza así: «La predicación es la comunicación de la verdad hecha por un hombre a los hombres. Consta de dos elementos esenciales: verdad y personalidad... La predicación consiste en anunciar la verdad por medio de la personalidad».

22. W. Robertson Nicoll, *Princes of the Church*, Londres: Hodder and Stoughton, 1921, pp. 128-129. La declaración audaz del rector Edwards es un hecho histórico. Ver Yngve Brilioth, *A Brief History of Preaching*, traducido por Karl E. Mattson, Filadelfia: Fortress, 1965, pp. 161-170.

23. Ver la colección de sus sermones en *Strenght to Love*, Filadelfia: Fortress, 1963. Hay versión en español, *La fuerza de amar*, Madrid: Acción Cultural Cristiana, 1999. Hay dos libros destacados que nos orientan en las lecciones del Dr. King: Mervyn A. Warren, *King Came Preaching*, Downers Grove, Ill.: InterVarsity Press, 2001, y Richard Lischer, *The Preacher King: Martin Luther King Jr. and the Word That Moved America*, Oxford: Oxford University Press, 1997.

24. Para conocer una historia conmovedora de ese ministerio, ver Daniel P. Fuller, *Give the Winds a Mighty Voice*, Waco, Tex.: Word Books, 1972.

25. Me permito animarlos a que lean directamente de una Biblia y no acudan a un trozo de papel ni a una pantalla. Somos «el pueblo del libro» y necesitamos proyectar ese modelo.

Parte I

Fundamentos teóricos

respecto a formar parte de la obra de Dios

1

¿Por qué sucede lo que sucede?
Una visión: Ezequiel 37

«La predicación produce resultados antes de que esta sea entendida», escribe Richard Lischer, de Duke University Divinity School.[26] Yo concuerdo. Al igual que sucede en toda dinámica de comunicación entre seres humanos, la predicación produce resultados antes que haya sido entendida plenamente. Por supuesto, entre más clara haya sido su comprensión más efectivos serán sus resultados, tal como lo puede testificar cualquier pareja que haya luchado con la comunicación. Sin embargo, en el misterio de las cosas, la predicación entra en acción mucho antes que nosotros hayamos entendido lo que el predicador, sus oyentes, el pasaje bíblico y el Espíritu Santo están haciendo.

La visión

En este primer capítulo los invito a que presten atención al pasaje bíblico, que nos ayuda a entender por qué ocurre lo que sucede en la predicación. Es un relato comúnmente conocido como «La visión de los huesos secos», que fue dada al profeta Ezequiel (592-570 a.C.), quien la escribió y hoy la encontramos en el capítulo 37 de su magnífica obra. Entre más lo predico, más me entusiasmo con este pasaje bíblico. Lo que se revela en Ezequiel 37 y por medio de este me anima a ponerme de pie frente a otras personas, leer un pasaje bíblico y decir una vez más lo que el Dios vivo ya dice en dicho pasaje con la expectativa de que algo vaya a suceder en las vidas de quienes escuchan.

Antes de que yo comience a trabajar Ezequiel 37, les pido que lo lean cuidadosamente tomando nota de lo que resalta a sus ojos a partir del pasaje bíblico y de las preguntas que les gustaría plantearle a Ezequiel.

La mano del Señor vino sobre mí, y su Espíritu me llevó y me colocó en medio de un valle que estaba lleno de huesos. Me hizo pasearme entre ellos, y pude observar que había muchísimos huesos en el valle, huesos que estaban completamente secos. Y me dijo: «Hijo de hombre, ¿podrán revivir estos huesos?» Y yo le contesté: «Señor omnipotente, tú lo sabes».

Entonces me dijo: «Profetiza sobre estos huesos, y diles: "¡Huesos secos, escuchen la palabra del Señor! Así dice el Señor omnipotente a estos huesos: 'Yo les daré aliento de vida, y ustedes volverán a vivir. Les pondré tendones, haré que les salga carne, y los cubriré de piel; les daré aliento de vida, y así revivirán. Entonces sabrán que yo soy el Señor'"».

Tal y como el Señor me lo había mandado, profeticé. Y mientras profetizaba, se escuchó un ruido que sacudió la tierra, y los huesos comenzaron a unirse entre sí. Yo me fijé, y vi que en ellos aparecían tendones, y les salía carne y se recubrían de piel, ¡pero no tenían vida!

Entonces el Señor me dijo: «Profetiza, hijo de hombre; conjura el aliento de vida y dile: "Esto ordena el Señor omnipotente: 'Ven de los cuatro vientos, y dale vida a estos huesos muertos para que revivan'"». Yo profeticé, tal como el Señor me lo había ordenado, y el aliento de vida entró en ellos; entonces los huesos revivieron y se pusieron de pie. ¡Era un ejército numeroso!

Luego me dijo: «Hijo de hombre, estos huesos son el pueblo de Israel. Ellos andan diciendo: "Nuestros huesos se han secado. Ya no tenemos esperanza. ¡Estamos perdidos!" Por eso, profetiza y adviérteles que así dice el Señor omnipotente: "Pueblo mío, abriré tus tumbas y te sacaré de ellas, y te haré regresar a la tierra de Israel. Y cuando haya abierto tus tumbas y te haya sacado de allí, entonces, pueblo mío, sabrás que yo soy el Señor. Pondré en ti mi aliento de vida, y volverás a vivir. Y te estableceré en tu propia tierra. Entonces sabrás que yo, el Señor, lo he dicho, y lo cumpliré. Lo afirma el Señor"»

(Ez 37.1-14).[27]

Este pasaje bíblico enciende la esperanza, incluso frente a la desesperanza. Solo basta con que el Dios de este pasaje bíblico hable para que algo suceda.

Recuerden la desesperanza a la que se enfrentó Ezequiel. No es nada diferente a lo que muchos de nosotros como predicadores experimentamos cada vez que nos paramos a hablar en nuestro tiempo. El relato del profeta ocurre en el siglo VI antes del nacimiento de Jesús, antes que la Palabra se hiciera carne y vivera entre nosotros (Jn 1.14). Israel había sufrido el cautiverio en manos de la superpotencia, Babilonia. Jerusalén, «la ciudad del gran Rey» (Sal 48.2), estaba en ruinas. El templo de Salomón, centro de adoración del Dios que está por sobre todos los dioses, eran un montón de escombros. No era que la infraestructura económica, social y moral estuviese a punto de colapsar; había desaparecido por completo. La nación expresó su condición de postración en estos términos: «Nuestros huesos se han secado. Ya no tenemos esperanza. ¡Estamos perdidos!» (Ez 37.11).

¿Se han sentido así alguna vez? ¿Han llegado en alguna ocasión al extremo de sentir que toda esperanza se ha perdido? Yo sí. Con regularidad me siento así. Es una de las experiencias humanas más sofocantes.

En medio de una situación tan desesperanzadora, Dios trae a Ezequiel, y por el Espíritu Santo lo pone en medio de un valle. Sea que ese vaya haya existido en realidad o sea un asunto del ojo mental del profeta, carece de importancia para los propósitos que Dios tiene en mente.[28] Dios describe el apuro de Israel por medio de un cuadro de los huesos descompuestos de un ejército derrotado. Dios resalta (o quizás deba decir, profundiza) el sentido de desesperanza por medio del lenguaje de las tumbas. ¿Ves esas tumbas, Ezequiel? Israel se descomponía, había sido vencido, se secaba. Israel había muerto.

¿Se han sentido así alguna vez? ¿Se han parado alguna vez frente a un grupo de personas que se sienten así? Prácticamente cada vez que predicamos, ¿no lo dirían ustedes?

Mientras Ezequiel contempla el valle y se da cuenta que ahí están representados su pueblo y él, Dios le habla llamándolo «hijo de hombre», que en este contexto significa simplemente, «mortal». «Mortal, ¿podrán revivir estos huesos?» (Ez 37.3). ¿Qué piensan? ¿Pueden revivir unos huesos secos?

Ezequiel responde: «Señor omnipotente (literalmente, «Oh Señor Yaveh»), tú lo sabes (Ez 37.3), lo que significa: «Solo tú conoces la respuesta a tu pregunta». En lo que a Ezequiel corresponde, la situación es de completa desesperanza, si se la considera únicamente desde una perspectiva humana. No hay manera cómo él, o cualquier otro israelita, o toda la nación junta, puedan hacer que esos huesos regresen a la vida. Si se les abandona a su propia suerte, van a permanecer secos y muertos.

¿No es esa la naturaleza de la condición humana? ¿No es eso a lo que los predicadores nos enfrentamos cada vez que nos paramos frente a un grupo de personas? Si llevar una vida espiritual coherente y saludable dependiera únicamente de mí, los huesos secos de mi alma árida no vivirían. Si conservar una congregación que vibre en su vida comunitaria y en su ministerio dependiera únicamente de predicadores como ustedes y yo, más nos valdría cerrar las puertas justo ahora, en este momento. Si desencadenar una revolución moral que rompa las cadenas que nos oprimen dependiera únicamente de ustedes, de mí y de todos los demás predicadores de hoy en día, nuestro mundo está definitivamente condenado.

«Mortal, ¿podrán revivir esos huesos?» No; no por ellos mismos. No en virtud de ellos mismos. Abandonados a su suerte, permanecerán secos y muertos.

«Pero tú, Oh Yaveh… Tú sabes si ellos vivirán».

El Dios viviente, entonces, ordena a Ezequiel a que les profetice. En este contexto veo que la orden quiere decir: «Habla, pronuncia la palabra de Dios». Predica, Ezequiel. Sí, la predicación significa mucho más que profetizar, y no toda predicación implica profetizar (como veremos en el capítulo cuatro que se ocupa de los verbos relacionados con formar parte). Por ahora asumamos que existe una correlación interna entre lo que se le ordenó a Ezequiel y lo que en nuestro tiempo y lugar se nos ordena hacer. Predica, Ezequiel, predícales a esos huesos.

Puedo bien imaginarme a Ezequiel diciendo: «Pero, ¿qué provecho se puede sacar de eso?» ¿Qué impacto puede tener la palabra de Dios sobre una crisis nacional? ¿Qué efecto puede ejercer la predicación sobre unos huesos secos? Señor, aquí estamos hablando de una crisis de proporciones de gran envergadura. Necesitamos mucho más que predicación. ¿Qué resultado favorable puede arrojar la predicación frente a una desintegración, una descomposición, una muerte tan abrumadora?»

Con todo, Ezequiel obedece tan extraña orden. Ezequiel les habla a los huesos secos. ¡Les habla a unos huesos secos! «¡Oh, huesos secos, escuchen la palabra del Señor!» Yo me pregunto si Ezequiel sintió que estaba hablando tonterías. ¿Se han sentido alguna vez que están haciendo el ridículo hablando palabras de vida a gente que «está muerta»? Yo me siento así con frecuencia. Sin embargo, Ezequiel habla: «Así dice el Señor omnipotente a estos huesos: "Yo les daré aliento de vida, y ustedes volverán a vivir"» (Ez 37.5).

A renglón seguido, el pasaje bíblico dirige nuestra atención hacia lo que sucedió cuando Ezequiel lo hizo, cuando pronunció la palabra del Dios vivo. «Y yo me fijé, y vi…» (Ez 37.8). Se trata del verbo *ver* en su forma imperativa. Una orden puesta en acción. Ezequiel es tomado por sorpresa por lo que ocurre y nos exhorta a que lo acompañemos en su asombro. «¡Miren! ¡Miren! ¡Hubo un ruido, y miren! Un ruido que sacudió la tierra, y los huesos se juntaron, hueso con hueso. Yo me fijé, y vi… ¡y miren! Aparecieron tendones y tejidos y una piel que los recubrió» (Ez 37.7-8, paráfrasis).

¿Por qué la acción de profetizar tiene ese efecto? ¿Por qué la predicación produce ese resultado? ¿Fue acaso por algo peculiar en Ezequiel, por algún gran recurso retórico, alguna habilidad suya como orador? No. ¿Fue, entonces, que los huesos secos eran receptivos? Meditemos en esta pregunta; es crucial para la predicación en nuestros tiempos. ¿Será que la predicación posee un efecto generador de vida debido a la receptividad de los huesos? No. Los huesos no pueden responder. Están descompuestos. Están muertos. Tomemos nota de ello. Los huesos están muertos. ¿Cómo podrían, entonces, oír, mucho menos responder?

Si es así, ¿por qué se llega a tal resultado por hablar la palabra? Todo se debe a la naturaleza de la palabra. La palabra del Señor es viva y eficaz, poderos y creativa. La palabra de Dios no solamente informa, sino que actúa, transforma. La palabra de Dios produce resultados.

Esa es la observación del centurión romano en la historia que nos cuenta Mateo. El pasaje bíblico está en Mateo 8.5-13, que es otro relato de estímulo para los predicadores. El centurión fue donde Jesús preocupado por su siervo. Para sorpresa de todos, le dijo a Jesús: «...basta con que digas una sola palabra, y mi siervo quedará sano» (Mt 8.8). ¿Quién le había dado esa información? ¿Cómo lo sabía? «¡Basta con que digas una sola palabra!» Y Jesús dijo: «Les aseguro que no he encontrado en Israel a nadie con tanta fe» (Mt 8.10).

El razonamiento del centurión surge de su propia experiencia. Como soldado, está sujeto a una autoridad superior y ejerce su propia autoridad sobre otros. Él simplemente le dice a uno de sus soldados: «Ve», y el soldado lo hace. Le dice a otro: «Ven», y este otro soldado viene. Le dice a su siervo: «Haz esto», y el siervo lo hace. El centurión reconoce que el maestro compasivo solo necesita decir: «Sé sano», y así sucederá. El centurión reconoce que, así como él tiene autoridad sobre un destacamento de cien soldados, de igual manera Jesús tiene autoridad sobre la vida y la muerte. Juan Calvino parafrasea la percepción del centurión de la siguiente manera: «Tengo soldados bajo mi autoridad, así como tú tienes a los poderes espirituales, los ángeles sanadores, la enfermedad y la muerte bajo tu autoridad».[29] El centurión da órdenes, las cuales se acatan al instante. De alguna manera él podía entender que Jesús podía dar órdenes que afectaban el bienestar de las personas, órdenes que se cumplían estuviese Jesús presente o no.[30]

«Basta con que digas una sola palabra». Como predicadores, debemos decirnos eso a nosotros mismos, y unos a otros, con regularidad. Tal como luce ante mis ojos, una de las más grandes necesidades a las que se enfrenta el ministerio de la predicación, en cualquier época y contexto cultural, es la recuperación permanente de la confianza en la palabra de Jesucristo. Solo basta con que Jesús hable para que algo suceda. Nosotros conocemos el poder de nuestras palabras. Una palabra puede cambiar la atmósfera de un recinto; una palabra puede crear toda una nueva perspectiva. Si nuestras palabras tienen tal poder, imaginen el poder de la Palabra hecha carne. Ya sé que estoy siendo repetitivo, pero creo que debo serlo: Jesús no solamente informa, sino que actúa; su palabra no solamente anuncia, sino que cumple lo que anuncia. «Sé limpio», y el leproso queda limpio. «Cálmate», y el mar se calma. «Sal de ahí», y el demonio huye. «Lázaro, ven fuera», y un hombre que había muerto sale caminando de la tumba. Yo creo que los autores de los evangelios quieren que nosotros escuchemos en las palabras de Jesús el eco de la palabra original, la de la creación; que escuchemos el eco de ese momento, cuando en lo profundo de la oscuridad y el caos se oyó: «Sea la luz». Y fue la luz. La palabra de Jesús es la palabra del Creador que se hace oír en medio del desorden, la palabra que cumple lo que anuncia.

Por tal razón, podemos apostarlo todo a sus promesas. Lo que él dice se va a cumplir. ¿Recuerdan sus primeras palabras a Simón, el pescador? «Tú eres Simón… serás llamado Cefas», *Roca* (Jn 1.42). Y así fue. ¿Recuerdan las palabras de Jesús a la iglesia primitiva? «Pero cuando venga el Espíritu Santo sobre ustedes, recibirán poder y serán mis testigos» en todo el mundo (Hch 1.8). Y así fue. Lo que Jesús dice se hace realidad.

De esa misma manera nos corresponde entender sus mandamientos. Por ejemplo, la mayoría de nosotros leemos los Diez Mandamientos (Éx 20; Dt 5) de esta manera: «Yo soy Yaveh tu Dios, que te sacó de casa de servidumbre. Ahora acéptalo, no tendrás otros dioses delante de mí, guardarás el sabbat, no matarás, no codiciarás». En otras palabras, tomamos todo el peso del cumplimiento de esos mandamientos y lo ponemos sobre nuestros hombros. Actuamos de esa manera porque no logramos captar toda la naturaleza «realizativa» de la palabra de Dios. Sin embargo, es así como, creo yo, debemos leer los mandamientos: «Yo soy Yaveh tu Dios, que te sacó de casa de servidumbre. No tengas otros dioses delante de mí. Guarda el sabbat. No mates. No codicies».[31] La palabra faculta la obediencia de aquello que exige. «Sean santos, porque yo, el Señor su Dios, soy santo» (Lv 19.2). La mayoría de nosotros lo leemos así: «Yo soy santo; por lo tanto, acéptenlo y vuélvanse como yo». Así no debemos leer el pasaje bíblico. La palabra de Dios realiza lo que ordena. «…sean perfectos, así como su Padre celestial es perfecto» (Mt 5.48). La mayoría de nosotros lee el pasaje bíblico de la siguiente manera: «Esta es la tarea del discipulado: esfuérzate por ser como el Padre». Pero así no debemos leer el pasaje bíblico. La palabra de

Dios realiza lo que ordena. «Sean perfectos». Lo que él ha enunciado se hará realidad.

¿Siempre ocurre algo? Esa es la pregunta al predicar, ¿no es cierto?

Cuando se escucha la Palabra, algo sucede. Es decir, cuando entendemos, recibimos y nos sometemos a la Palabra, algo sucede.

Pregunto, entonces: ¿sucede solo cuando escuchamos la Palabra? ¿actúa solo cuando la escuchamos? ¿Acaso el siervo del centurión oyó las palabras que Jesús pronunció?

Regresen al valle de la visión de Ezequiel. «Profetiza a esos huesos», dice Dios. «Háblales a los huesos». Háblales a huesos secos, a huesos muertos. Cuando el profeta hizo lo que se le ordenó, los huesos cobraron vida. ¿Fue porque escucharon lo que se les habló? ¿Es esa la razón por la cual revivieron? Mantengan la pregunta por un momento; es de suma importancia preguntar y responder. ¿Los huesos revivieron porque escucharon las palabras del profeta? No. Los huesos no tenían vida. Los huesos representan a Israel que había muerto espiritualmente, que espiritualmente no era receptivo. Entonces, ¿cómo es eso de que adquirieron vida? Esto se debe al poder realizativo de la palabra.

Vayan en sus mentes a Génesis 1. Allí escuchamos una letanía: «Y dijo Dios… y dijo Dios… y dijo Dios». Diez veces «dijo Dios». Dios crea por medio de la palabra. ¿Se han preguntado alguna vez a quién le estaba hablando Dios? Cuando uno habla, por lo general, se dirige a alguien, ¿no es así? ¿A quién le hablaba Dios en el principio? A nadie. A nada. Y ese es el punto. Don McCullough lo expresa así: «Tan poderosa es la palabra de Dios que nada tiene que escucharla para que sea algo».[32] La palabra de Dios crea lo que anuncia.

Eso mismo está sucediendo justo ahora, en este momento. ¿Se dan cuenta de ello? ¿Se están dando cuenta que ustedes y yo, junto a todo el universo, nos mantenemos juntos, somos sostenidos por la palabra de Jesucristo? Tal es la pretensión del autor de la epístola a los Hebreos: «El Hijo es el resplandor de la gloria de Dios, la fiel imagen de lo que él es, y el que sostiene todas las cosas con su palabra poderosa», o también, «manteniendo todas las cosas por el poder de su palabra» (Heb 1.3). En un último análisis, nosotros no nos mantenemos juntos por alguna ley natural impersonal. Una persona y su habla realizativa nos sostiene a todos juntos. En cierto sentido, la ley natural simplemente articula el patrón normal de habla de Jesucristo, el que lo sostiene todo. Si él llegase a dejar de hablar, todo lo existente se derrumbaría en el caos, en la nada. Tal como lo indica G. K. Chesterton, cada nuevo día no es solamente el producto de un proceso mecánico inexorable; más bien, cada nuevo día es también el resultado de Dios que dice: «¡Hazlo de nuevo!»[33] Al sol, «¡hazlo de nuevo!» A la luna, «¡hazlo de nuevo!» A mi corazón, «¡late de nuevo!» A mis pulmones, «¡respira de nuevo!» Por tal razón, «gracias» es la respuesta más apropiada que el hombre humano puede emplear al comienzo, en la mitad y al final del día.

Siempre sucede algo cuando Dios habla.

Pregúntenle a Mateo. Un día él estaba sentado en su oficina de cobranza de impuestos. Jesús de Nazaret pasó por ahí, se le acercó y mirándolo le dijo: «Sígueme» (Mt 9.9). Mateo se paró y lo siguió. Tenía que seguirlo. La palabra de Jesús realiza lo que él habla.

Pregúntenle a Andrés y a su hermano Simón Pedro. Ellos estaban remendando sus redes a orillas del mar de Galilea. Jesús se les acercó y les dijo: «Síganme» (Mt 4.19). Y ellos lo hicieron. Tenían que hacerlo. La palabra de Jesús pone en acción aquello que él habla.

Pregúntenle a Zaqueo. Jesús llegó a Jericó. Al entrar en la ciudad, vio a un hombre rico encaramado a un árbol. Jesús lo miró y le dijo: «Zaqueo, baja en seguida» (Lc 19:5). Y él así lo hizo. Tenía que hacerlo. La palabra de Jesús realiza lo que él habla.

Pregúntenle a Lázaro. Él ya había muerto. Su cuerpo había sido depositado en la tumba y llevaba ya cuatro días. Jesús se paró frente a la tumba y exclamó en voz alta: «¡Lázaro, sal fuera!» (Jn 11.43). Y así lo hizo el hombre que ya estaba muerto. Lázaro se levantó y salió. La palabra de Jesús realiza lo que él habla.

¿Y qué de las veces en las que nada sucede? En el próximo capítulo trataré ese problema a medida que trabajemos la parábola de Jesús sobre el sembrador, que apunta precisamente a ese asunto.

Por ahora, plantémonos en esta raya: la palabra del Dios vivo es una palabra realizativa, es la base que le aporta a la predicación su confianza. Así, entonces, dice el Señor:

> Así como la lluvia y la nieve
>   descienden del cielo,
>   y no vuelven allá sin regar antes la tierra
>   y hacerla fecundar y germinar

> para que dé semilla al que siembra
> > y pan al que come,
> así es también la palabra que sale de mi boca:
> > No volverá a mi vacía,
> sino que hará lo que yo deseo
> > y cumplirá con mis propósitos.
>
> > > > *(Is 55.10-11)*

> Porque yo, el Señor, hablaré,
> > y lo que diga se realizará sin retraso
>
> > > *(Ez 12.25, modificado)*

Y los huesos se juntaron, hueso con hueso, y la piel los recubrió.

Sin embargo, hay algo que falta. Algo más es necesario que ocurra. Ezequiel observa que, aunque los huesos ya ensamblados tienen la apariencia de seres humanos, no respiran todavía. Son semejantes a Pinocho, la marioneta que se asemejaba a un niño, pero que no era un niño que pudiera relacionarse personal y cercanamente con Geppetto, su creador.

Así, entonces, Dios le ordena a Ezequiel que profetice nuevamente, que pronuncie una vez más la palabra realizativa de Dios. Esta vez él tiene que dirigirse al aliento, al viento, al espíritu. Tiene que profetizar al *ruaj*.

¿Qué es lo que Dios pretende? ¿Se refiere este sustantivo al espíritu humano, al aliento de aquellos que habían muerto? ¿Está Dios ordenándole al hálito vital a que regrese y entre de nuevo a esos humanoides revividos? ¿O es que acaso el sustantivo apunta al Espíritu divino, al Espíritu de Dios, el que Dios le había ya dicho a Ezequiel que pondría «en ustedes para que sigan mis preceptos y obedezcan mis leyes» (Ez 36.27)? Creo que se trata de esto último. «Profetiza al Espíritu de Dios». «Háblale al Espíritu Santo».

Si en un principio parecía ridículo dirigirse a unos huesos, ahora parece audaz hablarle al aliento divino. ¿Un simple mortal le va a profetizar al hálito de Dios? ¡Cómo les parece el honor de la predicación!

Una vez más el profeta hace lo que se le ordena. Ezequiel obedece. Ezequiel habla. Ezequiel predica, al Espíritu. «Esto ordena el Señor omnipotente: "Ven de los cuatro vientos, y dales vida a estos huesos muertos para que revivan"». (Ez 37.9). Ezequiel lo hizo. Él habló, extraño y osado como parecía ser.

Observen lo que sucede en esta ocasión. «…y el aliento de vida entró en ellos; entonces los huesos revivieron y se pusieron de pie. ¡Eran un ejército numeroso! (Ez 37.10). No solo se trataba de individuos que habían revivido, con todo y lo maravilloso que eso puede ser, sino que surgió una nueva comunidad, tan unida toda junta que constituía un gran ejército listo para ser enviado por el Dios viviente a cumplir sus propósitos a las naciones.

¡Oh, aliento de Dios, sopla en nosotros en nuestro tiempo!

Yo espero que esta breve interacción con el pasaje bíblico los haya estimulado. Probablemente tengan una multitud de preguntas, algunas de las cuales responderé en los siguientes capítulos. Con todo, confío en que esta perspectiva los desafíe. La palabra del Dios vivo le da vida a aquello que él declara. Y eso no se debe a virtud alguna de parte de sus oyentes. Quiero enfatizar eso con toda la firmeza que me sea posible. Los huesos en descomposición, moribundos, retoman vida no porque haya algo en ellos. Esos huesos se revitalizan por el inherente poder actuante de la palabra de Dios y del soplo del Espíritu.

Palabra y Espíritu. Los dos van siempre juntos. Una palabra no puede separarse del aliento que la impulsa. «Por la palabra del Señor fueron creados los cielos, / y por el soplo de su boca, las estrellas» (Sal 33.6).

Cuando predicamos, cuando nos atreveos a decir una vez más lo que el Dios vivo ya dice, la Palabra y el Espíritu hacen que algo suceda. El pastor y teólogo holandés Jacob Firet lo dice en las siguientes palabras: «La palabra de Dios no es solo una vibración en el aire: es una palabra que irrumpe en una situación y crea una nueva».[34] Hueso se unió con hueso, el aliento de vida entró en ellos y recobraron la vida.

Hay muchos factores en juego en el momento de la predicación, y necesitamos tomarlos todos en consideración. No hay duda de que el grado en el cual el predicador ha sido y está siendo afectado por el pasaje bíblico juega un papel de suprema importancia en la efectividad del sermón. No hay duda de que el grado de fidelidad del predicador hacia el pasaje bíblico juega un papel de suprema importancia en la efectividad del sermón. Yo percibo que entre más abierta esté la gente a la Palabra y al Espíritu, mayor será el impacto que genere el sermón. A decir verdad, la relación entre el predicador y sus oyentes afecta lo que sucede durante el sermón. Vale la pena prestarle atención al aspecto técnico de la tarea. Por cierto, las dinámicas culturales afectan el momento, ya sea sirviendo de puente al pasaje bíblico o de barrera que impide su acceso. El pecado y la maldad entran siempre en acción cada vez que predicamos. Sin embargo, los dos factores fundamentales, esenciales, primordiales son el poder intrínseco de la Palabra de Dios y la obra del Espíritu de Dios. La Palabra de Dios les da vida a quienes no pueden oír, a quienes no están abiertos, a quienes están enceguecidos por la cultura, el pecado y la maldad. La Palabra de Dios le da vida a aquello que él habla.

Así es el honor de la predicación, y es la razón por la que nosotros podemos incluso usar la palabra *milagro* para aplicarla al evento de la predicación.

Me permito, entonces, repetir las convicciones que esbocé en el prólogo:

- Cuando el Dios vivo habla, algo sucede. Siempre.
- Cuando el predicador pronuncia la Palabra de Dios, el Dios vivo habla. Siempre.
- Cuando el predicador pronuncia la Palabra de Dios, algo sucede. ¿Siempre?

Gerhard Ebeling ofreció una serie de conferencias sobre la vida y obra de Martín Lutero, que fueron posteriormente publicadas bajo el simple título, *Lutero*. Ebeling planteó la pregunta: «¿Por qué la Reforma de Lutero, en contraste con todos los intentos anteriores de reforma, fue una reforma en hechos y no solamente en palabras?» ¿Cómo responderían esa pregunta? Ebeling la respondió de esta manera: «La Reforma de Lutero llegó a ser una reforma en hechos y no solamente en palabras porque Lutero confiaba solo en la Palabra y para nada en los hechos».[35]

El gran Predicador es mucho más audaz: «Ciertamente les aseguro que ya viene la hora, y ha llegado ya, en que los muertos oirán la voz del Hijo de Dios, y los que la oigan vivirán» (Jn 5.25).

¿Qué es ese ruido que escucho?

Notas

26. Richard Lischer, *A Theology of Preaching: The Dynamics of the Gospel*, Nashville: Abingdon, 1986, p. 66.

27. Nota del editor: El autor aclara que estará usando la traducción inglesa NASB (New American Standard Bible) de la Fundación Lockman, pero que también citará otras versiones y recomienda el uso de la NRSV para la lectura en público. Para nuestro caso usaremos la NVI o, en casos donde sea necesario una versión más literal, citaremos la Reina-Valera 1960.

28. Douglas Stewart sugiere que en este caso estamos frente a «una visita visionaria a un lugar visionario». *Ezequiel: Mastering the Old Testament*, Dallas: Word, 1988, p. 343.

29. Juan Calvino, *A Harmony of the Gospels, Matthew, Mark and Luke*, Calvin's New Testament Commentaries, ed. David W. Torrance and Thomas F. Torrance, trad. A. W. Morrison, Grand Rapids: Eerdmans, 1972, 1:248. «A menos que reconozcamos tal autoridad en la Palabra, a fin de que nos sea cierto que, una vez Dios ha hablado a sus ministros, nuestros pecados nos son perdonados, y que hemos sido restaurados a la vida, toda nuestra confianza en nuestra salvación colapsa» (p. 250).

30. R. G. V. Tasker, *The Gospel According to Matthew: An Introduction and Commentary*, Gand Rapids: Eerdmans, 1976, p. 88

31. Nota del editor: El autor usa el concepto inglés «performative», que en lingüística se usa para describir enunciados «realizativos», es decir, actos del habla que son de carácter realizable o ejecutable. Debido a ello, el autor usa un juego de palabras con los verbos auxiliares *will* and *shall*; el primero conlleva la idea de una simple acción futura, el segundo expresa mandato y determinación. Lo más cercano al español es lo que ya aparecen en las traducciones modernas, es decir, frases imperativas con modo subjuntivo: «no tengas», «no mates», «no codicies».

32. En un sermón sobre Juan 1.1-18 que le oí predicar en la Iglesia Presbiteriana Solana Beach, en la temporada de Adviento de 1987.

33. G. K. Chesterton, *Ortodoxy*, New York: Dodd, Mead & Co., 1908. p. 52. Hay versión en español, *Ortodoxia*, México: Porrúa, 1998.

34. Jacob Firet, *Dynamics in Pastoring*, Grand Rapids: Eerdmans, 1986, p. 33. Este es un clásico, un libro que debería ser leído por todo pastor-predicador que quiera pensar teológicamente en torno al privilegio de su llamado.

35. Citado por F. Dale Brunner, *The Christbook*, Waco, Tex.: Word, 1984, p. 135.

2

¿De veras que siempre sucede algo?
Una parábola: Mateo 13

En este capítulo me propongo abordar la pregunta que fue planteada en el capítulo anterior. ¿Cómo explicamos todos aquellos momentos en los que la predicación no parece surtir ningún efecto? ¿Acaso el Espíritu y la Palabra no entran en acción en tales casos?

La pregunta nos conduce al misterio del evento de la predicación, un misterio en el que los predicadores no tiene otra opción que seguir de pie.[36]

Sin embargo, tenemos que plantearnos la pregunta en torno al «siempre». Lo cierto es que no siempre es obvio que algo suceda cuando Dios habla. De hecho, a menudo les parece a muchos que nada sucede.

En un capítulo titulado «La predicación como la Palabra de Dios» (*Preaching as the Word of God*), Richard Lischer nos ayuda con esta pregunta. Lischer, tras compartirnos varias historias de personas cuyas vidas fueron transformadas por la predicación, añade: «Luego de ver la Palabra en acción, volvamos a las razones teológicas respecto a su verdad y poder. Al hacerlo trataré de evitar las exageraciones comunes que acompañan a las conversaciones en torno a la Palabra-de-Dios (y aquí me refiero a Barth y los barthianos)[37] en el que la Palabra asume propiedades tan místicas y objetivas que no consigue mantenerse en contacto con la realidad, especialmente las realidades mundanas de los predicadores ineptos y los oyentes recalcitrantes».[38] Tales realidades las conocemos muy bien.

La mejor forma que yo conozco para luchar con la pregunta en torno al «siempre» es recurrir a un pasaje bíblico que, como lo diría Lischer, está en contacto con la realidad. Tal como me sucede con Ezequiel 37, entre más predico sobre este pasaje bíblico, con mayor frecuencia me veo regresando a él en busca de perspectiva y esperanza.

El pasaje bíblico al que me refiero es Mateo 13.1-23, en el que Jesús, el gran Predicador, habla de su propia predicación en términos de *misterio*. «A ustedes se les ha concedido conocer los secretos (misterios) del reino de los cielos; pero a ellos no» (Mt 13.11). En este pasaje bíblico, Mateo, el recaudador de impuestos convertido ahora en evangelista, recoge una serie de parábolas de Jesús respecto al «reino del cielo».[39] Al leer la predicación de Jesús no podemos dejar de ver el hecho de que su predicación trata siempre el tema del reino: la irrupción del reino, la naturaleza del reino, el Dios del reino y el misterio del reino.[40] En Mateo 13, Jesús revela los misterios.

Primero que todo, tomemos cierta distancia y consideremos el Evangelio de Mateo como un todo. Echando mano de las habilidades de contador que había adquirido a lo largo de su carrera como recaudador de impuestos, Mateo reunió cinco juegos de enseñanzas y predicaciones de Jesús. Podemos encontrar cinco veces en su Evangelio la frase «cuando Jesús terminó de decir estas cosas» o sus variantes (Mt 7.28; 11.1; 13.53; 19.1; 26.1 —la última vez con el añadido «todas estas cosas», con lo que se precisa que en la quinta sección Jesús concluía su ministerio de enseñanza y predicación). En cada una de esas instancias, la frase se refiere a un cuerpo de enseñanza y predicación. Se puede pensar en esas cinco secciones como si fueran cinco libros, algo así como los cinco libros de Moisés. Mateo retrata a Jesús como un Moisés nuevo y superior. También podemos ver esas cinco secciones como si fueran cinco sermones,[41] la compilación de la predicación de Jesús para que la iglesia pueda predicar su mensaje. Estos cinco sermones podrían titularse:

El sermón del monte I —Mateo 5-7
   Lo que sucede cuando el reino irrumpe en nuestras vidas
El sermón de la misión —Mateo 10
   Los discípulos en el mundo

> El sermón del misterio —Mateo 13
>> Comprendiendo el funcionamiento del reino
> El sermón de la administración —Mateo 18
>> Los discípulos en comunidad
> El sermón del monte II —Mateo 24-25
>> Cómo vivir aguardando la llegada plena del reino

(Pueden observar que Mateo nos presenta un programa completo de predicación. Bien podríamos arrancar con el primer sermón y avanzar a lo largo de la predicación de Jesús).

Mateo 13 recoge siete parábolas, cada una de las cuales empieza con «los misterios del reino» y los explica.

> La parábola del sembrador (Mt 13.3-9)
>> Jesús ofrece su propia interpretación (Mt 13.19-23)
> La parábola de las dos siembras (Mt 13.24-30)
>> Jesús ofrece su propia interpretación (Mt 13.36-43)
> La parábola de la semilla de mostaza (Mt 13.31-32)
> La parábola de la levadura (Mt 13.33)
> La parábola del tesoro escondido (Mt 13.44)
> La parábola de la perla de gran precio (Mt 13.45-46)
> La parábola de la red (Mt 13.47-50)

Cada vez que estudiemos cualquiera de las parábolas de Jesús, o las prediquemos, necesitamos hacerlo a partir del contexto en el que fueron inicialmente pronunciadas. Ese contexto, desde luego, involucra la vida del siglo primero y, en particular, de la Palestina del siglo I: el dominio romano a escala mundial, las tensiones internas del judaísmo entre fariseos y saduceos, las diferencias de estilos de vida entre las ciudades y las aldeas agrícolas, la lucha por la supervivencia y toda la dinámica del pecado y la maldad, que es la misma en la que vivimos en nuestro tiempo.

Sin embargo, dos hechos contextuales son cruciales para entender lo que Jesús nos enseña como predicadores en Mateo 13. Uno es el evangelio que Jesús mismo predicaba, el cual le da a ese capítulo de Mateo su perfil. El segundo factor surge de la aparente falta de efectividad de su predicación. Esa es la razón por la cual, como predicador, vuelvo vez tras vez a Mateo 13.

Jesús predica su evangelio

¿Cuál fue el evangelio de Jesús? ¿Cuál fue el evangelio que él mismo predicó?

En su versión más básica, fue este: «El reino está cerca». «Desde entonces comenzó Jesús a predicar: "Arrepiéntanse, porque el reino de los cielos está cerca"» (Mt 4.17). Mateo afirma con claridad lo que él cree que Jesús está pensando. Justo antes de poner por escrito el primer y breve sermón de Jesús, Mateo cita al profeta Isaías:

> Para cumplir lo dicho por el profeta Isaías:
> «Tierra de Zabulón y tierra de Neftalí,
> camino del mar, al otro lado del Jordán,
> Galilea de los gentiles;
> el pueblo que habitaba en la oscuridad
> ha visto una gran luz;
> sobre los que vivían en densas tinieblas
> la luz ha resplandecido»
>
> *(Mt 4.14-16)*

Mateo ve en la venida de Jesús el advenimiento de la luz a las tinieblas, y de la vida en medio de la muerte. Así entonces, para Mateo, cuando Jesús predica que «el reino está cerca», pronuncia la gran declaración de que en él y por él el reino de la luz invade y desplaza al reino de las tinieblas, y el reino de la vida invade y vence al reino de la muerte.

Marcos lo expresa con mayor claridad. Nos dice que luego que Juan el Bautista fuera arrestado, «Jesús se fue a Galilea a anunciar las buenas nuevas de Dios. "Se ha cumplido el tiempo —decía—. El reino de Dios está cerca. ¡Arrepiéntanse y crean las buenas nuevas!"» (Mr 1.14-15). El evangelio según Jesús anuncia que aquel tiempo largamente esperado, el tiempo en el que el Dios viviente habría de intervenir radicalmente en la historia, ha llegado. Esto quiere decir que Jesús desplaza al mundo hacia una nueva era en la historia. «Se ha cumplido el tiempo». ¿Qué clase de tiempo? El tiempo para que el reino de Dios irrumpa en el mundo. Es el tiempo para que el nuevo orden mundial de Dios invada y sature todos los órdenes mundiales defendidos y establecidos por los seres humanos. Tal como David Wenham lo parafrasea, Jesús «estaba diciendo, en efecto, "la revolución largamente esperada está ya en camino"».[42] Lo que los profetas habían esperado para el final de los tiempos, irrumpía ahora en la mitad de los tiempos. Como escribe George Ladd: «Jesús vino predicando la presencia del futuro».[43] Es el tiempo para que el futuro inunde el presente; es el tiempo para que el cielo invada la tierra.

Por lo tanto, inmediatamente después de registrar el breve y explosivo anuncio que Jesús hizo de su evangelio, tanto Mateo como Marcos dan cuenta de sus hechos poderosos. Sana toda clase de enfermedad, libera a la gente de la opresión y la posesión demoníacas, restaura cuerpos quebrantados. ¿Por qué? Esas acciones prueban que su evangelio es cierto: el nuevo orden mundial de Dios, de luz y vida, está irrumpiendo. Sin embargo, los hechos de Jesús también proveen un cuadro de su evangelio.[44] El nuevo orden mundial es de sanidad, liberación, restauración. Como lo dice Hans Küng, el reino de Dios es «creación sanada».[45] Jesús llegó a Galilea predicando su buena noticia y, puesto que su anuncio se hizo realidad, el reino de Dios comenzó a suceder.

No obstante, las cosas no se dieron de la manera como muchos esperaban. Esto fue especialmente cierto desde la óptica de Juan el Bautista. Juan se había decepcionado de Jesús y su predicación. En la mente de Juan, la predicación de Jesús simplemente no era lo suficientemente efectiva.

Debemos recordar que Juan también anunció el evangelio de Jesús antes que Jesús mismo lo hiciera: «Arrepiéntanse porque el reino del cielo está cerca» (Mt 3.2, mi traducción). Juan había invertido años en el desierto, lejos de la arrogancia distractora y del caos de los reinos humanos. Allá en el desierto, donde uno puede adquirir una nueva perspectiva de las cosas, Juan se dio cuenta que algo, una especie de cataclismo se cernía en el aire. La llegada de su primo significaba el arribo de un nuevo día para el mundo. Juan, entonces, empezó a describir lo que él esperaba que sucediera. La gente acudía a él en masa para oírlo predicar, y les decía: «Yo los bautizo a ustedes con agua para que se arrepientan. Pero el que viene después de mí es más poderoso que yo, y ni siquiera merezco llevarle las sandalias. Él los bautizará con el Espíritu Santo y con fuego» (Mt 3.11). Además, Juan esperaba que el bautismo de Jesús involucrara señales claras: «Tiene el aventador en la mano y limpiará su era, recogiendo el trigo en su granero; la paja, en cambio, la quemará con fuego que nunca se apagará» (Mt 3.12).

Juan esperaba un bautismo doble: con el Espíritu Santo, que traería vida y luz, y con fuego, que purgaría el mal y juzgaría a los injustos.

Cuando Juan oyó lo que Jesús decía y hacía, cuando vio las consecuencias de la predicación de Jesús, se sintió profundamente descontento. Las cosas no sucedían tal como él las había predicado. Efectivamente, Juan oye hablar de los milagros de sanidad que Jesús realiza. Estoy seguro de que incluso se alegró por ellos. Sin embargo, no se dan a un número mayor que Juan quiere que sucedan. Todavía había mucha gente que no había sido sanada. Además, Juan no escuchaba nada acerca del fuego. Jesús no estaba deshaciéndose de la cizaña. De hecho, Juan está en la cárcel («¿Es esto lo que significa ser heraldo del Mesías?»), apresado por la misma cizaña que Juan esperaba que Jesús arrojara al fuego. Juan oye hablar de que Jesús anda de fiesta con esa cizaña; ¿Qué? ¡Jesús se ha contactado con la cizaña y la está sanando!

Fue así que Juan, desde la prisión, decidió enviar una delegación para que le preguntara a Jesús: «¿Eres tú el que ha de venir, o debemos esperar otro?» (Mt 11.3). El reino no venía de la manera en que Juan lo esperaba. Tal es el contexto en el que Jesús pronunció sus parábolas. Jesús predicaba su evangelio, pero su predicación no producía la clase de resultados que la mayoría de la gente esperaba. Las parábolas de Mateo 13 señalan esa situación.

Las parábolas de Jesús abordan también nuestro propio y similar contexto. Predicamos con tal grado de fidelidad y poder del Espíritu Santo como sabemos hacerlo, pero las cosas no siempre suceden como esperamos. David Wenham lo afirma con claridad: «Está muy bien decir que Jesús proclamó y nos trajo el reino de Dios, la revolución divina. Sin embargo, ¿de qué nos vale afirmarlo cuando observamos el mundo a nuestro alrededor o incluso la iglesia? La situación no parece como que Satanás haya sido noqueado y espera el conteo hasta diez; no se parece en nada a la nueva era que Dios ha inaugurado».[46]

Consideremos las parábolas de Mateo 13 en el orden invertido en el que Mateo las compiló. Les plantearé algunas inferencias para la predicación a partir de seis de ellas, y mi atención se centrará en la parábola del sembrador.

La parábola de la red (Mt 13.47-50). Efectivamente, Jesús le dice a Juan (y a nosotros) que el «fuego» viene. Hay un día de ajuste de cuentas para los impíos. Sin embargo, Jesús está haciendo algo más. Ese día va a venir. Hay que resistir.

La parábola de la perla de gran precio (Mt 13.45-46). Efectivamente, Jesús le dice a Juan (y a nosotros), que la respuesta más apropiada a la predicación de las buenas noticias del reino es entregarse por completo. No todos captan ese mensaje inmediatamente. Pero, a fin de cuentas, no hay ninguna otra respuesta adecuada que la búsqueda incondicional y total del reino de Dios.

La parábola del tesoro escondido (Mt 13.44). Así es, Juan, cuando escuchamos las buenas noticias del reino damos todo lo que poseemos para obtenerlo. «Por el gozo que le esperaba» (Heb 12.2) es la fuerza motora de la vida del reino. Tu gozo por el anuncio de una nueva era para el universo da justo en el blanco. No permitas que tu decepción te robe el gozo del reino.

La parábola de las dos siembras (Mt 13.24-30, 36-43). Así es, Juan, las «semillas» del nuevo orden mundial de Dios se siembran en todo lugar y fructifican de manera significativa. No obstante, hay otro tipo de siembra que se está llevando a cabo. Jesús tiene «un enemigo» (Mt 13.28) que aborrece a Jesús y todo lo que él crea y redime. Ese enemigo está empeñado en destruir a Jesús. Él también planta las semillas de su orden mundial. La trampa, el ardid diabólico, consiste en que él siembra en los mismos campos en los que Jesús trabaja; es tanto así que las raíces de las plantas del enemigo se enredan con las de las plantas de Jesús. Así como el trigo y la cizaña, que son dos clases muy distintas de plantas, uno no puede diferenciarlas mientras están en crecimiento. Uno tiene que esperar «hasta el tiempo de la cosecha» para descubrir cuál planta es cuál. Uno tiene que esperar hasta el final para poder pronunciar un juicio definitivo. ¡Solo imagina las consecuencias para el mundo si alguien, algún predicador, se hubiera apresurado a juzgar a Saulo de Tarso! Juan, el fuego solo puede llegar hasta el final.

La parábola de la levadura (Mt 13.33). Así es, Juan, el reino se extiende, pero de una manera no tan obvia. No se trata de acaparar los titulares de prensa. Si eso se da, no hay problema, pero el reino se abre camino en el mundo, así como la levadura afecta toda la masa, de manera invisible. Uno no puede ver la levadura en acción. Toma tiempo para que la levadura haga su trabajo invisible. Las cosas no son como parecen. No verás de manera inmediata los resultados concretos de la predicación del evangelio.

La parábola de la semilla de mostaza (Mt 13.31-32). Así es, Juan, el reino está creciendo, en toda clase de personas, pero su crecimiento es más lento de lo que esperas. Con frecuencia, el efecto de la predicación es tan pequeño, tan minúsculo que parece insignificante. Con frecuencia casi no se puede ver, es «la más pequeña de todas las semillas», ¡pero solo observa! Todo el movimiento tuvo un comienzo tan diminuto: doce hombres, un puñado de mujeres. Uno de los hombres llegó a ser un traidor. Otro fue asesinado tan pronto el movimiento empezaba a rodar. Y ahora; mira: miles de millones de personas han llegado, hay filiales en todo el mundo. La semilla, tan pequeña frente a las fuerzas formidables que operan en el mundo, es más poderosa de lo que te has imaginado. Confía en lo pequeño.

La parábola del sembrador (Mt 13.3-23). Jesús dice: Así es, Juan, disemino la buena noticia del reino por todo el mundo. No obstante, las cosas son más complejas de lo que piensas.

Quedémonos un rato en la parábola del sembrador, pues aquí Jesús les ayuda a entender a Juan, y a todos los predicadores, aquello a lo cual se enfrenta la predicación y las razones por las cuales los resultados no siempre se dan cuando predicamos la Palabra realizativa.

A medida que vayan leyendo la parábola de Jesús y su explicación, confío en que podrán identificar y oír la palabra *entender*. Este verbo es la clave del pasaje bíblico.

Mt 13.13 —«Por eso les habló a ellos en parábolas: Aunque
     miran, no ven;
          aunque oyen, no escuchan ni entienden».
Mt 13.14 —«Por mucho que oigan, no entenderán...».

Mt 13.15 —«…De lo contrario, verían con los ojos, /
    oirían con los oídos, / entenderían con el corazón
    y se convertirían…».
Mt 13.19 —«Cuando alguien oye la palabra acerca del reino y
    no la entiende…».
Mt 13.23 —«(Este) es el que oye la palabra y la entiende».

Captar lo que Jesús quiere decir con *entender* ilumina su enseñanza acerca de la predicación de la Palabra en esta parábola (y, a decir verdad, en todas sus parábolas). Marcos observa que luego que Jesús hubo relatado la parábola del sembrador, los discípulos le pidieron que la explicara. ¿No es un consuelo saber que los primeros discípulos no entendieron inmediatamente la enseñanza de Jesús? Jesús les dijo: «¿No entienden esta parábola?… ¿Cómo podrán, entonces, entender las demás?» (Mr 4.13).

Entender. *Suniēmi*. Literalmente, «reunir».[47] Es un concepto que conlleva el sentido de establecer conexiones, comprehender mentalmente. Hay más, sin embargo. Entender comunica el sentido de «llegar a un acuerdo», o «ceder». El apóstol Pablo usa la palabra en este último sentido en Efesios 5.17. «Por tanto, no sean insensatos, sino entiendan cuál es la voluntad del Señor». *Entender* significa «captar», pero también «ceder», incluso cuando uno no lo comprehende totalmente a nivel intelectual.

Es así como F. Dale Bruner, comentando acerca de Mateo 13, sugiere que la traducción más útil de ese verbo clave en el pasaje bíblico es «someterse», en el sentido de «sumisión».[48] Para entender hay que someterse. Observen cómo esta nueva perspectiva cambia los elementos de este pasaje (con modificaciones a la NVI).

Mt 13.15 —«De lo contrario, verían con los ojos, / oirían
    con los oídos, / y se *someterían* con el corazón y se
    convertirían…»
Mt 13.19 —«Cuando alguien oye la palabra acerca del reino y
    no se *somete* a ella…»
Mt 13.23 —«(Este) es el que oye la palabra y se *somete* a ella».

Consideren ahora las implicaciones de este juego semántico para la predicación, especialmente en lo relacionado con la pregunta acerca del «siempre».

Durante el tiempo en el que Jesús estuvo predicando y durante nuestro tiempo no hay falta de pruebas respecto a la verdad del evangelio. Las señales del reino que ha llegado están por doquier. El problema, según Jesús, radica en que no hay una postura de sometimiento, no nos sometemos lo suficiente al evangelio del reino. El problema es que no todos los que escuchan las buenas noticias de Jesús respecto a la venida del reino de Dios realmente se someten a él.

«Al mundo paz, nació Jesús». Tal es el evangelio que se canta por todo el mundo durante la Navidad. El Señor nació, ha venido para establecer su reino vivificante. «Al mundo paz, nació Jesús, nació ya nuestro rey…». Que la tierra toda reciba a su rey, que cada corazón sea su morada. Hay un problema. No todos los que oyen y cantan la canción reciben de verdad al rey como tal. No todos los que conocen el evangelio, no en número suficiente, le dan morada en sus corazones para que el evangelizador establezca allí su reino. «Por eso les hablo a ellos en parábolas, porque aunque miran, no ven; aunque oyen, no escuchan, ni se someten» al evangelio (Mt 13.13, mi paráfrasis). Oyen, pero luego se marchan y se someten a otros señores, a otros reinos, a otro orden mundial, a otros gobiernos.

Jesús el Predicador nos dice que la razón por la cual no vemos más del reino que ha llegado reside en el corazón humano. «A menos que entiendan con el corazón», a menos que sometan sus corazones a la buena noticia del reino.

Para los autores bíblicos, el *corazón* significa algo más que el órgano que bombea sangre a todo el cuerpo. El *corazón* significa el centro de nuestra vida, el lugar a donde llevamos todos los datos, sea que los recojamos por medio de nuestro cerebro, nuestras emociones, nuestra imaginación, y los clasificamos para tomar decisiones. El problema, dice Jesús, es que no todos aquellos que oyen la buena noticia con sus oídos permiten que esa buena noticia asuma el comando del control central. Algo más, o alguien más, tiene el control. El problema no es el evangelio; la buena noticia es una noticia cierta. El problema no está en quien predica el evangelio; Jesús no ha fracasado como predicador. Si de algo se le puede acusar es que siembra de una manera muy exagerada. Los agricultores del siglo primero pudieron haberle aconsejado que fuera más cauteloso, más estratégico: «¡Jesús, estás regando semillas por todas partes!»

El problema no son la semilla ni el sembrador; no hay nada defectuoso en la semilla, nada inadecuado en el estilo exagerado del sembrador. El problema es el terreno, el corazón de los oyentes.

¿Quiere decir esto que el éxito de la predicación depende de los oyentes? ¿Hay aquí una contradicción con relación a lo que ya vimos en Ezequiel 37? Espero que no, porque si así fuera ¡son muy pocas las esperanzas para el evento de la predicación o para nosotros!

Observen que en su parábola Jesús dice que los cuatro terrenos oyeron el evangelio, la buena noticia del reino que ha llegado. Es de importancia crítica tener en cuenta este aspecto. Todos los cuatros terrenos oyen. Todos los cuatro terrenos oyen que llegó el tiempo en el que el cielo invade la tierra, el tiempo en el que el futuro irrumpe sobre el presente, el tiempo en el que el nuevo orden mundial de Dios penetra y toma el control. Todos los cuatro terrenos oyen.

Observen, además, que ninguno de los cuatro terrenos pide más información.[49] Esto se debe a que el evangelio no es complicado en lo absoluto. «El reino de Dios está cerca; es tiempo de un cambio de régimen; ustedes ya no están a cargo». ¿Qué es lo incomprensible en esas palabras? Me imagino a Mateo preguntándonos: «¿Qué parte de "cambio de gobierno" no entienden?» Sharon, mi esposa, anuncia: «Es hora de cenar». Se trata de una afirmación muy clara, fácil de comprender y en lo absoluto compleja. «Es hora de cenar». Sin embargo, nadie se mueve. Todos oyen, pero nadie se somete a lo dicho. «Parece que va a llover hoy». Nadie corre a consultar un diccionario para conocer el significado de esas palabras. Sin embargo, salimos de la casa sin un paraguas. Oímos, pero no nos sometemos lo que oímos. El manual del usuario dice: «Cambie el aceite cada tres mil millas o cada cinco mil kilómetros». No necesitamos ser un genio para captarlo; la cuenta es sencilla. Escuchamos, pero no nos sometemos. «El tiempo se ha cumplido; el reino de Dios se ha acercado; arrepiéntanse, vuélvanse del camino a donde están y entréguense completamente a esta noticia maravillosa, a esta buena noticia». Oímos, pero no nos sometemos a lo que oímos, no tendemos a lo que escuchamos. La inferencia obvia es que si, de hecho, nos sometemos a lo que oímos, algo sucederá.

Fíjense que esta palabra, *entender*, agrupa la descripción de las cuatro clases de campo. El primer campo «no entiende;» el cuarto campo, «entiende». Creo que esto nos da a entender que lo que Jesús dice acerca del segundo y tercer campo explica las razones por las que no entendemos (en ninguno de los dos sentidos). Lo que Jesús dice acerca del segundo y tercer campo nos ayuda a entender, de tal manera que podamos someternos al evangelio y produzcamos fruto. Lo que Jesús dice en el segundo y tercer campo nos permite obedecer las exigencias del reino que ha llegado.

No creo que debamos leer la parábola y luego preguntarnos; «¿Qué clase de campo soy yo?» El segundo campo es el corazón superficial, la semilla empieza a crecer, pero frente a los problemas, el corazón da marcha atrás. El tercer campo es el corazón desordenado: la semilla empieza a crecer, pero debido a los afanes y el engaño de los demás reinos para los cuales aún quiere seguir viviendo, la palabra se ahoga. El cuarto campo es el corazón sumiso que recibe la semilla del reino y se somete a este, y produce fruto abundante del reino. El corazón endurecido, el superficial y el desordenado podrían llevar fruto solamente si siguieran los pasos del corazón sumiso. Escuchar y someterse, y entonces habrá fruto. Comprende que el corazón puede llegar a endurecerse, a ser superficial y desordenado. Luego, elige someterte a la palabra. La sola palabra ablanda el corazón, lo intensifica y le da forma, haciendo que produzca fruto.

Primer campo (Mt 13.19). «Cuando alguien oye la palabra del reino, y no se *somete* a ella, el maligno llega y arrebata lo que fue sembrado en el corazón» (NVI, con modificaciones). Jesús nos dice que hay una oposición directa y personal contra el reino. El universo no es un sitio neutral. Hay un poder maligno en marcha, que se esfuerza al máximo para evitar la llegada del reino y así prevenir la transformación del mundo. ¿Por qué? ¡Porque la llegada del reino significa el final de ese otro reino! Jesús nos advierte: cada vez que escuchamos la palabra del reino y no nos sometemos a ella, perdemos; el maligno nos arrebata la palabra. ¿Quiere decir que ese enemigo tiene poder sobre la palabra de Jesús? «¡De ninguna manera!» diría el apóstol Pablo. Jesús nos dice que cuando no nos sometemos a su palabra, le damos espacio al enemigo para que actúe. Si oímos la palabra y nos sometemos a ella, aunque sea un poco, el enemigo no puede tener acceso. No puede arrebatarnos la palabra cuando nos sometemos a ella.

Segundo campo (Mt 13.20-21). «El que recibió la semilla que cayó en terreno pedregoso es el que oye la palabra e inmediatamente la recibe con alegría; pero, como los oyentes no tienen raíz, dura poco tiempo. Cuando surgen problemas o persecución a causa de la palabra, en seguida se aparta de ella» (NVI, con modificaciones). Jesús nos dice que cuando le damos la bienvenida al reino que ha llegado, vamos a enfrentar problemas. ¿Es acaso esto una buena noticia, que vamos a enfrentar problemas? Efectivamente, nos dice Jesús, en este mundo recibir el reino siempre nos mete en problemas. Es cierto, recibir el reino produce bendiciones, muchas bendiciones: perdón, paz, gozo, purificación, sentido de pertenencia y vida eterna. Sin embargo, darle la bienvenida al reino también significa enfrentarse a problemas. ¿Cómo podría ser de otra manera? «Llegó el tiempo de un cambio de gobierno». Esto es revolución, y si el corazón entiende esas dimensiones, se somete a ellas, el fruto va a producirse.

Jesús habla de dos clases de conflictos: aflicción (o tribulación) y persecución. Si entendemos estas consecuencias no daremos marcha atrás cuando lleguen los problemas.

Tribulación. La palabra es *thlipsis.* Es un término técnico en el vocabulario del Nuevo Testamento.[50] Su significado es «presión». Para ser más exactos, significa «estrujar». La palabra se refiere a la clase de presión que se experimenta cuando dos fuerzas chocan entre sí y empiezan a ejercer su energía con el fin de vencer a la otra. Jesús nos dice que cuando nos involucramos en la llegada del reino de Dios, ¿y quién no quisiera estarlo?, experimentamos presión, incluso presión que nos exprime. *Thlipsis* es la presión que se vive en el punto de choque de dos reinos que se enfrentan entre sí. Cuando un reino choca con el otro, el impacto crea *thlipsis.* Una vez más pregunto, ¿cómo podría ser de otra manera? Cuando esto sucede, no hay nada erróneo al respecto. Pablo estimulaba así a los nuevos creyentes a lo largo y ancho del Imperio Romano: «Es necesario pasar por muchas dificultades *(thlipsis)* para entrar en el reino de Dios» (Hch 14.22). ¿Acaso nos alientan estas palabras? Ciertamente que sí, porque son palabras que nos dicen la verdad. Nadie experimenta el reino de los cielos sin pasar por cierto nivel de *thlipsis.* No puede darse de otra manera. La tensión se incrementa cuando el reino de Dios invade el espacio. Caminar con Jesús en este mundo implica andar en esa tensión.[51]

Persecución. «Por causa de la palabra», dice Jesús; no por causa tuya. «Por causa de la palabra». Por la sencilla razón que la predicación del reino que ha llegado perturba el estatus quo. Así sucedía por donde Jesús fuera. No se trataba de que se esmeraba por ser un buscapleitos; al contrario, Jesús rehuía a la atención del público (hasta el Domingo de Ramos). Más bien, cuando Jesús iba predicando y viviendo su evangelio, su anuncio y la personificación de su buena noticia automáticamente desafiaba todo lo que no fuera congruente con el reino. Tal como lo dice Mortimer Arias: «El advenimiento del reino significa una permanente lucha de mundos. El reino es un signo de interrogación en medio de las ideas establecidas y las respuestas ya elaboradas por las gentes y las sociedades».[52] Simplemente con vivir sus buenas nuevas, Jesús ya era visto por el estatus quo como un subversivo. En consecuencia, sufrió persecución; y promete lo mismo para quienes se plantan de su lado. Efectivamente, es cierto que Jesús promete bendiciones, muchas de ellas, pero también promete persecución de uno u otro tipo.

Siempre, y por necesidad, el evangelio le arruina la vida a los ídolos,[53] con las cosas o personas que nosotros endiosamos, con las cosas o personas sobre las que confiamos y que solo puede encontrarse en el Dios viviente. El evangelio, entonces, subvierte el estilo de vida fundamentado en ídolos. Por lo tanto, darle la bienvenida al reino de Dios y vivirlo, casi siempre trae consigo alguna forma de persecución. Si entendemos esto, y nos sometemos a esta verdad, no daremos marcha atrás, sino que seguiremos hasta llevar fruto del reino.

Tercer campo (Mt 13.22). En este punto Jesús explica por qué es tan difícil llevar a la práctica lo que le oímos decir al Predicador. Hay algo alrededor nuestro que ahoga la palabra del reino. «El que recibió la semilla que cayó entre espinos es el que oye la palabra, pero las preocupaciones de esta vida y el engaño de las riquezas la ahogan, de modo que esta no llega a dar fruto». Esta es una de las razones por las que, a pesar de toda la predicación que se da en el mundo occidental al comienzo del siglo XXI, este mundo parece estar tan desconectado del evangelio del reino. Muchos cristianos occidentales oyen, pero no se someten al evangelio. Jesús nos dice que están abrumados por «las preocupaciones de esta vida», que literalmente significa «los afanes de este siglo». Además, dice Jesús, que estamos rodeados por «el engaño de las riquezas». Observen con cuidado lo siguiente: el problema no es este siglo, ni tampoco lo son las riquezas. El problema es «el afán» del tiempo presente y «el engaño» de la riqueza.

«Las preocupaciones de esta vida». Observen el artículo determinado plural: *las* preocupaciones. Parece como si Jesús tuviera algo específico en mente. Yo creo que él dice que la marca fundamental de la presente era, tanto en el siglo i como en el xxi, es la preocupación, la ansiedad. ¿Por qué? Porque la presente era, habiendo excluido a Dios de su vida pública, reposa en bases inseguras. Ah, pero el tiempo presente no piensa de esta manera. Cree, por el contrario, que sus bases son firmes. «Somos los capitanes de nuestro barco». ¿Por qué, entonces, a pesar de toda la bravuconería, la era actual se preocupa tanto? Porque el espíritu humano intuye que las bases sobre las que reposa no pueden resistir tanto peso.

Para ser aún más directo, cuando la presente era no se construye a partir del Dios viviente, la era edifica ídolos. Cualquier época que haya sido construida sobre ídolos estará marcada por una ansiedad profunda. El espíritu humano sabe implícitamente que, a fin de cuentas, los ídolos no pueden sostener todo el armazón. Si los fundamentos son endebles, la superestructura no puede más que tambalearse, y el bamboleo establece un estado permanente de ansiedad. Tal como lo vio y predicó Isaías, las sociedades en cuyo centro no está el Dios viviente, son sociedades terriblemente ansiosas, comunidades que gastan proporciones descomunales de energía sosteniendo dioses inadecuados. Isaías se refiere a gente que va en búsqueda de un artesano «para erigir un ídolo que no se caiga» (Is 40.20). El profeta habla de la necesidad de asegurar un ídolo con clavos no sea que se derrumbe (Is 41.7). Isaías habla de sociedades que «llevan en andas» a sus dioses, en lugar de que el Dios vivo los lleve (Is 46.1-7).

Por medio de la figura del tercer campo, Jesús nos dice que podemos seguirlo con un abandono total, ¿y quién no quisiera vivir una vida así de libre?, pero que debido a que comemos y bebemos y respiramos «nuestra era», también quedamos atrapados en las preocupaciones de esta vida, y el evangelio se ahoga. También caemos presa de los cuestionamientos de nuestro tiempo: «¿Qué comeremos? ¿Qué beberemos? ¿Con qué nos vestiremos?» (ver Mt 6.31). Y el fruto del reino no florece como debería.

«El engaño de las riquezas», añade Jesús. No necesitamos ninguna ayuda para entender este mensaje. Las riquezas nos engañan. Las riquezas nos llevan a pensar que ellas solas son la fuente de nuestra plenitud. Las riquezas nos llevan a pensar que ellas solas son nuestra seguridad contra las incertidumbres del futuro incierto. Así, lentamente nos adormecemos ante las cosas del reino. Moisés le advirtió al pueblo de Israel acerca de esto:

> El Señor tu Dios te hará entrar en la tierra que les juró a tus antepasados Abraham, Isaac y Jacob. Es una tierra con ciudades grandes y prósperas que tú no edificaste, con casas llenas de toda clase de bienes que tú no acumulaste, con cisternas que no cavaste, y con viñas y olivares que no plantaste. Cuando comas de ellas y te sacies, cuídate de no olvidarte del Señor, que te sacó de Egipto, la tierra donde viviste en esclavitud. Teme al Señor tu Dios, sírvele solamente a él, y jura solo en su nombre
>
> *(Dt 6.10-13)*

Las mismas riquezas que Dios provee pueden engañarnos y apartarnos de él. Pueden llevarnos a pensar que las riquezas nos darán plenitud y seguridad como personas.

Jamás se me olvidará aquel anuncio comercial en la televisión, en 1998, acerca de un coche todoterreno. Una madre conduce el coche acompañada por su hijo. Van por una carretera rural en medio de una tormenta violenta. El viento sopla con furia, la lluvia cae a raudales, los árboles se desploman sobre el camino, pero dentro del coche todo está en perfecta calma. El CD del equipo de sonido toca una música relajante que satura el ambiente de una suave calma en los asientos de cuero del coche. El chico en el asiento de atrás acaricia a su perro. La madre le pregunta: «¿Cómo está el perro?» y entonces la voz del narrador interrumpe: «Un poco de seguridad en un mundo inseguro». Quise gritar: «¡anda!» He conducido en carreteras rurales en medio de fuertes tormentas, en las Filipinas, bajo un tifón. Por cierto, el interior del coche que conducía era cálido, pero no era para nada seguro. Los vientos amenazaban con lanzar el vehículo lejos del camino.

Las tormentas rompen la ilusión que crea el engaño de las riquezas. Nos instruye en gran manera leer una serie de los sermones que se predicaron el domingo posterior a los eventos horribles del 11 de septiembre de 2001, el día en que Estados Unidos vio el colapso de las torres del World Trade Center, en Nueva York. ¿Hacia dónde los predicadores dirigían la atención de sus oyentes? ¿Cuál era el llamado que les hacían? John Piper, pastor de la Iglesia Bautista Bethlehem, en Minneapolis, Minnesota, fue el que, creo yo, supo poner las cosas en perspectiva. Con las siguientes palabras Piper empezó su sermón en ese contexto aterrador:

> ¿Cómo podré afirmar la esperanza de ustedes esta mañana?
>
> ¿Podré afirmar su esperanza políticamente y consolarlos diciéndoles que Estados Unidos es duradero y que se repondrá en una gran unión bipartidista y probará así que el sistema democrático es fuerte e inconmovible?
>
> ¿Podré afirmar su esperanza militarmente y consolarlos diciéndoles que el poderío militar estadounidense es insuperable y puede repeler cualquier fuerza destructora que se alce contra nuestra nación?
>
> ¿Podré afirmar su esperanza financieramente y consolarlos diciéndoles que cuando el mercado abra nuevamente el lunes habrá estabilidad y crecimiento a largo plazo que preservará el valor de sus inversiones?
>
> ¿Podré afirmar su esperanza geográficamente y consolarlos diciéndoles que viven en la parte norte superior del país, lejos de todos los objetivos políticos, militares y financieros que los enemigos podrían poner en la mira?
>
> ¿Podré afirmar su esperanza psicológicamente refiriéndoles a la página de internet titulada: «Auto afecto y auto ayuda después de un desastre», de tal manera que puedan leer que «las personas con fuertes

mecanismos de afrontamiento… son capaces de
mantener una visión competente de sí mismos…
y así evitan lamentarse por decisiones del pasado»?

¿Podré afirmar su esperanza *escatológicamente* y
consolarlos diciéndoles que ustedes de todas maneras
no van a estar en la tierra cuando la abrasadora bola de
fuego caiga cerca de su ciudad?

La respuesta a estas seis preguntas es fácil de responder:
NO. No voy a intentar afirmar su esperanza en ninguna
de estas seis maneras. La razón por la que no lo voy a
hacer es igualmente sencilla: ninguna de ellas es cierta.

El sistema político estadounidense no es imperecedero.

Las fuerzas armadas estadounidenses no pueden
protegernos de toda fuerza destructora.

El futuro financiero no es seguro y ustedes pueden
perder sus inversiones.

El norte del país no está a salvo del siguiente ataque
terrorista, que puede tener mayores repercusiones
y ser más letal.

Los esfuerzos psicológicos para que podamos sentirnos
competentes y evitar los remordimientos no producen
sanidad, sino que son fatales.

Y los argumentos escatológicos que nos prometen un
escape del sufrimiento bajo la providencia divina al final
de los tiempos, no funcionaron para los cristianos que se
encontraban el martes pasado en el World Trade Center,
ni tampoco los eximirán a ustedes.

Piper pasó a renglón seguido a exponer Romanos 8.35-39, y nos
trajo así nuestro único consuelo en la vida y en la muerte.[54]
En el tercer campo Jesús nos advierte, tanto a oyentes como a
predicadores, acerca de la fuerte influencia de «las preocupaciones
de esta vida» y «los engaños de las riquezas». La ansiedad y el engaño
nos neutralizan y, dice Dale Bruner, un «creyente neutralizado es

lo mismo que si fuera incrédulo y completamente pagano, así se mantenga dentro de la iglesia».[55] El tercer campo nos llama, a oyentes y predicadores, a entender esto y así someternos a la palabra, la cual vence el afán y el engaño.

Finalmente, el cuarto campo (Mt 13.23). «Pero el que recibió la semilla que cayó en buen terreno es el que oye la palabra y se *somete* a ella. Este sí produce una cosecha al treinta, al sesenta y hasta al ciento por uno» (NVI, con modificaciones). Los agricultores del siglo primero no estaban preparados para este final. Un crecimiento del 30% hubiera sido de maravilla; del 50%, desmesurado; del 100%, exagerado más allá de toda imaginación. Brad Young denomina este final «un golpe emocional» porque «una cosecha así de abundante sería más un sueño irrealizable que una experiencia común para la mayoría de agricultores que escuchaban la historia».[56]

Observen la cláusula «este sí produce una cosecha». Podríamos también traducirla, «que automáticamente lleva fruto». (Ver la parábola en Mr 4.25-29). Porque el verdadero golpe emocional no es la abundancia de la cosecha sino que la palabra genera ese fruto. El cuarto campo sencillamente se somete a la palabra y, por lo tanto, se constituye en una evidencia viva, contagiosa, de que una revolución divina está por llegar.

Todos los cuatros campos oyen. Todos los cuatro campos oyen el evangelio de Jesús. «¡El cielo invade la tierra!» El primer campo oye, pero no cumple lo oído. El segundo campo oye y actúa, pero cuando vienen los problemas por causa de la palabra, da marcha atrás. El tercer campo oye y actúa, pero está tan enfrascado en esta vida, en sus ansiedades y sus riquezas que la planta muere. El cuarto campo oye, recibe la palabra y de manera consciente y decidida, se somete a ella.

¿Será que Jesús nos dice que cuando vayamos a predicar solamente uno de cuatro oyentes va a escuchar realmente? ¿O no será que la parábola de Jesús nos permite ver lo que se necesita que suceda para que el reino se haga realidad en nuestros corazones y de esa manera permitir que todos los oyentes realmente escuchen?

Cuando dedico tiempo a Mateo 13 me doy cuenta de que los campos quieren escuchar y llevar fruto del reino, que nos están llamando a nosotros los predicadores, pidiendo nuestra ayuda.

Imaginémonos juntos a todos aquellos campos hablándonos a nosotros, los que predicamos.

El corazón endurecido nos desafía: «Rétame a que abra mi corazón, aunque sea una grieta, y que se someta a cada palabra que Jesús me habla, aunque sea por un instante». El corazón superficial nos desafía: «Rétame a que acepte el hecho de que seguir a Jesús me meterá en problemas y que debo someterme a la palabra de Jesús cuando el conflicto llegue». El corazón atiborrado clama al predicador: «Rétame a que debo darme cuenta de que este tiempo se construye a partir de ídolos, que la idolatría es omnipresente y muy sutil, y que necesito someterme a Jesús, para que él pueda romper el embrujo de la ansiedad que hunde sus raíces en la mentira». Y el corazón receptivo clama al predicador: «Rétame sencillamente a dejar que Jesús sea el rey que es, y dime que me someta a su palabra, y que deje que su palabra haga lo que solo ella es capaz de hacer».

Entonces, el apóstol Pablo fue capaz de escribir a los nuevos creyentes de Tesalónica, aquellos nuevos creyentes bajo presión intensa, y les dijo: «Así que no dejamos de dar gracias a Dios, porque al oír ustedes la palabra de Dios que les predicamos, la aceptaron no como palabra humana, sino como lo que realmente es, palabra de Dios, la cual actúa en ustedes los creyentes» (1Ts 2.13). Cuando alguien se somete a la palabra de Dios, algo sucede, y no en virtud de la condición del corazón de la persona sino por el poder vivificante de la palabra. La propia palabra suaviza los corazones endurecidos, profundiza los corazones superficiales, sana los corazones atiborrados y hace que los corazones receptivos florezcan.[57]

En Mateo 13, Jesús dice: a Juan (el Bautista) y a todos mis demás predicadores de mi evangelio: mi evangelio no ha fracasado; el corazón humano es más complejo de lo que tú y los demás predicadores se imaginan. Es tanto lo que se les cruza en el camino, pero no te desesperes. El reino ha llegado, está en camino y seguirá viniendo». «Bienaventurado todo aquel para quien yo no soy tropiezo» (Mt 11.6, mi paráfrasis). O también, como Pedro le dijo a Jesús después que les preguntara a los doce si ellos también querían irse con la multitud que se había escandalizado con su predicación: «Señor, ¿a quién iremos? Tú tienes palabras de vida eterna» (Jn 6.68), palabras que son vida (Jn 6.63).

En su ensayo, «Una defensa de la predicación expositiva» (*The Case for Expository Preaching*) Earl Palmer, por entonces pastor de la Primera Iglesia Presbiteriana, en Berkeley, California, escribió lo que le he escuchado decir en varias ocasiones desde entonces: «Si tan solo consiguiera que la gente considerara el pasaje bíblico, este se encargaría de convencerlos».[58] Démosle a la Palabra su oportunidad, no importa cuán pequeña sea, y ella nos convencerá (cualquiera sea la condición del corazón) para la vida que tan solo ella puede dar.

Notas

36. Desarrollaré esta idea en el capítulo 10, «Permanecer en el misterio».

37. Para una comprensión plena de la doctrina de Karl Barth acerca de la Palabra y sus consecuencias para la predicación, véase William. H. Williamson, *Conversations with Barth on Preaching*, Nashville: Abingdon, 2006.

38. Richard Lischer, *A Theology of Preaching: The Dynamics of the Gospel*, Nashville: Abingdon, 1986, p. 66.

39. O, como correctamente argumenta Dallas Willard, deberíamos llamarlo «el reino de los cielos», en *The Divine Conspiracy*, San Francisco: HarperSanFrancisco, 1998, pp. 14-33.

40. Sobre el tema de la predicación de Jesús en torno al reino, los recursos más útiles que he encontrado incluyen: Mortimer Arias, *Announcing the Reign of God*, Philadelphia: Fortress Press, 1984. Hay versión en español, *Anunciando el reino de Dios: Evangelización integral desde la memoria de Jesús*, San José, Costa Rica: Visión Mundial, 1998; George Ladd, *New Testament Theology*, ed. Donald A. Hagner, rev. ed., Grand Rapids: Eerdmans, 1974; Howard Syder, *Models of the Kingdom*, Eugene, Oregon: Wipf&Stock, 2001.

41. Véase F. Dale Bruner, *The Christbook*, Waco, Tex.: Word, 1984.

42. David Wenham, *The Parables of Jesus* (Downers Grove, Ill.: InterVarsity Press, 1989), p. 22.

43. Ladd, *op. cit.*, pp. 101-2.

44. «Para los evangelistas y la tradición que les antecede, los milagros no son solamente señales del reino de Dios en el sentido de que el hecho de que ocurran sea evidencia de su presencia. Son también señales en el sentido de que son sus símbolos elocuentes, un cuadro que lo proyectan». C. E. B. Cranfield, *The Gospel According to St Mark: The Cambridge Greek Testament Commentary*, Cambridge: Cambridge University Press, 1959, pp. 84-85.

45. Hans Küng, *On Being a Christian*, Garden City, N.J.: Image Books, 1966, p. 214, Hay versión en español, *Ser cristiano*, Madrid: Trotta, 1996.

46. Wenham, *op. cit.*, p. 41.

47. «συνίημι», en Frederick William Danker (ed.), *A Greek-English Lexicon of the New Testament and other Christian Literature*, 3a. ed., Chicago: University of Chicago Press, 2000, p. 972.

48. F. Dale Bruner, *The Churchbook: Matthew 13-28*, Waco, Tex.: Word, 1990, p. 491.

49. Me gustaría poder recordar, para agradecerle, la persona que me proveyó esta perspectiva de la parábola.

50. Heinrich Schlier, «θλίβω, θλῖψις», in Gerhard Kittel and Gerhard Friedrich (eds.), Theological Dictionary of the New Testament, Grand Rapids: Eerdmans, 1964-1976, 3:139-48. Este es un artículo de lectura altamente recomendada. Hay versión en español, Gerhard Kittel [ed.], Diccionario teológico del Nuevo Testamento, Madrid: Ediciones Fax, 1974.

51. Le doy un tratamiento más completo a este tema en mi libro sobre la revelación dada por Jesucristo, *Discipleship on the Edge: An Expository Journey Through the Book of Revelation*, Vancouver, B.C.: Regent College Publishing, 2004.

52. Arias, *op. cit.*, p. 460.

53. Véase Bob Goudzwaard, *Idols of Our Time*, trad. por Mark Vander Vennen, Downers Grove, Ill.: InterVarsity Press, 1984; un pasaje tan relevante hoy como cuando él inicialmente lo escribió.

54. John Piper, «A Service of Sorrow, Self-Humbling, and Steady Hope in Our Savior and King, Jesus Christ», Desiring God Ministries, septiembre 2001, www.desiringgod.org/ResourceLibrary/Sermons/ByDate/2001/65_A_Service_of_Sorrow_SelfHumbling_and_Steady_Hope_in_Our_Savior_and_King_Jesus_Christ/

55. Bruner, *op. cit.*, p. 493.

56. Brad H. Young, *The Parables: Jewish Tradition and Christian Interpretation*, Peabody, Mass.: Hendrickson, 1998, p. 258.

57. En este punto haría bien en elaborar una exposición de Isaías 6.9-10, un pasaje que Jesús cita en Mateo 13.14; Marcos 4.12; Lucas 8.10; Juan 12.40, y que Pablo menciona en Hechos 28.26. Sin embargo, aún estoy trabajando esos pasajes. Sí parece, a decir verdad, que la predicación de la palabra puede contribuir al amortiguamiento y ensordecimiento del corazón, lo que es un indicio que el oyente juega un papel importante y vital en la fructificación de la palabra. El pasaje sugiere que la predicación tiene algo que ver en que Dios endurezca los corazones a modo de juicio. A estas alturas, animo a que los predicadores pongan todo su énfasis en el poder de la palabra para despertar, ablandar y abrir. Nosotros predicamos y que Dios sea quien opere su voluntad en los oyentes.

58. Earl Palmer, «The Case for Expository Preaching» en, Theology, News and Notes, diciembre 1985, p. 9.

3

¿Dónde sucede? Un paradigma para la predicación expositiva

«¿No ardía nuestro corazón mientras conversaba con nosotros en el camino y nos explicaba las Escrituras?» (Lc 24.32). Los discípulos se plantean la interrogante luego de que sus ojos «fueron abiertos» (Lc 24.31). Los discípulos hacen la pregunta luego de haberse dado cuenta de que se trataba del propio Jesús resucitado el que había caminado con ellos en el camino de Jerusalén a Emaús, y que él mismo los había conducido por un recorrido a lo largo de toda la Biblia, «comenzando por Moisés y por todos los profetas» explicándoles desde las Escrituras todos los eventos de la Semana Santa (Lc 24.27).

Es allí donde radica el honor de la predicación. Cada vez que los predicadores toman un pasaje de la Biblia y con fidelidad intentan «abrirlo», están participando del mismo acto de apertura del pasaje bíblico que realizó el Señor resucitado. En el evento de la predicación, el propio Jesús resucitado (por medio de la persona y ministerio del Espíritu Santo) toma un pasaje de la Escritura en mano y lo abre, de manera tal que hombres y mujeres confundidos y abatidos puedan descubrir que sus corazones arden. Jesús es al mismo tiempo aquel del que se predica y aquel que predica.

En este capítulo me pregunto y busco respuesta a la interrogante: ¿dónde sucede? ¿Dónde sucede el milagro de la predicación? ¿De qué manera la comunicación de palabras humanas se convierte en la comunicación de palabras que son la palabra de Dios? La respuesta que recomiendo a todos los que predican se encuentra en la *predicación expositiva*. Ese es el único lugar que conozco en el que puedo pararme con plena confianza de que lo que digo es lo que el Dios viviente dice. Ese es el único lugar en el que nosotros, simples seres humanos, nos podemos atrever a decir o pensar: «Así ha dicho el Señor».[59]

Por supuesto que hay sermones que juegan un papel importante aparte de los expositivos. Por ejemplo, la denominada predicación temática a veces participa en la transformación que Dios obra en la vida de los oyentes. Sin embargo, el comunicador, en ese caso, se enfrente a dos peligros. Por un lado, la predicación temática da mucha rienda suelta a las habilidades que el predicador pueda tener para desarrollar el contenido del sermón. Por otro lado, la predicación temática puede dar una impresión equivocada respecto a la Biblia. El predicador se ve en la necesidad de rebuscar toda clase de versículos distintos para intentar construir un tema coherente a partir de todos ellos; se confía demasiado en la habilidad del predicador para crear un tema coherente. Esta manera de predicar comunica la idea equivocada de que la Biblia es una colección de dichos sobre distintos temas, una colección de principios por los cuales se debe vivir, en vez de lo que realmente es, la historia del Dios viviente que crea y redime un pueblo para sí mismo, para un mundo que realmente está lleno del conocimiento de su gloria.

Si un predicador o una predicadora siente la necesidad de dirigirse a su audiencia de una manera temática (por causa de algún suceso importante en la vida de la gente o que afecte a toda la iglesia, etc.), le animaría a que fundamentara claramente el asunto a tratar en un solo pasaje bíblico y que buscara otros pasajes solo si concuerdan con el pasaje principal. En otras palabras, no quisiéramos que el oyente se quede con la impresión de «esto es lo que la Biblia dice acerca de este asunto», sino más bien «aquí está el pasaje que es representativo de todo lo que la Biblia dice acerca de este asunto». Si un predicador siente la necesidad de ofrecer una serie de sermones sobre un tema, es más recomendable, desde mi perspectiva, que de manera cuidadosa se fundamente cada sermón en un pasaje bíblico principal. Digamos, por ejemplo, que estamos frente a una serie de cinco sermones sobre «Las relaciones en la familia de Dios». Bien se podrían incluir como temas a tratar el perdón, las bendiciones, la sujeción, la edificación y el amor. Cada uno de esos temas debe surgir de un pasaje bíblico principal, por ejemplo, el perdón, de Mateo 18.21-35, o las bendiciones de Lucas 6.27-35, en lugar de atar juntos en cadena distintos versículos sobre el perdón. Para la predicación temática, insisto en que se use este mecanismo de protección porque, según mi punto de vista, no hay garantía que el milagro de Ezequiel 37 sucederá en cualquier otro lugar que en ese pasaje particular de la Escritura. Además, bien lo dice el viejo refrán: «El que mucho ahonda, más abarca». Lleven a sus oyentes a las profundidades del pasaje bíblico en asuntos como el perdón y les darán una mayor capacidad de perdonar que las que podrían obtener si ustedes les ofrecieran una lista de diez pasajes bíblicos sobre el perdón con una breve explicación.

Hay otras maneras de predicar que Dios ha usado en el pasado y aún lo sigue haciendo: la predicación narrativa, la predicación reflexiva (que suelo decir que es una especie de *lectio divina* pública), etc. He participado en estas maneras de predicar y las he practicado yo mismo. Con todo, sigo insistiendo en que la predicación expositiva sigue siendo la manera más segura de predicar.

¿Qué es, entonces, la predicación expositiva?

Antes de precisar lo que quiero decir por ese término y las razones por las cuales lo recomiendo, consideremos algunas de las definiciones que han ofrecido algunos de los predicadores más eficaces.

John R. W. Stott, escribe en su obra sobre predicación, *Between Two Worlds:*

> Nuestra responsabilidad como expositores del pasaje bíblico, aunque este sea extenso o breve, es abrirlo de tal manera *que exprese su mensaje con claridad,* sencillez, precisión y pertinencia, sin añadir, quitar o falsificar nada. En la predicación expositiva, el pasaje bíblico no es una introducción común y corriente a un sermón sobre un tema francamente diferente, ni tampoco un gancho en el que a nuestra conveniencia colgamos una bolsa de diversos pensamientos, sino *un amo que prescribe y controla lo que se dice.*[60]

Observen las dos frases que he resaltado en cursiva. Las dos nos conducen al meollo del asunto respecto a la predicación: ¿De quién es el mensaje que comunicamos? ¿Quién decide lo que se dice?

Por ello, Haddon Robinson, en su libro ampliamente conocido, *Biblical Preaching*, llega a decir:

> La esencia de la predicación expositiva *es más una filosofía que un método*. Ya sea que se le pueda llamar a un hombre (o mujer) expositor (o expositora), todo empieza con el propósito que él o ella tenga para su vida y con la respuesta sincera a esta pregunta: ¿Usted como predicador se ha propuesto *someter sus pensamientos a* las Escrituras o, por el contrario, usa las Escrituras para respaldar sus propios pensamientos?[61]

Observen una vez más las dos frases en cursiva. Ambas apuntan a los aspectos fundamentales en todo el proceso de elaboración y predicación: ¿estoy realmente dispuesto a hacer a un lado mi comprensión de Dios y de su acción en el mundo para «someterme» a sus palabras?

Por ello, Sidney Greidanus argumenta en su libro *The Modern Preacher and the Ancient Text*, al cual volveré en el capítulo cinco de la presente obra, que llegamos al meollo del asunto cuando nos preguntamos «¿bajo la autoridad de quién predican los predicadores? ¿De quién es la palabra que nos traen?»[62] Vale la pena citar su respuesta completa:

> Si los predicadores predican sus propias palabras, la congregación podría escucharlos cortésmente, pero con pleno derecho a considerar el sermón como sencillamente una opinión más. Sin embargo, si los predicadores contemporáneos predicasen con autoridad la congregación ya no podría desdeñar sus sermones como si fueran meras opiniones personales [y yo añadiría que la congregación ni siquiera osaría pensar así] sino que respondería como si estuviera oyendo un mensaje con autoridad. La única autoridad correcta para la predicación es la autoridad divina, la autoridad de los heraldos de Dios, la de sus embajadores, la de sus agentes. Los heraldos y los embajadores, como ya hemos visto, no hablan sus propias palabras sino las de quienes los enviaron. De manera similar, los predicadores

contemporáneos, si desean hablar con autoridad divina, deben pronunciar no sus propias palabras, sino las del aquel que los envió.[63]

¿No fue así en el caso del mismísimo Predicador, Jesús de Nazaret? «Yo digo solo lo que vi a mi Padre hacer y oí lo que mi Padre dijo» (Jn 5.19-30, mi paráfrasis). La Palabra que se hizo carne, sometió su habla entera a aquel que lo había enviado. Esto me indica que el aspecto más básico de la predicación no es ganar al oyente (si bien esto es algo crucial) sino agradar al remitente. El que nos envía es el Maestro, y ante su Palabra inclinamos nuestro pensamiento y nuestro hablar. *¡Ayúdanos, Señor!* Donald Coggan se refería a la «la maravillosa tiranía del Evangelio»: los predicadores cristianos tienen una «frontera que les ha sido marcada;» tan pronto pasan al púlpito no cuentan ya con la libertad que es propia de hombres y mujeres «libres».[64] ¡Oh, estar así cautivos!

Bryan Chapell, en su útil libro *Christ-Centered Preaching: Reedeming the Expository Sermon,* nos da una definición completa de lo que procuro explicar.[65] El pasaje bíblico en cursiva en la cita que sigue son suyos:

> Un sermón expositivo extrae su tema, encabezados y apartados del pasaje bíblico. En un mensaje expositivo el predicador se compromete a explicar lo que el pasaje bíblico quiere decir… Un sermón no es expositivo sencillamente porque aborda un tema bíblico. Tampoco el hecho de citar una gran cantidad de versículos bíblicos convierte al predicador en un expositor de la Palabra. [Por cierto, aquello es el peligro de la predicación temática].
>
> Se puede decir que un sermón que explore cualquier concepto bíblico es, en el sentido más amplio, «expositivo», pero *la descripción técnica de un sermón expositivo exige que exponga las Escrituras a partir de un pasaje específico, junto a sus ideas principales y sus apartados, y que de a conocer el pensamiento del autor, abarque todo el pasaje y tenga una aplicación práctica en la vida de los oyentes.*[66]

Observen cuatro ideas importantes en la última frase: que exponga, a partir de, abarque y aplicación práctica. Todas las cuatro las controla un pasaje bíblico específico.

Observen dos definiciones más. Earl Palmer, a quien cité al cierre del capítulo anterior, dice que la predicación expositiva es «permitir que el pasaje bíblico haga hincapié sobre algún asunto en particular en el contexto de todo el testimonio del Evangelio de Jesucristo, y de afirmar dicho mensaje con persuasión y apremio según la manera en que la gente de hoy se comunica».[67] Esto es lo que impulsa las parábolas de Jesús en Mateo 13.

Lesslie Newbigin, en su profundo comentario al Evangelio de Juan, escrito en conversación con las cosmovisiones de la India del siglo XX y no como si fuera un sermón, resume todas las definiciones: «Mi tarea consiste en dejar bien claro, no solo para mí sino también en lo posible para los demás, la palabra que se dijo en el Evangelio, de tal manera que pueda ser comprendida en el idioma de esta cultura de la cual formo parte, con un poder tal que pueda *cuestionar* esa cultura».[68] Fíjense en la importancia que hay en que uno comprenda la palabra primero y se conecte con la cultura, pero que igualmente la *cuestione*. En el capítulo 10 desarrollaré mucho más esta idea.

Deseo proponerles algunos matices de estas definiciones con el propósito de mejorar nuestro entendimiento respecto a la predicación expositiva.

Empiezo con la siguiente presuposición: la predicación expositiva no consiste en extraer un mensaje del pasaje bíblico; se trata de invitar a los oyentes al pasaje bíblico, de tal manera que sea el pasaje el que haga lo que solo este puede lograr.

Imaginen dos escenarios. El primero describe lo que la mayoría de los predicadores piensan que es lo que hacemos en la predicación expositiva, y el segundo describe lo que yo creo que hacemos o estamos llamados a hacer.

Primer escenario. La congregación despacha al predicador hacia el pasaje bíblico (ver figura 3.1.). El predicador emerge del pasaje bíblico con un mensaje que luego descarga en la congregación (ver figura 3.2.).

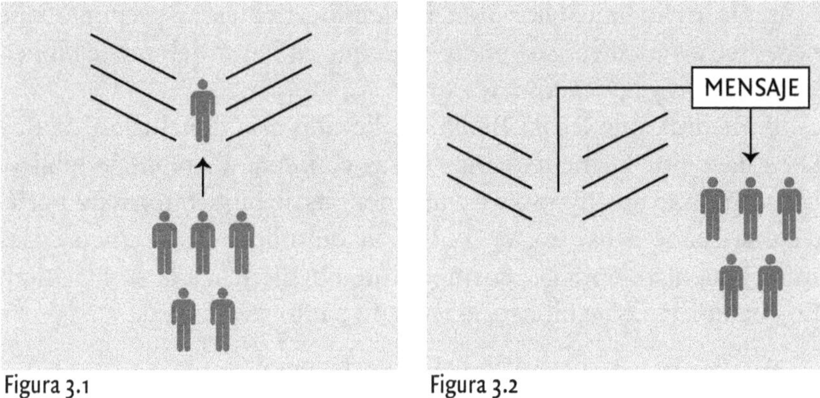

Figura 3.1

Figura 3.2

Segundo escenario. La congregación despacha al predicador hacia el pasaje bíblico (ver figura 3.3.). El predicador, luego de un período de estudio y oración, invita a la congregación a que juntos mediten en el pasaje bíblico (ver figura 3.4.).

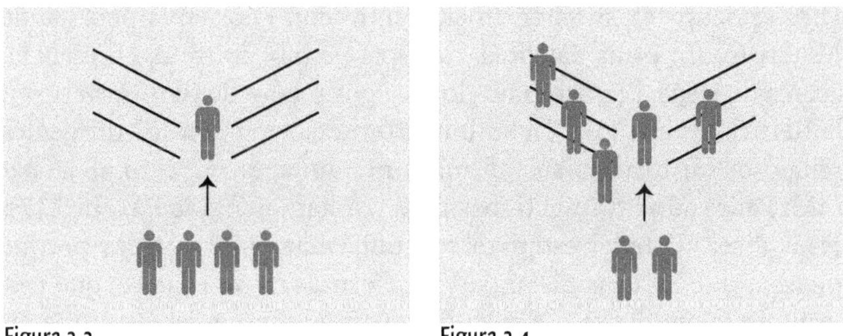

Figura 3.3

Figura 3.4

Tal como lo describiera mi alumno, Scott Scruggs, en uno de sus ensayos para uno de mis cursos sobre predicación: «El pasaje bíblico es el lugar de un encuentro cercano con el Dios vivo, y la tarea del predicador es conducir a su congregación hacia esa realidad».[69] El papel del predicador no es la de un experto sino la de un guía (como si se tratara de una exposición de arte, o el guía de una expedición) que señala, que hace notar los aspectos básicos de la realidad acerca de la cual el pasaje bíblico está hablando. Cuando el predicador actúa de esa manera, algo sucede: el predicador y la congregación comienzan a participar en lo que el Jesús resucitado, por medio del Espíritu Santo, está haciendo en el pasaje bíblico y junto a este.

¿Qué es lo que Dios está haciendo? Esa es la pregunta que necesitamos plantearnos. ¿Qué es lo que el Señor del pasaje bíblico hace en, con y por medio de este?

A medida que leo la Biblia, he llegado a la conclusión de que Dios hace por lo menos cinco cosas con cualquier pasaje bíblico. Un sermón expositivo sobre cualquier pasaje bíblico formará parte, de una manera u otra, en esa tarea quíntuple. Esas cinco cosas son: encuentro, noticias, cosmovisión, obediencia a la fe y facultar. En cualquier pasaje bíblico, el Espíritu Santo se ocupa de

> suscitar un encuentro con el Jesús del pasaje bíblico
> en el que comunica noticias, buenas noticias
> que produce un cambio de cosmovisión,
> invocándonos a un nuevo paso de obediencia a la fe
> (para el cual él mismo nos faculta).

Encuentro. Por medio de cada pasaje de la Escritura, el Espíritu de Dios se ocupa en suscitar un encuentro con Dios en la persona de Jesucristo. En otras palabras, cada pasaje bíblico trata, en esencia, acerca de Jesús. Él mismo nos lo dice por medio de su ministerio en la tierra. Por ejemplo, en su intensa interacción con los dirigentes religiosos en torno a sus afirmaciones audaces respecto al sabbat («Mi Padre aún hoy está trabajando, y yo también trabajo», Jn 5.17), Jesús dice: «Ustedes estudian con diligencia las Escrituras porque piensan que en ellas hallan la vida eterna. ¡Y son ellas las que dan testimonio en mi favor! Sin embargo, ustedes no quieren venir a mí para tener esa vida» (Jn 5.39-40). Lucas registra a Jesús haciendo ese mismo hincapié en su primer Domingo de Pascua camino a Emaús: «Entonces, comenzando por Moisés y por todos los profetas, (Jesús) les explicó lo que se refería a él en todas las Escrituras» (Lc 24.27). Prácticamente cada vez que leo ese pasaje me asalta el deseo de que uno de los dos discípulos que caminaban con Jesús se hubiera puesto a apuntar en una libreta de notas lo que pasó ese día. Observen que el verbo puntualiza, «en todas las Escrituras». Jesús dice que las Escrituras tratan acerca de él. Para que nosotros podamos captar ese punto, Lucas registra las mismas palabras de Jesús sobre ese asunto: «Cuando todavía estaba yo con ustedes, les decía que tenía que cumplirse todo lo que está escrito acerca de mí en la ley de Moisés, en los profetas y en los salmos» (Lc 24.44). «Entonces», dice Lucas, el Jesús resucitado «les abrió el entendimiento para que comprendieran las Escrituras» (Lc 24.45), para que entendieran que las Escrituras tratan solamente acerca de él. Él es el mensaje fundamental de las Escrituras.

¿Creen ustedes esto? Se trata de una convicción clave en la tarea de la predicación, que forma parte de la obra transformadora de Dios en el mundo. El Espíritu Santo «inspiró» (2Ti 3.16) el pasaje bíblico para suscitar un encuentro con el Jesús de la Escritura.

E. Stanley Jones dijo lo siguiente respecto a todo pasaje bíblico: «Todos los días recurro a esas palabras y les pregunto: "¿Habéis visto a aquel a quien ama mi alma?" Y aquellas palabras me toman de la mano y me llevan más allá de ellas, hacia Él, que es la Palabra».[70] Yo no creo que estemos preparados para predicar un pasaje bíblico hasta que hayamos sido conducidos por el pasaje (prefiero *ser conducido por* que *ir más allá*) hasta el Señor de la Escritura. No estamos realmente listos para formar parte de la predicación que el Espíritu realiza del pasaje bíblico hasta que el Espíritu no haya suscitado tal encuentro.

¿Significa entonces que cada sermón tiene que ser acerca de Jesús? Efectivamente, así es. Tal como James S. Stewart enfatizara: «la tarea del predicador no es que la congregación salga diciendo: "¡qué agradable sermón!" ni tampoco, "¡qué mensaje tan conmovedor!" La única pregunta debería ser: "¿Se encontraron con Dios hoy, o no?"».[71] Para Stewart «Dios» significa el Dios que conocemos en Jesús, es decir el propio Jesús. John Piper lo expresa de una manera mucho más interesante: predicar es una «exposición llena de júbilo respecto a las glorias de Dios» en el Cristo del pasaje bíblico, «cuyo propósito es rescatar al pueblo de Dios de los placeres pasajeros del pecado al camino de sacrificio y obediente satisfacción con Dios».[72]

¿Quiere decir todo esto que cada sermón debe ser acerca de Jesús incluso si el pasaje bíblico no lo menciona explícitamente? Pues sí. Así es. Jesús, la Palabra (Jn 1.1) nos da el encuentro en cada pasaje bíblico. La Palabra, el *Logos*, es la autoexpresión del Dios vivo. «En el principio era la Autoexpresión, y la Autoexpresión era con Dios, y la Autoexpresión era Dios». ¿Cómo podría ser de otra manera? Solo Dios puede expresar a Dios; solo Dios puede revelar a Dios; solo Dios puede dar a conocer a Dios. La Palabra es todo este Dios-dando-a-conocer-a-Dios que Dios realiza. En todo lugar donde Dios está, también está la Palabra. Cada vez que Dios expresa a Dios, la palabra está allí. La Palabra está en cada pasaje bíblico revelador. Ello significa que los predicadores no necesitan «llevar a Jesús al pasaje bíblico»; lo que necesitan es sencillamente señalar la manera en la que él ya está en el pasaje bíblico. «¡Y son ellas las que dan testimonio en mi favor!» (Jn 5.39).

Entonces, la primera y más importante disciplina en la predicación es permanecer en el pasaje bíblico hasta que encontremos al Señor del pasaje bíblico. Todo está supeditado a esto. El poder transformador de cada pasaje bíblico yace justo allí, en ese encuentro. «Así, todos nosotros, que con el rostro descubierto reflejamos como en un espejo la gloria del Señor, somos transformados a su semejanza con más y más gloria por la acción del Señor, que es el Espíritu». (2Co 3.18). Una fotocopia se hace mediante una exposición intensa con el original. Debemos permanecer en el pasaje bíblico hasta que, por la exposición con el original, estemos listos para hablar del Señor de la Escritura.

Dicho sea de paso, esta disciplina es la que también mejorará todo culto de adoración previo o posterior al momento de predicación. Todo el culto de adoración podrá enfocarse y disfrutar del carácter del Señor que se revela y se manifiesta en el pasaje bíblico. Toda canción, por ejemplo, podrá entonarse en torno a quién es Dios para nosotros en la persona de Jesús en el pasaje de hoy.

N. T. Wright lo dice acertadamente cuando observa que «la predicación se hizo para que sea una ocasión en la que, por así decirlo, Dios se manifieste; cuando ese momento, tan extraño y, sin embargo, tan familiar, llegue sobre nosotros, sabremos que hemos sido interpelados, sanados, confrontados y reavivados por quien nos hizo y nos amó».[73]

Noticias. En todo pasaje bíblico el Jesús resucitado, por medio del Espíritu Santo, proclama noticias, buenas noticias, el evangelio. A veces el pasaje bíblico lo hace explícitamente, a veces, implícitamente, pero el pasaje bíblico siempre tiene noticias para nosotros. No se trata sencillamente de opiniones o consejos o perspectivas o exhortaciones que nos invitan a vivir de una manera distinta. El pasaje bíblico proclama noticias.

Son las noticias acerca de Dios en la persona de Jesús. Son las noticias de lo que Dios ha hecho, sigue haciendo y hará en Jesús. Son las noticias de lo que Dios ha hecho, sigue haciendo y hará pero que nosotros no podemos hacer. Un sermón, por lo tanto, es fiel al pasaje bíblico si se basa en las noticias de dicho pasaje y está saturado de ellas.

Me pregunto: ¿por qué, a pesar de toda la «predicación» (las comillas son mi manera amable de preguntarme si es que toda predicación es en realidad predicación) que sucede en Norteamérica a comienzos del tercer milenio, la cultura norteamericana es tan incrédula, incluso anticristiana? ¿Por qué toda esa «predicación» no produce mayores efectos en la cultura? Si se me permite al atrevimiento como para proponer una respuesta, yo digo que esto se debe a que gran parte de la «predicación» es buen consejo, pero no buenas noticias. El buen consejo sin las buenas noticias no cambia a nadie. El buen consejo sin las buenas noticias es cualquiera de estos tres: legalismo que asfixia, moralismo que oprime o autoayuda impotente. A mediados de la década de 1970, Ian Pitt-Watson se trasladó de Escocia a Estados Unidos con el fin de impartir clases en el Seminario Teológico Fuller, en Pasadena, California. Pitt-Watson pasó la mitad de su primer año visitando tantas congregaciones como le era posible con el fin de tener una buena idea de lo que sucedía con la predicación en el sur de California. Dijo que podía resumir en una frase todas las predicaciones que había escuchado: «Es bueno ser bueno, es agradable ser agradable». Pitt-Watson comentó que raramente oyó noticia alguna de lo que Dios había hecho, seguía haciendo e iría a hacer en Jesús.

La gente en toda época y todo lugar del mundo daría la vida por recibir noticias de lo que Dios hace, noticias que marquen la diferencia en sus vidas cotidianas. Cada pasaje bíblico contiene esas noticias. Los predicadores tienen que permanecer en el pasaje bíblico hasta que queden apresados por las noticias. Todo consejo nacerá de esas noticias, y recibirá apoyo y poder de estas.

De esto se trata uno de los secretos de la predicación del apóstol Pablo. Todos sus buenos consejos estaban arraigados en las buenas noticias. Para decirlo de otra manera, todos sus imperativos estaban arraigados en indicativos: antes de ofrecer consejo como «hagan esto o lo otro», siempre los antecedía con explicaciones de «estamos o somos». Esto lo podemos apreciar con un estilo más ingenioso y, pienso yo, de una manera prototípica en su carta a los Efesios. La primera mitad de la carta se expresa casi todo en el modo indicativo y sostiene ante nosotros el trabajo monumental de la gracia que Dios ha hecho, sigue haciendo y hará en Jesús: «Alabado sea Dios, Padre de nuestro Señor Jesucristo, que nos ha bendecido en las regiones celestiales con toda bendición espiritual en Cristo» (Ef 1.3). Los capítulos 1 al 3 celebran las noticias de la Trinidad, que se destacan por ser pródigas, extravagantes, amplias, transformadoras del mundo, redentoras y reconciliadoras. Solo después Pablo da inicio a sus consejos: «Por eso yo, que estoy preso por la causa del Señor, les ruego que vivan de una manera digna del llamamiento que han recibido» (Ef 4.1). La serie de «por eso», o «por lo tanto», en los capítulos 4 al 6 solo tienen sentido y aplicabilidad si se les considera a la luz de lo que Dios hizo, sigue haciendo y hará, en concordancia con los capítulos 1 al 3.

Por ello, todo sermón es un sermón del evangelio. ¿Qué más hemos nosotros de predicar? Cada sermón tiene que estar henchido de evangelio, pues de lo contrario no conseguiremos un evangelio que pueda vivirse. La exhortación se arraiga en el mensaje del evangelio, el kerygma, y recibe poder de este.

Como se dijo anteriormente, la mayoría de historiadores de la predicación considera a James S. Stewart el más grande predicador de habla inglesa en el siglo xx.[74] En su *Heralds of God*, escrito en 1946, Stewart relata la experiencia del más grande predicador del siglo xix, Henry Ward Beecher. Cuando Beecher empezó su ministerio, quedó desilusionado por los resultados: vio tan poco de lo que se suponía que la predicación debía lograr. Entonces, un día, le vino un pensamiento: «Hubo una razón por la cual, cuando los apóstoles predicaban, tenían éxito, y yo la voy a descubrir si es que se puede encontrar».[75] Stewart nos alienta a hacer lo mismo: «Busquen los secretos de la primera generación de predicadores de la Palabra».[76] ¿Cuál era el mensaje que los consumía como «una llama y que a través de ellos encendían al mundo?»[77]

Stewart, seguidor de Beecher, observa primero lo que no es. No es una teoría ni una idea; no es algo que ellos hubieran deducido de sus observaciones ni a lo que hubieran llegado por su imaginación. «No era un argumento contra el paganismo, no era un panegírico a la hermandad; tampoco era una exhortación moral, ni educación religiosa; no era tampoco una experiencia mística, ni un estímulo espiritual. Ni siquiera se trataba de una reproducción del Sermón del monte».[78] Esta última frase todavía me produce sobresalto, pues se me viene a la mente lo que E. Stanley Jones dijera en el primer tercio del siglo xx y que alude a cada siglo: la mayor necesidad que tiene la iglesia es recibir «una transfusión de sangre» del Sermón del monte que «renueve en ella nueva vida que le permita liberarse de todos estos parásitos, y que se levante y sirva al mundo y lo salve».[79] Pero la predicación de los primeros predicadores, que hasta incluye la exhortación y edificación del gran Sermón de Jesús, era tan diferente. Según las palabras de Stewart: «Fue el anuncio de ciertos hechos concretos de la historia, el anticipo de eventos reales, objetivos».[80] «Era la proclamación de los hechos poderosos de Dios».[81] La proclamación cristiana primitiva declaraba, en particular, los poderosos hechos de Cristo que había muerto por nuestros pecados, y de Cristo que había resucitado de entre los muertos. Por esos hechos el reino de Dios irrumpe en el mundo con poder.

Escuchemos a Stewart «anunciándonos» esa noticia él mismo:

> Desde los ámbitos del más allá invisible, el evento divino que una vez fue considerado distante, de repente se proyectaba en la historia. Lo que antiguamente había sido pura escatología estaba ahora ante nuestros propios ojos: lo sobrenatural se hacía visible, la Palabra se hacía carne. Ya no estaban ellos soñando en la era del reino: ahora la estaban viviendo. Había llegado. Esta era la indispensable crisis del momento… Eran las noticias estupendas, que eclipsaban todos los demás hechos, de que el Poder soberano del universo había hecho trizas la historia, desplazándose según la grandeza de su Poder, poderoso para salvar… [No era] una síntesis de la manera en que los hombres [y las mujeres] debían comportarse en una sociedad ideal, sino un relato de las formas en que Dios ha actuado en la historia de manera decisiva y para siempre… Nada puede ser tan inocuo, absurdo, y vano como la predicación que por siempre

exhorta «Así y así debéis actuar», y echa por la borda la única cosa que le aporta al cristianismo su esencia: «Así ha actuado Dios, una vez y para siempre».[82]

Marianne Meye Thompson mejora aún más ese punto: «Primero que todo, el evangelio es la acción de Dios, el relato de Dios, la iniciativa salvadora de Dios en favor del mundo que él creó. Vale la pena repetir: *el evangelio es el relato de Dios. Predicar el evangelio, en consecuencia, significa oraciones gramaticales en las que Dios es el sujeto de los verbos activos*».[83] Necesitamos quedarnos en el pasaje bíblico hasta que seamos capturados por los verbos de Dios, verbos con Dios como su sujeto.

Cosmovisión. Lo que Dios hace (y dice) en el pasaje bíblico cambia la manera como comprendemos el mundo. Efectivamente, lo que Dios hace (y dice) cambia el mundo aun si nosotros no entendemos qué es lo que cambia.

Por medio de cada pasaje bíblico el Jesús resucitado, por obra del Espíritu Santo, realiza un cambio en nuestra perspectiva del mundo, dándonos unos anteojos nuevos con los cuales podemos surcar el mar de nuestra vida. Cada autor de cada pasaje bíblico escribe desde un marco particular de referencia y, naturalmente, cada uno de ellos interpela los marcos de referencia de sus lectores u oyentes buscando atraerlos a la manera en que el autor entiende a Dios y al mundo. Cada pasaje bíblico consuma el deseo y petición de Pablo en Romanos: «No se amolden al mundo actual, sino sean transformados mediante la renovación de su mente» (Ro 12.2); o como lo traduce J. B. Phillips, «no permitan que el mundo que los rodea los embuta en su propio molde, sino que dejen que sea Dios el que moldee de nuevo sus mentes desde adentro».[84] Dios realiza esta transformación por medio de pasajes inspirados por su Espíritu, pasaje tras pasaje, hasta que finalmente vivamos en el mundo con Jesucristo en el centro.

El sacerdote y psicólogo, John Powell, nos ofrece ayuda en su libro *Fully Human, Fully Alive: A New Life Through a New Vision*.[85] Con frecuencia cito sus palabras cuando quiero explicar el concepto de cosmovisión: «Una vida verdadera y plena se basa en tres componentes como las patas de un trípode. Esas tres son las dinámicas intrapersonal, las relaciones interpersonales y un marco de referencia».[86] Por *marco de referencia* quiere dar a entender lo que otros dicen cuando usan la palabra *cosmovisión*. Powell observa correctamente: «Tu visión de la realidad no es la mía y viceversa, la mía no es la tuya. Las dos visiones nuestras son limitadas e inadecuadas, pero no lo son en la misma medida. Nosotros dos hemos malinterpretado y distorsionado la realidad, pero cada cual de manera diferente. El punto principal es que son precisamente las dimensiones y la claridad de esta perspectiva lo que determina las dimensiones de nuestro mundo y la calidad de nuestra vida».[87] Entonces, dice Powell, «si vamos a madurar, a crecer, a vivir (plenamente humanos, plenamente vivos) tiene que darse un cambio en nuestra perspectiva básica».[88] En cada pasaje bíblico de la Escritura el Espíritu de Dios realiza un cambio de cosmovisión, un cambio en nuestra perspectiva de la realidad.

Richard Bauckham, en su genial libro sobre el Apocalipsis, señala la manera en que el imaginario de esa porción de la Escritura opera para cambiar nuestras cosmovisiones. Lo que nos dice sobre el último libro de la Biblia es cierto para todos los demás libros. Bauckham habla de la capacidad que tiene el imaginario del Apocalipsis «para crear un mundo simbólico en el que sus lectores pueden ingresar y de este modo lograr que sus perspectivas del mundo en el que viven sean transformadas».[89] Bauckham nos recuerda cómo los primeros lectores de *la revelación de Jesucristo* (que es el título completo del último libro de la Biblia) se veían permanente confrontados por las imágenes espectaculares «de la perspectiva romana del mundo», cuya finalidad era impresionar a la gente con «el poder imperial romano y el esplendor de la religión pagana».[90] Luego, sin referirse directamente al tema de la predicación, manifiesta el objetivo de los pasajes bíblicos y de su predicación: «En este contexto, el Apocalipsis ofrece un conjunto de imágenes proféticas contrarias que enfatiza en sus lectores una perspectiva distinta del mundo».[91] ¡Ciertamente distinta! Por tanto, el imaginario del libro «lleva a cabo una especie de purga en la imaginación cristiana y la restaura con perspectivas alternativas de cómo es el mundo y cómo debe ser».[92] Por medio de un pasaje bíblico tras otro, el Jesús resucitado cambia la manera en que comprendemos la realidad, hasta que un día logramos de hecho vivir en esa realidad distinta.

James Sire definió una cosmovisión como «un conjunto de supuestos que mantenemos (consciente o inconscientemente) acerca de la constitución básica de la realidad».[93] N. T. Wright define las cosmovisiones como «las lentes», por medio de las cuales un pueblo, una sociedad percibe su mundo, «la cuadrícula donde se registran las múltiples experiencias de la vida».[94] Wright propone que las cosmovisiones pueden llegarse a entender en términos de cuatro rasgos: «relatos característicos, símbolos básicos, praxis habituales y un conjunto de preguntas y respuestas».[95]

Todo ser humano, toda cultura humana, todo autor, cineasta, artista, médico, científico, docente, persona dedicada al hogar, padre, madre o político funciona a partir de una cosmovisión particular. Todos nosotros vivimos, de manera automática, nuestros supuestos más profundos. Y cada pasaje bíblico interactúa con esos supuestos, ya sea reforzándolos o cuestionándolos.

Para ser más concretos, cada cosmovisión se cuestiona e intenta responder las siguientes nueve preguntas. Mi compilación está basada en las de Sire y Wright. Cuando los predicadores se presentan con un pasaje bíblico en la mano, los oyentes se preguntan, por lo general de manera inconsciente, pero a veces intencionalmente:

1. ¿Cuál es la realidad primordial? ¿Cuál es la «realidad verdadera»?

2. ¿Quiénes o qué somos? ¿Qué significa ser un ser humano?

3. ¿Existe aquello que se conoce como «moral», buena o mala? Si existe, ¿cuáles son sus bases? ¿cómo sabemos que algo es bueno o malo?

4. ¿Cuál es el sentido de la historia? ¿Tiene la vida algún sentido?

5. ¿Hay algo malo en nosotros? Algo no encaja, ¿qué es?

6. ¿Hay alguna solución, pueden arreglarse las cosas? ¿Por parte de quién? ¿Cómo? ¿Qué tan rápido?

7. ¿Existe Dios? Si existe, ¿se puede llegar a conocer a Dios? ¿Se involucra este Dios en el mundo, especialmente en lo concerniente al sufrimiento humano?

8. ¿Qué le sucede a un ser humano cuando muere? (Esta pregunta es más común de lo que la mayoría de los predicadores están conscientes y que, por lo tanto, necesita tratarse con mayor frecuencia de lo que lo hacemos).

9. ¿Qué hora es? «Todo tiene su momento oportuno; hay un tiempo para todo lo que se hace bajo el cielo» (Ec 3.1) ¿Dónde nos encontramos en el transcurso del tiempo?

El evangelio responde a todas esas interrogantes, un pasaje tras otro, en el transcurso de toda una vida, moldeando lentamente un nuevo metarrelato en nuestras mentes y corazones.

Hace un buen tiempo atrás (1997), mientras leía el periódico en una cafetería, me topé con un artículo que llevaba por título «"La Guerra de las Galaxias", nuestra religión pública» («"Star Wars" Our Public Religion»).[96] El autor, Orson Scott Card, se preguntaba la razón por la que millones de personas formaron largas filas en las afueras de las salas de cine para ver el nuevo lanzamiento de la trilogía de la Guerra de las Galaxias. Card argumentaba que el fenómeno tenía poco que ver con cinematografía: los efectos visuales que enloquecieron a la gente en 1977 eran ya irrelevantes en 1997. Decía el autor, además, que tampoco tenía mucho que ver con la nostalgia, el entretenimiento o el arte. Para Card, el fenómeno era una muestra más del hecho de que los seres humanos somos incurablemente religiosos.

Estas fueron sus palabras: «Nosotros, los estadounidenses, a pesar de todas las apariencias, no hemos abandonado la religión. Simplemente le hemos cambiado el nombre». Luego de afirmar que las universidades en Estados Unidos han alimentado por décadas un desdén hacia el cristianismo, Card continuó diciendo: «Sin embargo, abandonar una religión en particular no elimina la necesidad humana por alguna religión, por una historia profunda» —¿no es ese un término fantástico para describir el evangelio? — «que le de sentido al sufrimiento y ponga en perspectiva la arbitrariedad de la vida. Prácticamente ningún concursante en la actualidad es capaz de responder las preguntas fáciles de la Biblia en *Jeopardy*, pero casi todo el mundo puede decir quién es Obi-Wan Kenobi, Darth Vader, Yoda y la Fuerza». Card asegura que «*La guerra de las galaxias* es la sagrada escritura de nuestra religión pública».[97]

En ese mismo artículo, Card continúa mostrando cuánto de la vida en los Estados Unidos de 1997 podía explicarse en términos de *La guerra de las galaxias* como «la religión establecida». Si bien, se podría rebatir una afirmación de tales dimensiones,

Card sospechaba de algo fundamental. «George Lucas [creador de *La guerra de las galaxias*] no creó la cosmovisión moral del mundo en el que vivimos, pero entregó lo que toda religión debe tener: una escritura que presente una cosmovisión moral de manera clara e irresistible, y la llevó vívidamente al corazón de los creyentes. *La guerra de las galaxias* es literatura religiosa».[98]

En esos términos, ¿no son religión la mayor parte de las producciones literarias, artísticas y científicas?

Estoy de acuerdo y en desacuerdo a la vez con Orson Card. No concuerdo cuando afirma que *La guerra de las galaxias* era la religión establecida del momento en 1997. Para ser más exactos, *La guerra de las galaxias* fue uno de tantas «historias profundas» que buscaban darle sentido a la vida estadounidense de ese entonces. *La guerra de las galaxias* fue un gran suceso, pero también lo fueron *Viaje a las estrellas* (Star Trek) y la dianética, la cienciología y, desde luego, «el sueño estadounidense». Sin embargo, concuerdo plenamente con el punto básico de Card: los seres humanos tienen una necesidad innata de cierta forma de religión, de una historia profunda.[99] Sencillamente no podemos vivir sin algún tipo de metarrelato que nos ayude a poner en perspectiva nuestros relatos personales. Cada cultura en cada época cuenta y recuenta su perspectiva de la realidad en historias que le aporta sentido de dirección a la vida cotidiana, que establece fronteras dentro de las cuales se desarrollan los negocios, delinea las dinámicas de las relaciones y aborda la gran pregunta respecto a la muerte.

En esa Semana Santa, empecé mi sermón del Domingo de Resurrección diciendo: «Quiero volver a contar la historia profunda que el apóstol Pablo bosqueja en 1 Corintios 15. Quiero volver a narrar la historia profunda que emerge de lo que pasó esa mañana cuando María Magdalena, luego de haberse equivocado creyendo que era el sepulturero, se encontró con Jesús de Nazaret, resucitado de la tumba». Cada pasaje bíblico es, de una manera u otra, una narración de la gran historia profunda de Dios que interpela las historias profundas por las que cada persona vive.

Empecé mi carrera de predicador durante un tiempo en el que hubo mucho interés por el pensamiento de Rudolf Bultmann. Aquel teólogo, luchando por descifrar cómo podía el evangelio tener sentido en el mundo «moderno» de su época, propuso en su ensayo de 1961, titulado «El Nuevo Testamento y la mitología» («The New Testament and Mythology») que la tarea de la predicación consiste sencillamente en «desmitificar» el evangelio. La predicación no tenía otra opción sino despojar a Jesús y el evangelio de todos los adornos «mitológicos» en los que la Biblia lo predica: «Ya no podemos creer en un universo de tres pisos que los credos dieron por sentado», sobre la tierra, en la tierra y debajo de la tierra, como reza Filipenses 2:10.[100] «Nadie que tenga la madurez suficiente como para pensar por sí mismo supone que Dios vive en un local celestial. Ya no hay un cielo en el sentido tradicional del término. Y de haberlo, el relato de la ascensión de Cristo al cielo desaparece. Ya no podemos mirar arriba en espera del regreso del Hijo del Hombre en las nubes del cielo ni esperar que los fieles suban a recibirlo en el aire» (véase 1Ts 4.17).[101]

Muchos académicos cristianos y predicadores estuvieron de acuerdo con Bultmann y así lo manifestaron públicamente. Muchos otros académicos cristianos y predicadores estuvieron en desacuerdo con él y así lo manifestaron públicamente, pero siguieron viviendo sus vidas como si estuvieran de acuerdo con él; en otras palabras, el cielo no marcaba ninguna diferencia práctica y perceptible en sus discipulados y ministerio. Yo fui uno de ellos. Resurgí de la interacción con la cosmovisión de Bultmann afirmando mi convicción en la perspectiva bíblica, pero en la práctica demostraba tener una cosmovisión moderna. Me consideraba un desmitificador de armario, capaz (eso creía yo) de explicar, por ejemplo, todo lo relacionado al ámbito de los demonios en términos de maldad y patología humanas. Luego, atravesé por una serie de experiencias que solo pueden explicarse en términos de la cosmovisión bíblica respecto a los seres celestiales, tanto benignos como malignos, que operan en el mundo, aquel mundo que yo creía entender como un profesional universitario, «de mente abierta», con un grado en física y matemática teórica.

Pero, ahora me he dado cuenta que la tarea de la predicación no es desmitificar el evangelio sino volver a mitificar el mundo con el evangelio. Creo que en ello consiste la tarea del pasaje inspirado por el Espíritu que nosotros hemos sido llamados a predicar. Aquí me estoy valiendo del lenguaje que usa Andrew T. Lincoln en su trabajo académico sobre la dimensión celestial en Efesios.[102] Lincoln ofrece una respuesta al desafío bultmanniano argumentando que la iglesia no necesita desmitificar su teología ni su cosmología. Por el contrario, la iglesia necesita remitificarlo todo. Nuestra hermenéutica incluso necesita ser remitificada.[103] «No es un asunto en torno a si la gente moderna vaya a interpretar sus vidas mediante símbolos o mitos, sino que el problema es, más bien, cuáles símbolos o mitos van a aceptar o escoger. ¿Serán aquellos arraigados en la perspectiva bíblica, o los que se originan en otras cosmovisiones?»[104]

Mediante un pasaje bíblico tras otro, un sermón tras otro, el Jesús resucitado, por medio del Espíritu Santo, produce un cambio de cosmovisión. Produce un cambio en el marco de referencia, con el individuo o la humanidad en el centro, a uno con el Jesús resucitado y glorificado en el centro. Produce un cambio hacia una perspectiva cristocéntrica del cosmos, «en la que Cristo es el foco ontológico, epistemológico y soteriológico de todo el pensamiento y la experiencia humanos».[105] Oh, Señor, permite que así sea.[106]

Obediencia por fe. Tal cambio en la perspectiva exige naturalmente un nuevo estilo de vida. Tal como lo dice el apóstol Pablo, tanto al comienzo como al final de su gran epístola a los romanos, el evangelio trae «la obediencia que es por la fe» (Ro 1.5; 16.26), fe que obedece, obediencia que proviene de la fe. Habiendo sido guiados a una lectura alternativa de la realidad, de hecho a una realidad alternativa, uno no puede sino vivir según un nuevo estilo. Cada pasaje bíblico, de una forma u otra, nos invoca a tomar un nuevo paso de obediencia por fe. Como lo dice mi amigo Dick Whedinhelft: «No podemos más que vivir nuestra cosmovisión porque creemos en nuestra cosmovisión y no podemos más que vivir lo que creemos».[107]

Quiero desarrollar esta idea un poco más. Cuando leo la Biblia, descubro en ella que el Dios viviente dio a la humanidad únicamente un mandamiento. Cualquier otro mandamiento no es sino una expresión particular, o algún detalle de ese mandamiento: «Puedes comer de todos los árboles del jardín, pero del árbol del conocimiento del bien y del mal no deberás comer. El día que de él comas, ciertamente morirás» (Gn 2.16-17). Observen que la planta prohibida es el árbol del conocimiento del bien y del mal. Cada vez que prediquemos ese pasaje bíblico necesitamos asegurarnos de decir todo su contenido. No se trata del «árbol del conocimiento», como si Dios no quisiera que la humanidad aprendiera, como si Dios se sintiera amenazado porque nosotros conozcamos tanto como podamos. No se trata del «árbol del bien y del mal», como si Dios nos diera únicamente a elegir entre el bien o el mal, como si Dios incluso pusiera el mal ante nosotros y nos dijera que no lo elijamos. Se trata del árbol del conocimiento del bien y del mal. La frase completa es un modismo hebreo que posee un significado específico. Daniel F. Fuller demostró que ese modismo se usa en el Antiguo Testamento para referirse a una clase particular de conocimiento, al que no aspiraría alguien que realmente quisiera vivir. En sus notas de cátedra que no fueron publicadas, Fuller estudia las instancias del uso de esa frase: Dios tiene ese conocimiento (Gn 3.22), los ángeles lo tienen (2S 14.17) y Salomón lo pidió en oración (1R 3.9); pero los hijos aún no lo tienen (Dt 1.39; Is 7.15) y los ancianos ya seniles lo han perdido (2S 19.35).[108] Fuller concluye diciendo: «La expresión "conocer el bien y el mal" significaba tener cierto nivel de madurez que lo exonera a uno de depender de otra persona cuando se trata de actuar con sabiduría. Los menores de edad y los que han llegado a la edad senil obviamente no cuentan con tal madurez, pero Salomón y otros que debían ocupar posiciones de liderazgo pudieron haberlo tenido (hasta cierto punto)». El mandamiento de no comer del árbol del conocimiento del bien y del mal «significaba entonces que Adán y Eva no debían anhelar la madurez que Dios poseía, por lo cual pudiesen considerarse ellos mismos libres de toda dependencia, capaces de asegurar la armonía que ahora disfrutaban tomando las cosas enteramente en sus propias manos».[109]

Podemos, entonces, parafrasear este único mandamiento de Dios de esta manera: «Adán, te he creado como la criatura más espléndida de entre toda mi creación. Te he dado vida, mi vida, para que la vivas conmigo, una vida que no se descompone ni se desintegra ni se deteriora ni muere. Puedes llegar a disfrutar esa vida si confías en mí y obedeces tan solo un mandamiento: no intentes vivir separado de mí. Te he creado para que prosperes si continúas dependiendo de mí para recibir vida, poder y sabiduría. Es decir, continúa siendo como eres y déjame ser como soy; se tú la criatura, y que yo sea el Creador. El día en que trates de ser yo, esto es, cuando trates de hacer las cosas solo, sin mí, entonces morirás. No seré yo el que te mate; no necesito matarte; tú habrás elegido la muerte. Solo un mandamiento: confía en mí y sigue dependiendo de mí. ¡Entonces vivirás!»

Todo mandamiento a partir de ese momento no es más que otra forma de decir «confía en mí». Consideremos los Diez Mandamientos, por ejemplo. ¿Qué dice el primer renglón de la ley? La mayoría de la gente diría: «No tengas otros dioses además de mí» (Éx 20.3). No. Ese no es el primer renglón. La primera línea dice: «Yo soy el Señor tu Dios que te sacó de casa de esclavitud (Éx 20.2, con modificaciones). Antes de anunciar cualquier mandamiento, Dios habla de una relación ya establecida y de una libertad ya ganada. «Yo soy el Señor tu Dios». Se trata del lenguaje del pacto. Significa, «yo he escogido ser tu Dios; he escogido darme a ti; he escogido poner a tu disposición todo lo que soy, todo lo que me caracteriza». Luego prosiguen los mandamientos, cuya implicación es «aquí está lo que significa vivir en esta relación que ya he establecido, en esta libertad que ya he logrado para ti; confía en que yo soy el que soy, y en que tú no vas a necesitar otros dioses».

Martín Lutero usó una manera muy vigorosa para definir la fe. Dijo que la fe no significaba solamente estar mentalmente de acuerdo con las verdades del evangelio, sino que la fe significa «volcarse totalmente a Dios». Cada pasaje de la Escritura, según su propio contexto, nos invoca a que nos volquemos totalmente a Dios. Ningún pasaje bíblico, según su propio contexto, nos invocaría jamás a que nos volquemos a nosotros mismos. Todo pasaje bíblico nos invoca a que confiemos en Dios obedeciéndole, y que le obedezcamos confiando en él. La tarea de la predicación consiste en demostrar que cualquier exhortación es tan solo manera específica de decir «vuélcate totalmente a Dios».

Consideren el siguiente ejemplo, que fue inspirado por las enseñanzas de Daniel Fuller y que yo utilizo con frecuencia:

Usted no se siente bien de salud, así que decide visitar a su doctora.

Ella lo examina. Y dado que su doctora es muy competente, inmediatamente logra diagnosticar el problema que lo aqueja y prescribe un remedio. «Listo» —le dice—, «tómese dos de estas pastillas al día, no coma nada de golosinas, debe consumir tres clases de verduras cada día y camine 2 km al día».

Usted le responde: «De acuerdo, me parece razonable».

Al salir del consultorio, pasa por el recepcionista y le comenta: «La doctora es buenísima y muy competente. Me hace sentir muy bien atendido. Me siento muy satisfecho de haberla encontrado».

Luego, usted se marcha a casa. Al día siguiente se toma solamente una de las dos pastillas. Le mete un mordisco a una barra de chocolate, come solo dos de las tres verduras recetadas y camina solo medio kilómetro. «Esto será suficiente» —se dice a sí mismo. «Además, yo me conozco mejor que la doctora».

Y continúa con el mismo estilo durante el resto de la semana.

Al final de la semana, regresa al consultorio de la doctora.

—«Buenos días», le dice ella.

—«Buenos días», es su respuesta.

—«¿Cómo se siente?»

—«No muy bien».

—«¡Qué extraño! Me sorprende. Lo que yo receto por lo general funciona. ¿Cumplió con lo que le dije que hiciera?

—«Más o menos».

—«Explíqueme que quiere decir con más o menos».

—«Bueno, usted ya sabe… más o menos».

—«¿Se tomó las dos pastillas por día?»

—«Pues… más o menos».

—«¿Más o menos?»

—«Sí, tomé una por día».

—«¿Una?»

—«Sí… una».

—«Le dije que tomara dos por día».

—«Sí, lo sé».

—«Ah, ¿y dejó de comer las barras de chocolate?»

—«Más o menos».

—«¿Más o menos?»

—«Pues… cada día le di un mordisquito a una barra de chocolate».

—«Le dije que nada de golosinas».

—«Sí… lo sé».

—«Dígame, Daniel, ¿usted quiere tener buena salud?»

—«¡Claro que sí!»

—«Dígame… ¿usted comió las tres clases de verduras?»

—«Esteee…».

—«No me diga que más o menos».

—«Efectivamente. Sólo comí dos de ellas».

—«¿Caminó los 2 km?»

—«…No… solo medio kilómetro».

Luego la doctora le pregunta: «¿Usted confía en mí?»

—«Sí, claro… por supuesto… usted es la mejor».

—«Sí, oí cuando usted le comentó eso a mi recepcionista. Si soy la mejor, ¿por qué no confía en mí?»

—«¡Yo confío en usted!»

—«No, usted no confía en mí».

—«¿Pero, por qué dice eso?»

—«Porque usted no hizo caso a lo que le dije».

De esto se trata la «obediencia por fe». Cada uno de los «mandatos» en cada pasaje bíblico no es más que otra forma de decir «confía en mí». Los pasajes bíblicos cambian vidas, y la predicación de estos pasajes cambian vidas porque cada uno de ellos nos alienta a tomar un nuevo paso de confianza en Dios haciendo lo que Dios nos dice que hagamos.

Facultad. En cada pasaje bíblico y por medio del Espíritu Santo, el Jesús resucitado nos faculta para hacer lo que hemos sido llamados a cumplir. En vista de todo lo que hemos explorado en este capítulo, ¿es esto una sorpresa? Si la Palabra hecha carne habla en el sermón, lo cual se cumple si es que el sermón es fiel al pasaje bíblico, entonces lo que él dice se cumplirá. Una vez más, su palabra no solamente informa, sino que se realiza y transforma. El Espíritu que inspira el pasaje bíblico inspira también su poder en nosotros para que pongamos en práctica el pasaje bíblico. (Desarrollaré con mayor detalle este punto en el capítulo, concerniente con la implicación y la aplicación).

La predicación expositiva es el lugar o sitio donde sucede el milagro de la transformación divina, porque en la predicación expositiva el predicador forma parte de la labor que el Jesús resucitado realiza, por medio del Espíritu Santo, con el pasaje bíblico y por medio de este. El predicador

suscita un encuentro con el Señor del pasaje bíblico

en el que el Señor anuncia noticias, buenas noticias

que generan un cambio de cosmovisión,
que exige un nuevo paso de confianza plena;
y que nos faculta para ello, para que realmente vivamos en la nueva realidad que el pasaje bíblico abierto nos ha presentado.

Notas

59. Véase, James Daane, *Preaching with Confidence*, Grand Rapids: Eerdmans, 1980.

60. John R. W. *Stott, Between Two Worlds: The Art of Preaching in the Twentieth Century*, Grand Rapids: Eerdmans, 1982, p. 26, énfasis añadido. Nota del editor: No confundir esta obra con la que fue traducida al español como *La predicación: Puente entre dos mundos*, que está basada en la obra por el mismo autor, *I Believe in Preaching*.

61. Haddon Robinson, *Biblical Preaching: The Development and Delivery of Expository Messages*, Grand Rapids: Baker, 1980, p. 20. Hay versión en español, *La predicación bíblica: Cómo desarrollar mensajes expositivos*, Miami: Logoi, Inc., 2000.

62. Sidney Greidanaus, *The Modern Preacher and the Ancient Text: Interpreting and Preaching Biblical Literature*, Grand Rapids: Eerdmans, 1988, p. 12.

63. *Ibid.*

64. Donald Coggan, *Stewards of Grace*, London: Hodder & Stoughton, 1958, p. 46, 48.

65. Bryan Chapell, *Christ-Centered Preaching: Redeeming the Expository Sermon*, Grand Rapids: Baker, 1994.

66. *Ibid.*, p. 128, énfasis en el original.

67. Earl Palmer, «The Case for Expository Preaching», en Theology, News and Notes, diciembre 1985, p. 11.

68. Lesslie Newbigin, *The Light Has Come: An Exposition of the Fourth Gospel*, Grand Rapids: Eerdmans, 1982, p. ix. Énfasis mío.

69. Scottt Scruggs, ensayo para mi curso *Advanced Preaching: The Christ Event*, Regent College, Vancouver, B.C., 2004.

70. E. Stanley Jones, *The Word Made Flesh*, Nashville: Abingdon, 1963, p. 7.

71. James S. Stewart, *Heralds of God*, (1946, reimpresión), Vancouver, B.C.: Regent College Publishing, 2001), p. 31.

72. John Piper, *The Supremacy of God in Preaching*, Grand Rapids: Baker, 1990 p. 39.

73. En, Donald Coggan, *A New Day for Preaching: The Sacrament of the Word*, (ed. rev.), London: SPCK, 1996, p. 2.

74. Si él fue «el más grande predicador expositivo» es debatible. Véase, la revisión que Timothy Warren hace del libro de Stewart, *Walking with God*, de próxima aparición en Bibliotheca Sacra.

75. Stewart, *op. cit.*, p. 62.

76. *Ibid.*

77. *Ibid.*

78. *Ibid.*

79. Stanley Jones, *The Christ of the Mount: A Living Exposition of Jesus' Words as the Only Practical Way of Life.* Nashville: Abingdon, 1931, p. 22.

80. Stewart, *op. cit.*, p. 63.

81. *Ibid.*

82. *Ibid.*, p. 64-66. Cada vez que leo estas páginas, me nace la pasión por el evangelio.

83. Marianne Meye Thompson, «Just Preach the Gospel», en Theology, News and Notes, invierno de 2007, p. 10. El énfasis es de la autora.

84. J. B. Phillips, *The New Testament in Modern English*, London: Geoffrey Bles, 1960.

85. John Joseph Powell, *Fully Human, Fully Alive: A New Life Through a New Vision*, Nils, Ill.: Argus Communications, 1976, p. 10.

86. *Ibid.*

87. *Ibid.*

88. *Ibid.*

89. Richard Bauckham, *The Theology of the Book of Revelation*, Cambridge: Cambridge University Press, 1993, p. 17.

90. *Ibid.*

91. *Ibid.*

92. *Ibid.* Véase mi *Discipleship on the Edge: An Expository Journey Through the Book of Revelation* (Vancouver, B.C.: Regent College Publishing, 2004), 30 sermones en los que intentado que sea el libro del Apocalipsis el que cambie la manera en la que percibimos la realidad.

93. James Sire, *The Universe Next Door*, Downers Grove, Ill.: InterVarsity Press, 1976, p. 18. *El universo de al lado,* Grand Rapids: Libros Desafío, 2005, p. 23.

94. N. T. Wright, *Jesus and the Victory of God*, Minneapolis: Fortress, 1997, p. 138.

95. *Ibid.*

96. Orson Scott Card, «'Star Wars' Our Public Religion», en usa Today, March 17, 1997, p. 13A.

97. *Ibid.*

98. *Ibid.*

99. Nota del editor: El concepto de «historia profunda» *(Deep Story)* ha sido acuñado por la socióloga estadounidense Arlie Russell Hoschschild (1940-), el cual lo desarrolla en su más reciente libro *Extraños en su propia tierra: ira y luto por la derecha estadounidense.*

100. Rudolf Bultmann, «The New Testament and Mythology», en H. W. Bartsch (ed.), Kerygma and Myth, London: spck, 1972), p. 4.

101. *Ibid.*

102. Andrew T. Lincoln, *Paradise Not and Not Yet: Studies in the Role of the Heavenly Dimensions in Paul's Thought with Special Reference to His Eschatology*, Grand Rapids: Eerdmans, 1981.

103. *Ibid.*, p. 4

104. *Ibid.*, p. 5.

105. Michael P. Knowles, «'Christ in You, the Hope of Glory': Discipleship in Colossians», en (Richard N. Longenecker ed.), *Patterns of Discipleship in the New Testament*, Grand Rapids: Eerdmans, 1996, p. 180.

106. Sobre este tema proveeré mayor contenido en el capítulo 10, «Permanecer en el misterio».

107. En conversación.

108. De su curso de Hermenéutica, Fuller Theological Seminary, 1970.

109. Daniel P. Fuller, «Unity of the Bible», sílabo del curso, Fuller Theological Seminary, 1969, pp. viii-3.

4

¿Cómo sucede?
Verbos de participación

Hasta este punto he venido usando el verbo *predicar* en un sentido general. Sin embargo, reconozco que este verbo no es el único que la Biblia utiliza para referirse al momento de la predicación. Además, la iglesia de Jesucristo, en su maravillosa diversidad, lo usa de muchas maneras distintas. En este capítulo quiero darle una mayor precisión a la palabra y a la actividad llamada predicación.

Con frecuencia se me pregunta si yo creo que hay alguna diferencia entre predicar y enseñar. Esas dos palabras tienen significados diferentes para distintas personas. En su esclarecedor libro *The Four Voices of Preaching*, Robert Stephen Reid trae a memoria una historia que Walter Wangerin Jr. compartió luego de haber predicado un domingo en la mañana. La «matriarca» de la congregación planteó esta pregunta respecto a predicar y enseñar.

> En ese momento, Miz Lillian sostenía mi mano en las
> suyas, que eran manos encallecidas por el trabajo y
> por causa de ello uno de sus dedos meñiques no podía
> doblarse. «Cuando usted enseña» —me dijo como si me
> estuviera instruyendo—, «aprendo algo de valor para
> el día. Me voy con ello a casa y, con la ayuda de Dios,
> puedo ponerlo en práctica. Pero cuando usted predica
> —Miz Lillian bajó la voz y me miró fijo a los ojos—
> «Dios está aquí. Y a veces me sonríe», —dijo— «y a
> veces con toda seguridad frunce el ceño».[110]

He ahí una mujer sabia. Se da cuenta de que un mismo predicador utiliza distintos «verbos de comunicación», y que estos verbos exigen distintos estilos retóricos y logran distintos resultados en el oyente.

La mayoría de las veces en las que se me pregunta si hay alguna diferencia entre predicar y enseñar, o si un sermón debe ser evangelístico, exhortativo o correspondiente a cualquier otra categoría, la persona implícitamente se pregunta si es que hay acaso un verbo que sea tradicionalmente adecuado para hablar de lo que la predicación hace, o debe hacer, durante el culto de adoración en el día del Señor. Este es el caso especialmente si el interlocutor es alguien que creció en la iglesia durante el apogeo de la cristiandad (el actualmente colapsado estado de las cosas, donde el cristianismo dominaba el panorama mundial).[111] En el modelo del cristianismo protestante,[112] el sermón dominical estaba dedicado a la «predicación», y la Escuela Dominical o el estudio bíblico durante la semana se destinaba a la «enseñanza», lo cual significaba que en el sermón los predicadores no ofrecían demasiada «enseñanza», ya que estos asumían que los fieles conocían el gran relato de la Biblia y la mayoría de sus historias. Los predicadores podían decir, por ejemplo, al inicio del sermón: «Esta ha sido una de esas semanas en las que uno ha estado tres días en el vientre de la ballena», y todo el mundo sabía la alusión que se hacía. Intenten hacer eso en las primeras décadas del tercer milenio y verán los rostros preguntándose, «y eso, ¿qué quiere decir?» En los días de la cristiandad, el sermón dominical tendía hacia lo que yo llamaría un «discurso»,[113] sin ningún, o muy pocos componentes de enseñanza porque, repito, los predicadores podían asumir que la congregación contaba con un rico caudal de conocimiento bíblico. No es el caso en nuestros días. Desde mi perspectiva, no es posible, hoy por hoy, que los predicadores puedan comunicar el evangelio sin que se ocupen, a la vez, de aportar una cantidad importante de enseñanza, sin contar otros menesteres adicionales que pueden expresarse mediante otros verbos.

He usado las frases «el evento de la predicación» y «la ocasión de la predicación». Permítanme ahora echar mano de una frase más extensa: «el evento que comunica el evangelio», para incorporar una mayor operatividad verbal. Tal como lo señala Gerhard Friedrich en su artículo sobre la proclamación, que aparece en *The Theological Dictionary of the New Testament*, mientras que nosotros en nuestro tiempo tendemos a usar solamente el verbo *predicar*, el Nuevo Testamento es «más dinámico y variado en sus modos de expresión».[114] Friedrich añade: «Sin embargo, nuestro uso casi exclusivo de "predicar" para aplicarlo a todo es una señal, no solamente de pobreza de vocabulario, sino también de una pérdida de algo que fue una realidad viva para el cristianismo primitivo».[115] Yo concuerdo e incluso alego que esa variedad de modos de comunicación es inevitable dado el enfoque amplio del evangelio, y dadas las dinámicas del momento de comunicación,[116] sin mencionar los distintos y diversos estilos de los predicadores.

Los verbos principales que forman parte de la transformación divina del mundo y que quiero explorar en este capítulo son: evangelizar, proclamar, enseñar, exhortar, profetizar, confesar y testificar.

Antes de proceder, observen la tabla 4.1. que identifica cuatro posibles contextos diferentes en los que pueden operar los verbos de comunicación del evangelio.[117]

Tabla 4.1.

I	III
• En un espacio deliberadamente sagrado • Algún conocimiento del evangelio	• En un espacio no deliberadamente sagrado • Algún conocimiento del evangelio
II	IV
• En un espacio deliberadamente sagrado • Ningún conocimiento del evangelio	• En un espacio no deliberadamente sagrado • Ningún conocimiento del evangelio

El cuadrante I representa el contexto tradicional de la predicación: el santuario de una iglesia o cualquier edificio consagrado para tal fin, con al menos un núcleo de congregantes que estén familiarizados con el evangelio. El cuadrante II representa eventos tales como bodas, funerales o cultos conmemorativos, o eventos especiales de proyección a la comunidad que la congregación organiza y en los que la mayoría de asistentes desconocen o saben muy poco de Jesús y su evangelio, pero que esperan que se haga alguna referencia al tema. El cuadrante III representa un grupo de personas que se reúne en, digamos, un parque o auditorio, y donde por lo menos el núcleo del grupo está familiarizado con el evangelio y quiere que el resto de los asistentes lo conozcan. (Tuve la oportunidad de predicar en el culto de alborada de resurrección en Hollywood Bowl, en 1999, y durante tres domingos de resurrección seguidos en el Teatro Orpheum, en el centro de Vancouver. El evento fue patrocinado por la Primera Iglesia Bautista de Vancouver. ¡Qué alegría!). El cuadrante IV representa aquellos eventos sociales que no los organiza ninguna organización evangélica. Se trata de eventos como actos cívicos, alguna convocación pública de parte de la ciudad por razón de alguna celebración o tragedia. De los que asistirían a dichos eventos, muy pocos tendrían algún conocimiento del evangelio y no se esperaría que se haga referencia alguna a Jesús o al evangelio. (¡Me encanta la oportunidad de hablar en dichos eventos!).

Parecería que ciertos verbos de comunicación del evangelio podrían corresponder a cuadrantes específicos. Por ejemplo, evangelizar (cuadrante IV), testificar (cuadrante III), exhortar y enseñar (cuadrante I), proclamar (cuadrantes II y IV). Hasta cierto punto, esa organización funciona. Cada cuadrante exige que el comunicador hable en una o dos modalidades. Sin embargo, quiero proponer que todos los verbos que exploremos en este capítulo operan satisfactoriamente en cualquier cuadrante. Quiero, además, afirmar que todos los verbos operan definitivamente en el cuadrante I. En consecuencia, quiero también afirmar que el predicador no debe preocuparse por usar solamente un verbo «adecuado», como si solo un verbo encajara en el púlpito.

En este libro me enfoco en el cuadrante I. No obstante, mi postura es que la fuente de lo que se dice en los otros tres cuadrantes es la misma, es decir, un pasaje bíblico específico, ya sea que los oyentes estén conscientes de ello o no. Yo creo que los oyentes deberían saberlo, pero «el honor de la predicación» puede suceder sin que se sostenga visiblemente una Biblia en la mano y se lea directamente un pasaje bíblico. Sucede que el mensaje es tan solo el mensaje del pasaje bíblico. Los pasajes bíblicos son la única fuente de mensajes que pueden realizar el milagro de Ezequiel 37, en cualquier cuadrante. Exploremos a continuación cada uno de los siete verbos. Cada uno de ellos participa en la comunicación del evangelio.

Evangelizar (euangelizo). Significa simplemente «anunciar buenas noticias». Los ángeles así lo hicieron: «Yo soy Gabriel y estoy a las órdenes de Dios… He sido enviado para hablar contigo y darte estas buenas noticias» (Lc 1.19); en la Nochebuena, la primera voz del coro angelical dijo: «No tengan miedo. Miren que les traigo buenas noticias que serán motivo de mucha alegría para todo el pueblo» (Lc 2.10). Juan el Bautista así lo hizo: «Y con muchas otras palabras exhortaba Juan a la gente y le anunciaba las buenas nuevas» (Lc 3.18). Jesús así lo hizo: en su sermón en Nazaret declaró, citando al profeta Isaías, «El Espíritu del Señor está sobre mí, por cuanto me ha ungido para anunciar buenas nuevas a los pobres» (Lc 4.18); «Es preciso que anuncie también a los demás pueblos las buenas nuevas del reino de Dios, porque para esto fui enviado» (Lc 4.43); «Después de esto, Jesús estuvo recorriendo los pueblos y las aldeas, proclamando las buenas nuevas del reino de Dios» (Lc 8.1). Jesús envió a sus primeros discípulos para que así lo hicieran: «Así que partieron y fueron por todas partes de pueblo en pueblo, predicando el evangelio y sanando a la gente» (Lc 9.6). La iglesia primitiva así lo hizo: «Los que se habían dispersado predicaban la palabra por dondequiera que iban» (Hch 8.4), cuyo significado literal es «iban anunciando las buenas nuevas»;[118] los samaritanos «creyeron a Felipe, que les anunciaba las buenas nuevas del reino de Dios y el nombre de Jesucristo» (Hch 8.12); «después de que Pablo tuvo la visión, en seguida nos preparamos para partir hacia Macedonia, convencidos de que Dios nos había llamado a anunciar el evangelio a los macedonios» (Hch 16.10). Como pueden ver, los ángeles, Juan el Bautista, Jesús, sus discípulos y mensajeros, fueron de aldea en aldea, de ciudad en ciudad, de nación en nación, anunciando las buenas nuevas.

El Nuevo Testamento usa la palabra *euangelion*, que ha pasado al español como *evangelio*, y que es raíz de términos posteriores como *evangelizar* y *evangélico*. Ser «evangélico» es pertenecer al evangelio, haber sido cautivado por las buenas noticias y querer que el mundo las conozca y reciba.[119]

El término es de origen secular. *Euangelion* era un término que los Césares usaban para anunciar el advenimiento de su ascenso al poder. El *euangelion* de César Augusto, por ejemplo, anunciaba que puesto que él, en calidad de «hijo de dios» había hecho su aparición, el mundo ingresaba ahora a una nueva era. De hecho, Augusto fue «el primero que tomó prestado el término griego "evangelio" o "buena noticia" y lo utilizó como un sello del nuevo orden mundial cuyo reino representaba».[120] El emperador enviaba a sus mensajeros, sus evangelistas, con su evangelio a lo largo y ancho del imperio. Lo mismo sucede con el gran Emperador Jesús: envía sus mensajeros, sus evangelistas, por todo el mundo con su evangelio.

Hay otros tres conceptos que constantemente acompañan al verbo *evangelizar*: la alegría, la victoria y la realidad alterada.

La alegría. «Les traigo buenas noticias que serán motivo de mucha alegría» (Lc 2.10). La alegría es la emoción dominante del que declara las buenas noticias, y es igualmente la emoción dominante del que la recibe. Esto me dice que la ausencia de alegría en un pueblo es el resultado de no escuchar las suficientes buenas noticias. «La alegría reina cuando se proclama esta palabra».[121] ¿Por qué?

La victoria. En el mundo secular y en el del Antiguo Testamento el evangelio era el anuncio de una victoria, de un triunfo sobre los enemigos. «Un mensajero viene del campo de batalla y declara la victoria sobre los enemigos o la muerte de un oponente».[122] El verbo fue usado constantemente como proclamación de las buenas nuevas de una victoria. «El mensajero aparece, levanta su mano derecha en señal de saludo y proclama a gran voz: *Jairete… nikomen*».[123] «¡Regocijaos… hemos obtenido la victoria!» Marcos, de manera similar, nos cuenta que Jesús llegó del desierto donde había enfrentado las tentaciones del gran enemigo de Dios, y escribe: «Jesús se fue a Galilea a anunciar las buenas nuevas de Dios» (Mr 1.14). César tenía su evangelio; el Dios viviente tiene el suyo. Marcos sigue exponiendo el contenido del evangelio de Dios: «Se ha cumplido el tiempo… El reino de Dios está cerca. ¡Arrepiéntanse y crean las buenas nuevas!» (Mr 1.15). Jesús llegó a Galilea procedente de un campo de batalla en donde obtuvo una gran victoria. En la mente de Marcos, Jesús había ganado la victoria sobre el maligno en el desierto. Jesús emergió del desierto victorioso, y como el gran evangelista llegó a Galilea para anunciar la buena noticia: «Alégrense… he ganado la victoria».

Realidad alterada. La victoria y su anuncio alteran toda la situación. Cuando el mensajero romano entra a galope a la aldea anunciando el evangelio de César, la vida entera de la comarca se altera: César es ahora el señor, y el estilo de César será en lo sucesivo la norma para todo el pueblo. Jesús llega a Galilea anunciando el evangelio de Dios: Jesús es ahora el señor, y la norma de Jesús será en lo sucesivo la regla por la cual todo el pueblo ha de vivir. Cuando César Augusto nació como «hijo de dios», su nacimiento fue aclamado como el inicio de una nueva era; el nacimiento de un nuevo monarca significaba «el albor de una nueva era para todo el mundo».[124] El evangelio de Dios tiene que ver con el nacimiento de un nuevo monarca, el «Hijo de Dios», que ha venido y ha ganado la victoria sobre todo aquello que se levanta contra Dios. Así, el evangelio altera para siempre la forma en la que el mundo venía funcionando. Esta alteración de la realidad yace en lo profundo del verbo *evangelizar*. Por cuanto se ha logrado la victoria, la vida puede vivirse de una manera novedosa. En la película *The Matrix: Revolutions*, luego de que concluyera la guerra contra las máquinas, un joven viene corriendo con la noticia: «¡Se acabó la guerra! ¡Se acabó la guerra!» En eso consisten el evangelio y la evangelización.

El profeta Isaías ansiaba ver el día en el que Yahvé lograría la victoria, ascendería a su trono, reinaría de manera incontestable como Soberano e introduciría un nuevo día. Ese día es hoy. «¡Qué hermosos son, sobre los montes, / los pies del que trae buenas nuevas; /del que proclama la paz, / del que anuncia buenas noticias, / del que proclama la salvación, / del que dice a Sión: "Tu Dios reina"!» (Is 52.7) El apóstol Pablo cita este pasaje bíblico en aquella parte de su carta a los Romanos donde habla de la predicación, pero en lugar de «del que», en singular, escribe «de los que» (plural), pues ahora son muchos más los que tienen el privilegio de correr por las montañas hacia las aldeas con el evangelio de Dios.

E. Stanley Jones, misionero metodista a China, India y Japón a mediados del siglo XX, a quien muchos cristianos en India llaman el más grande misionero desde el apóstol Pablo, encarna mejor que nadie el espíritu del verbo *evangelizar*. Jones escribe: «Los cristianos primitivos no se quejaban diciendo, "Miren a lo que ha llegado el mundo", sino que con entusiasmo observaban, "Mira lo que le ha llegado al mundo"».[125] Los primeros cristianos veían al mundo tan desafiante, aterrador, confuso y sobrecogedoramente quebrantado como nosotros vemos el nuestro, y no desfallecían quejándose, «miren a lo que ha llegado el mundo». «En lo que se ha convertido el mundo» no es el contenido de la predicación bíblica; cuán mal están las cosas, cuán inmorales son, cuán caóticas son. Esa no es la nota que se escucha en la predicación bíblica. Más bien, la nota de la predicación evangélica es, frente a todo lo que vemos en el mundo: «Miren lo que le ha llegado al mundo». El verdadero rey ha venido, el único Hijo de Dios ha venido y ha ganado la victoria. Jones continúa escribiendo: «Ellos veían no solamente la ruina sino también los recursos para la construcción de esa ruina. Ellos veían no solamente el pecado que, en realidad, abundaba sino la gracia que sobreabundaba».[126] Ese es el evangelio de Dios.

Así que, ejecutar este verbo de participación es ponerse de pie frente a un grupo de personas, Biblia en mano (esto es, la Palabra en el corazón), y anunciar una noticia radicalmente transformadora, una noticia acerca de un nuevo orden de las cosas, una nueva era para el mundo, una noticia que nos pone a tono con ese nuevo orden.

¡Oh, Señor, ¡deja que el poder de ese verbo actúe en nuestra predicación!

Proclamar (kēryssō). Esta es la palabra que regularmente se traduce como «predicar» en el nuevo testamento, o también, «proclamar». Significa declarar abiertamente una nueva realidad pública. Juan el Bautista lo hizo: «En aquellos días se presentó Juan el Bautista predicando en el desierto de Judea» (Mt 3.1). Jesús lo hizo: «Desde entonces comenzó Jesús a predicar» (Mt 4.17); «Jesús recorría toda Galilea, enseñando en las sinagogas, anunciando las buenas nuevas del reino, y sanando toda enfermedad y dolencia entre la gente» (Mt 4.23); «El Espíritu del me ha enviado a proclamar libertad a los cautivos… a pregonar el año del favor del Señor» (Lc 4.18-19); «y siguió predicando en las sinagogas de los judíos» (Lc 4.44). Jesús envió a otros a que lo hicieran: «entonces los envió a predicar el reino de Dios y a sanar enfermos» (Lc 9.2). La iglesia primitiva lo hizo: «Felipe bajó a una ciudad de Samaria y les anunciaba el Mesías» (Hch 8.5); «Él nos mandó a predicar al pueblo y a dar solemne testimonio de que ha sido nombrado por Dios como juez de vivos y muertos» (Hch 10.42); «pero nosotros predicamos a Cristo crucificado» (1Co 1.23); «predica la palabra» (2Ti 4.2).

El verbo *kēryssō* obtiene su significado básico del sustantivo *kēryx*. El *kēryx*, o heraldo, era un mensajero enviado y autorizado por el emperador para que diera a conocer un mensaje en nombre del emperador. El mensaje tenía el propósito de anunciarse en público.[127] El heraldo llegaba a la aldea o ciudad, se dirigía a la plaza central y, sosteniendo en su mano el rollo del rey, proclamaba a gran voz: «Oíd, oíd», y leía el edicto real. El *kēryx* no proclamaba su propio mensaje, ni daba a conocer sus propios descubrimientos, ni tampoco compartía sus propias percepciones, ni mucho menos sus opiniones respecto a la situación de la vida en el imperio. Más bien, proclamaba la palabra de otro, así de sencillo. La palabra *kērygma* se refiere al contenido de aquello que se proclama en el ámbito público.

Según Gerhard Friedrich, el factor crítico en *kēryssō*, «proclamar», es que está ligado a un evento. Este verbo implica la declaración de un evento: la venida de Dios en el mundo en la persona de Jesucristo. Ejecutar la acción de *kēryssō* es un evento en sí mismo, la *kērygma* ocurre en la acción misma del heraldo. «El factor decisivo es la acción misma de la proclamación: la intervención divina ocurre a través de la proclamación. Mediante ella el reino de Dios realmente llega».[128] Por tanto, cuando en su sermón en Nazaret Jesús dice que ha sido enviado y ungido por el Espíritu Santo para «proclamar libertad a los cautivos... proclamar el año agradable del Señor», puede continuar diciendo: «Hoy se cumple esta Escritura en presencia de ustedes» (Lc 14.21). Por supuesto, *kēryssō*, la acción del heraldo hace que ocurra lo que se proclama. Lo que este verbo logra, manifiesta un carácter de tiempo «presente». Cuando el heraldo se presenta en la plaza central y proclama el edicto del emperador, lo que proclama se convierte en la nueva realidad en ese momento, en el «presente». «Cuando los heraldos proclamaban el año del Jubileo a lo largo y ancho del país al sonido de la trompeta, el año comenzaba, se abrían las puertas de la prisión y se perdonaban las deudas. La predicación de Jesús es el sonido de las trompetas. Producto de ello es que la Palabra proclamada se ha hecho realidad».[129]

La única respuesta adecuada no es entendimiento sino fe. La comprensión llegará a su debido tiempo. El mensaje exige una decisión por parte del oyente. Fe es la única decisión lógica: entrar a una nueva realidad creada por el mensaje, aprender a vivirla.

Una vez más, el mensaje es de carácter público. Está «hecho para que resuene por las calles y desde las azoteas».[130] Yo aprendí esa lección cuando estaba preparando una serie de sermones sobre el libro de Daniel. Aprendí que los capítulos 1 y 8-12 fueron escritos en hebreo, pero los capítulos 2-7 lo fueron en arameo, la lengua franca del momento. En los capítulos 2-7, Daniel registra una serie de visiones de los gobernantes seculares de la época, Nabucodonosor y Belsasar, en particular. Sus visiones iluminan la naturaleza y la llegada del reino de Dios. ¿Por qué fueron escritas en arameo? ¿Por qué no en hebreo? Porque las visiones están para ser conocidas no solo en la sinagoga sino también en los recintos del gobierno. Las visiones eran noticias públicas para la plaza pública. El evangelio está hecho para la plaza pública y tiene implicaciones públicas para el bienestar de todos.

Debido a este aspecto de la proclamación del heraldo, un buen número de académicos argumentan que este verbo se excluye de nuestra comprensión de lo que los predicadores hacen cada domingo en la mañana en el recinto de una iglesia. Craig Evans, por ejemplo, tras rastrear el sentido y uso del verbo *kēryssō*, escribe: «La tesis de este estudio es que el predicador, en calidad del que predica el evangelio a aquellos que lo desconocen, y el pastor, en calidad del ministro de la congregación, no son la misma persona».[131] Evans, a partir de 2 Timoteo 4.2, reconoce que «en ocasiones» Timoteo, en calidad de ministro, «debe proclamar el evangelio (auténtico)»,[132] pero concluye diciendo: «(afirmar) que el aspecto principal del ministerio del pastor y la función principal de la congregación es escuchar un sermón, distorsiona el concepto del predicador o del heraldo en el NT».[133] Evans continúa observando que ninguno de los padres de la iglesia usó el término *kēryx* para referirse al pastor de la congregación: en el Nuevo Testamento solo Pablo (1Ti 2.7; 2Ti 1.11) y Noé (2P 2.5) son identificados con ese título.[134] «Jamás se usa en el sentido de "predicar" a una congregación local».[135] Otros estudiosos han adelantado trabajos lexicográficos similares y han arribado a conclusiones parecidas en lo relacionado con el trabajo del pastor en una congregación local.

¿Qué hacer con esos estudios? ¿Hay en ellos algún indicio de que los pastores no deberían tratar de proclamar el evangelio en nuestros días? Por una parte, tales estudios están en lo correcto, técnicamente hablando: este verbo de participación no se usa regularmente para describir el trabajo de lo que hoy normalmente llamamos predicación. Por otra parte, sin embargo, el escaso uso de ese lenguaje no descarta la proclamación, la tarea del heraldo, como una actividad válida para un pastor. Yo sostengo que *kēryssō* debe tener su lugar junto a los demás verbos relacionados con la predicación. El verbo *cantar* en las Epístolas describe lo que sucede en los cultos de la congregación, pero por ejemplo, es probable que jamás se refiera a un grupo de personas que, al reunirse los jueves por la noche para ensayar una pieza musical, luego la cantan frente a todos los congregados. Esto no quiere decir que lo que el Nuevo Testamento prevé en el verbo «cantar», no pueda ser puesto en práctica en el coro en el día del Señor (siempre y cuando no reemplace el canto congregacional). El hecho de que las actividades de un pastor local no incluyan el verbo *proclamar*, ya sea en el Nuevo Testamento o en la literatura de los padres de la iglesia, no significa que dicho ministro no deba hacerlo, ni que la congregación no lo necesite. Cuando analizo la situación de las iglesias, me doy cuenta de que la mayoría de ellas necesitan desesperadamente usar este verbo.

Hay por lo menos tres razones por las que la proclamación necesita realizarse en el contexto del culto en el día del Señor. En primer lugar, constituye un evento público la reunión de la congregación el domingo por la mañana y cualquier persona es bienvenida. Es imposible saber quién llegará y quién estará en necesidad de escuchar la proclamación. Jacob Firet, basándose en las investigaciones de J. T. Bakker, lo expresó certeramente cuando escribió: «No existe una indiscutible separación entre la situación misionera, por un lado, y la de la predicación en una comunidad cristiana, por el otro. Si *kerygma* y *homilía* se convierten en entidades paralelas pero aisladas, podríamos desembocar en una iglesia que se reúne a puerta cerrada».[136] La segunda razón es que los creyentes constituimos una grey olvidadiza (me quedo corto al decirlo). Necesitamos que se nos recuerde una y otra vez el contenido básico del *kerygma*. Necesitamos un heraldo que suene la trompeta cada vez que nos reunamos para el culto. En tercer lugar, siempre estaremos en una nueva situación en comparación con la última vez que nos reunimos para el culto y, por lo tanto, siempre necesitaremos una palabra fresca, una mueva palabra kerygmática. Citaremos nuevamente a Jacob Firet:

> Uno podría decir que el *kerygma* pertenece de manera particular a la iglesia, especialmente porque el "ahora" todavía no ha sucedido, porque la persona que la escucha aún no ha llegado a ser la persona de ese momento y su situación todavía no es la de ese mismo momento. Toda la palabra de Dios converge en el *kerygma* y se enfoca en ese momento presente único. Da igual que haya sido ayer; da igual que sea mañana, porque «hoy es el día de salvación» (2Co 6.2).

> «Si ustedes oyen hoy su voz, no endurezcan el corazón» (Heb 3.15).

> «Hoy te doy a elegir entre la vida y la muerte, entre el bien y el mal» (Dt 30.15)

En estos versículos, la salvación se presenta delante de la situación de la persona, y el *mebasser* (mensajero, en hebreo) clama: «¡He aquí tu Dios!» (Is 40.9).[137]

Así que, realizar este verbo de participación es ponerse de pie frente a un grupo de personas, Biblia en mano (y esta vez es más decisivo, como si se abriera un rollo y se anunciara «¡oíd! ¡oíd!») y proclamar las noticias, noticias públicas que tiene repercusiones en el ámbito público.

¡Oh, Señor, ¡permite que nuestra predicación manifieste el poder de este verbo!

Enseñar (didaskō). Este verbo significa desarrollar las consecuencias del evangelio, del kerygma, tanto en términos de contenido como de conducta. Jesús lo demostró: «Jesús recorría toda Galilea, enseñando en las sinagogas» (Mt 4.23); «y tomando él la palabra, comenzó a enseñarles» (Mt 5.2), y a continuación anuncia el Sermón del monte. Luego del Sermón, «las multitudes se asombraron de su enseñanza, porque les enseñaba como quien tenía autoridad» (Mt 7.28-29); «De nuevo comenzó Jesús a enseñar a la orilla del lago… Entonces se puso a enseñarles muchas cosas por medio de parábolas «(Mr 4.1-2). Jesús envió a sus discípulos a que hicieran discípulos (estudiantes o aprendices) de todas las naciones, «enseñándoles a obedecer todo lo que les he mandado a ustedes» (Mt 28.20). La iglesia primitiva lo demostró: «al amanecer entraron en el templo y se pusieron a enseñar» (Hch 5.21); «Durante todo un año se reunieron los dos con la iglesia y enseñaron a mucha gente» (Hch 11.26); «Así que Pablo se quedó allí un año y medio, enseñando entre el pueblo la palabra de Dios» (Hch 18.11); «Y nosotros proclamamos a Cristo, aconsejando y enseñando con toda sabiduría a todos los seres humanos, para presentarlos a todos perfectos en él» (Col 1.28, con modificaciones).

El verbo connota una preocupación por educar a la persona en su totalidad, «en su sentido más profundo».[138] Enseñar es ayudar a hombres y mujeres a que comprendan la venida y la naturaleza del reino de Dios, y específicamente ayudarles a que comprendan y vivan sus relaciones según la voluntad de Dios, tanto las relaciones entre Dios y los seres humanos, como las de estos entre sí.[139] Si bien cuando se pone en práctica este verbo de comunicación del evangelio conlleva explicar la doctrina con detalles (de ahí la expresión «sana doctrina» en las Epístolas Pastorales), el verdadero peso es moral. «Enseñándoles a obedecer», «enseñándoles a que guarden». La enseñanza no logrará su propósito hasta que los que hayan aprendido la doctrina empiecen verdaderamente a vivir y obedecer la doctrina. Por cierto, para el maestro la verdad no es verdad hasta que se viva. Mediante una exposición fiel y sistemática del evangelio, la enseñanza produce discípulos maduros, es decir, creyentes que empiecen a vivir como Jesús, el Maestro.

Entonces, llevar a la práctica este verbo de participación significa permanecer, Biblia en mano (y posiblemente junto a otras herramientas que nos ayuden a entender mejor la Biblia) y explicar detalladamente lo que la nueva realidad que se ha anunciado y predicado significa para la vida diaria.

¡Oh, Señor, ¡permite que nuestra predicación manifieste el poder de este verbo!

Exhortar (parakaleō). Este verbo tiene un amplio rango de significados, al igual que el sustantivo que Jesús usa para referirse al Espíritu Santo, el Paracleto. Por tanto, resulta muy reduccionista traducirlo como «exhortar». Literalmente significa «llamar a» (para que se aproxime). El prefijo *para* significa «junto a», así como en el término paramédico; y *kaleō* significa invocar. Entonces, *parakaleō* podría significar el acto de invocar a alguien para que se aproxime y juntos realicen varias cosas distintas. Por ello, el verbo se ha traducido como «invocar», «suplicar», «exhortar», «convencer», «consolar», «amonestar. Significa, según el dicho popular, «consolar al afligido y afligir al que está cómodo».[140] Juan el Bautista lo cumplió: «Y con muchas otras palabras exhortaba Juan a la gente y le anunciaba las buenas nuevas» (Lc 3.18). ¡Y qué exhortaciones debieron haber sido! Si bien el verbo no aparece en relación con el ministerio de Jesús en la tierra, lo puso en práctica todo el tiempo. La iglesia primitiva lo cumplió: Pedro, en el contexto del primer sermón cristiano, «con muchas otras razones les exhortaba insistentemente: ¡Sálvense de esta generación perversa!» (Hch 2.40); Bernabé, luego de haber observado directamente la obra del Espíritu entre los gentiles en Antioquía (lo que él llamó «la gracia de Dios»), «se alegró y animó a todos a hacerse el firme propósito de permanecer fieles al Señor» (Hch 11.23); «Judas y Silas, que también eran profetas, hablaron extensamente para animarlos y fortalecerlos» (Hch 15.32). Pablo también usó este verbo varias veces: «Por lo tanto, les exhorto», «En consecuencia, les imploro» (Ro 12.1, traducciones mías); «Ahora les exhorto» (1Co 1.10); «Por tanto, les ruego que sigan mi ejemplo» (1Co 4.16); «Por eso yo, que estoy preso por la causa del Señor, les ruego que vivan de una manera digna del llamamiento que han recibido» (Ef 4.1); «Predica la Palabra; persiste en hacerlo, sea o no sea oportuno; corrige, reprende y anima con mucha paciencia, sin dejar de enseñar» (2Ti 4.2). (¿Se han dado cuenta cuántos verbos de comunicación se usan en una misma oración gramatical?). Posteriormente, en la epístola a los Hebreos, en el sermón por excelencia del Nuevo Testamento, conocido como «estas palabras de exhortación» (Heb 13.22), el predicador dice «les ruego encarecidamente» (Heb 13.19), «les ruego» (Heb 13.22), «anímense unos a otros cada día» (Heb 3.13).

Podríamos expresar la energía de este verbo describiéndolo como «el ruego evangelístico» en todas sus dimensiones.[141] Un ruego que participa específicamente del ruego que Dios realiza. «Somos embajadores de Cristo, como si Dios *los exhortara a ustedes por medio de nosotros*» (2Co 5.20), énfasis añadido). Ese pasaje paulino demuestra, además, la fuerza que impulsa este verbo: rogar para que se viva según lo que ya es una realidad. En ninguna parte del mensaje del Nuevo Testamento se exhorta a alguien para que actúe de manera tal que la salvación se haga real. Más bien, todas las predicaciones exhortan a recibir la salvación y vivirla porque ya es real. El imperativo de la exhortación siempre, y de manera constante, surge del indicativo del evangelio y del kerygma. Puesto que Dios ya ha actuado y se ha acercado a nosotros en Jesucristo, hemos sido atraídos, incluso a veces traídos del cuello, para vivir ahora en esta nueva realidad. «La exhortación se distingue de un simple llamado moral por esta referencia, que retorna a la obra de salvación como su presuposición y base».[142] *Exhortar*, entonces, es hacer todo lo que podamos, es decir, consolar, convencer, amonestar, con el fin de ayudar a los demás a que hagan todo lo que esté a su alcance para que puedan dar el siguiente paso del discipulado, por gracia.

Así, entonces, cumplir con este verbo de participación es ponerse de pie frente a un grupo de personas, o a veces de rodillas junto a alguien, Biblia en mano, y pronunciar una palabra que impulse a los discípulos que estén quebrantados, desanimados, perturbados, hechos trizas a fin de que den el siguiente de paso de obediencia de la fe.

¡Oh, Señor, ¡permite que nuestra predicación manifieste el poder de este verbo!

Profetizar (prophēteuō). Este verbo significa comunicar el mensaje que Dios ha entregado directamente al locutor. Tal como lo describían los profetas del Antiguo Testamento: «La palabra del Señor vino a mí» (p. ej., Jer 1.4, 11, 13); no se trataba de algo que ellos dedujeran de la observación del mundo que los rodeaba, ni que hubieran elaborado luego de un largo proceso de investigación y análisis. «La palabra vino a mí», es decir, «que vino fuera de mí, y del análisis de mi intelecto». Según lo describe el canónigo Michael Green, significa «proclamar un mensaje específico de parte de Dios a un pueblo específico para un momento específico y en un lugar específico».[143] Zacarías, padre de Juan el Bautista, así lo hizo: «Entonces su padre Zacarías, lleno del Espíritu Santo, profetizó» (Lc 1.67), y de él proviene un himno que hoy conocemos como el «Benedictus» o Cántico de Zacarías (Lc 1.68-79). Caifás, el sumo sacerdote, así lo hizo: «Pero esto no lo dijo por su propia cuenta, sino que, como era sumo sacerdote ese año, profetizó que Jesús moriría por la nación judía» (Jn 11.51). Los escritores de los evangelios no usan el verbo para describir las locuciones de Jesús, sino al pueblo que al escucharlo pensó que había profetizado como, por ejemplo, la mujer samaritana en el pozo, luego de que Jesús le contara su pasado sin que se hubiera dado una conversación previa entre ellos, dijo: «Señor, me doy cuenta que tú eres profeta» (Jn 4.19); luego de resucitar al hijo de la viuda de Naín, el pueblo fue «se llenó» de temor y empezó a glorificar a Dios: «Ha surgido entre nosotros un gran profeta —decían—. Dios ha venido en ayuda de su pueblo» (Lc 7.16); luego de escuchar a Jesús durante la fiesta de Tabernáculos, muchos en la multitud decían: «Verdaderamente este es el profeta» (Jn 7.40), refiriéndose a aquel profeta prometido como Moisés (Dt 18.15). Cuando Jesús hablaba la gente experimentaba un «discurso profético». La iglesia primitiva lo hizo para cumplir la profecía: «los hijos y las hijas de ustedes profetizarán» (Hch 2.17), «y empezaron a hablar en lenguas y a profetizar» (Hch 19.6); Felipe tenía cuatro hijas solteras «que profetizaban» (Hch 21.9). El apóstol Pablo instaba a sus discípulos a que profetizaran: «Empéñense en seguir el amor y ambicionen los dones espirituales, sobre todo el de profecía» (1Co 14.1); «Así que, hermanos míos, ambicionen el don de profetizar» (1Co 14.39).

El locutor que usa este verbo no lo controla. Uno no puede anunciar: «A las cuatro de la tarde voy a profetizar». «La palabra vino a mí», palabra que uno no espera con anticipación. Por cierto, uno puede estar pensando en ese asunto por un buen tiempo, o incluso podría haber leído extensamente sobre el tema y hasta haber orado con fervor, pero «la palabra» que llega, cuando es profecía, viene «de lo alto», «de fuera de nosotros». Esto quiere decir que uno no puede encontrar una correlación exacta, punto por punto, entre lo que comúnmente hacemos al predicar y lo que sucede al profetizar.[144]

A medida que observo la manera en que opera este verbo en las Escrituras, en la historia y en mi propia experiencia, resaltan otros tres conceptos inseparables: comunicación directa, comunicación que trasciende el presente y comunicación indiscreta.

Comunicación directa. Esta manera de comunicarse conlleva información que proviene directamente del Espíritu Santo. No hay otra manera en que el locutor haya podido saber lo que decía. Durante su juicio ante las autoridades religiosas, los soldados que vigilaban a Jesús lo sometieron a burlas y golpes. Dado que le había colocado una venda, Jesús no pudo saber quiénes eran los que lo golpeaban. Uno de los soldados, sin darse cuenta, nos muestra de qué se trata la *profecía*. Le dijo a Jesús: «Profetiza, ¿quién es el que te golpeó?» (Lc 22.64, RVR1960). En otras palabras: «dinos por qué no puedes deducir con tu intelecto humano lo que te está sucediendo». Es común que, luego de un sermón, a los predicadores se les acerquen personas que les dicen: «¿Usted ha vivido en mi casa, cierto? Me estaba hablando directamente a mí hoy, ¿no es así?» Cuando eso me sucede me digo a mí mismo, «¡ni siquiera estaba pensando en esta persona!» y luego le digo a la persona que me interroga: «Efectivamente, Dios le estaba hablando directamente a usted. ¡Dios lo ama tanto!»

Comunicación que trasciende el presente. El contenido de lo que se dice cuando se usa este verbo, trasciende el presente y lo que el locutor piensa de manera consciente. Caifás, «el sumo sacerdote ese año», a quien cité anteriormente, le dijo al concilio supremo lo siguiente acerca de Jesús: «¡Ustedes no saben nada en absoluto! No entienden que les conviene más que muera un solo hombre por el pueblo, y no que perezca toda la nación» (Jn 11.49-50). En ese momento, Caifás pensaba únicamente en términos de conveniencia política: si los romanos ejecutan solo a este hombre, se darán por satisfechos y dejarán al resto del pueblo en paz. Sin embargo, en ese momento, y sin que él esté consciente de ello, también hablaba de cosas que trascienden lo que estaba pensando. ¡Estaba predicando el evangelio! Juan lo describió así: «Pero esto no lo dijo por su propia cuenta, sino que, como era sumo sacerdote ese año, profetizó que Jesús moriría por la nación judía, y no solo por esa nación» (Jn 11.51-52). Son tantas las veces en las que los predicadores dicen más de lo que saben. A veces se nos informa de lo que fue, a veces jamás nos percatamos de lo sucedido. Sin embargo, sucede, pues el Dios viviente ama a su pueblo y sabe que ellos no viven solo de pan «sino de toda palabra que procede de la boca de Dios» (Mt 4.4, que cita a Dt 8.3).

Comunicación indiscreta. Este verbo de comunicación es, por decirlo así, «descarado». Lo vemos en el ejemplo del profeta Natán.

Dios llamó a Natán para que hablara con el rey David, quien mantenía en secreto su amorío con Betsabé. Luego de haberle contado al rey una parábola, y al ver la indignación que el rey sintió por la injusticia que contenía la historia, Natán miró a David y le dijo: «¡Tú eres ese hombre!» (2S 12.7). El carácter indiscreto de esta comunicación fue lo que la mujer junto al pozo experimentó cuando Jesús le habló de su pasado doloroso y de su presente conflictivo (Jn 4.16-19). Es eso lo que el apóstol Pablo dice que debe suceder cuando se pone en práctica este verbo de participación: «Pero, si uno que no cree o uno que no entiende entra cuando todos están profetizando, se sentirá reprendido y juzgado por todos, y los secretos de su corazón quedarán al descubierto. Así que se postrará ante Dios y lo adorará, exclamando: "¡Realmente Dios está entre ustedes!"» (1Co 14.24-25). Así como Miz Lill le dijo a Walter Wangerin: «Cuando usted predica» —ella desconoce cuál término es el más apropiado— «Dios está aquí». Es increíble ser testigo de aquello. ¿Cuántas veces los predicadores han escuchado que alguien les diga después del sermón: «Dios me ha hablado hoy y ya no volveré a ser el mismo»?[145]

Espero que ahora puedan darse cuenta cuando digo que los predicadores no tenemos el control de los aspectos proféticos que se manifiestan cuando participamos en la transformación divina del mundo. Todo lo que podemos hacer es pedirle a Dios en oración que, cuando hablemos, sea él quien hable directamente, que su mensaje trascienda nuestro conocimiento y que contenga un elemento de indiscreción.

Así que, cumplir con este verbo de participación es ponerse de pie, Biblia en mano, ante un grupo de personas, y mientras evangelizamos, enseñamos o proclamamos, debemos esperar que el Jesús resucitado y glorificado hable de maneras que no hayamos planeado ni imaginado.

¡Oh, Señor, ¡permite que nuestra predicación manifieste el poder de este verbo!

Confesar (homologeō). Este verbo significa «estar de acuerdo con lo que se haya dicho», «decir la misma cosa».[146] *Homo*: lo mismo; *logeō*: decir o hablar. Juan el Bautista así lo hizo: «No se negó a declararlo, sino que confesó con franqueza: Yo no soy el Cristo» (Jn 1.20). Jesús dice que cumplirá con lo que dijo en «aquel día», a todos aquellos que lo llamaron «Señor, Señor», pero que no cumplieron con lo dicho: «Entonces les diré claramente: "Jamás los conocí. ¡Aléjense de mí, hacedores de maldad!"» (Mt 7.22-23); «A cualquiera que me reconozca delante de los demás, yo también lo reconoceré delante de mi Padre que está en el cielo» (Mt 10.32). La iglesia primitiva así lo hizo y nos invoca a que así lo hagamos: «...si confiesas con tu boca que Jesús es el Señor y crees en tu corazón que Dios lo levantó de entre los muertos, serás salvo» (Ro 10.9); «Si confesamos nuestros pecados, Dios, que es fiel y justo, nos los perdonará y nos limpiará de toda maldad» (1Jn 1.9); «En esto pueden discernir quién tiene el Espíritu de Dios: todo profeta que reconoce que Jesucristo ha venido en cuerpo humano es de Dios» (1Jn 4.2); «Si alguien reconoce que Jesús es el Hijo de Dios, Dios permanece en él, y él en Dios» (1Jn 4.15); «hiciste aquella admirable declaración de fe delante de muchos testigos» (1Ti 6.12). Un día todo el universo «confesará *(exhomologeō)* que Jesucristo es el Señor, para gloria de Dios Padre» (Fil 2.10-11). Confesar es «pronunciar una solemne declaración de fe».[147]

El Nuevo Testamente concibe seis distintos escenarios en los que este verbo funciona.[148] El primero sucede cuando uno hace una confesión de fe en la comunidad de creyentes, ya sea durante el bautismo o cuando uno es comisionado al ministerio. El segundo sucede cuando uno hace una declaración de fe juntamente con otros creyentes durante el culto de adoración, tal como suelen hacerlo muchos al recitar el Credo Apostólico o el Niceno. El tercero sucede en el contexto de un tribunal, en un ambiente más hostil, cuando se ordena que uno declare lo que cree. El cuarto sucede en un contexto polémico, cuando se necesita declarar aquello en lo que uno cree a fin de que el diálogo pueda continuar. El quinto sucede en una situación de guerra espiritual, cuando se lucha contra los demonios («en el nombre de Jesús»). El sexto sucede «en aquel día», cuando se nos llama a rendir cuentas.

David Lose, de Luther Seminary en St. Paul, Minnesota, afirma que ahora, en estos primeros años del tercer milenio, nos encontramos en un contexto en el que la predicación necesita operar según la modalidad de este verbo.[149] En este mundo posmoderno, con su característica desconfianza respecto a todas las afirmaciones de fe (y con su empeño en afirmar que no hay un solo metarrelato), y con su desconfianza respecto a palabras o fórmulas (especialmente las fórmulas religiosas), necesitamos acoger la antigua tradición de confesar a Jesucristo en el momento oportuno para proclamar el evangelio. Lose escribe: «Propongo que la predicación que busque ser fiel a la tradición cristiana y al mismo tiempo sensible a nuestro contexto pluralista y posmoderno, se logrará comprender mejor si la vemos como una práctica pública de confesar a Jesucristo».[150] Lose alienta a los predicadores a que recuperen esta práctica de tantos siglos de antigüedad «que no depende de pruebas empíricas sino de una confesión de fe viva» y «que no conduce a la verdad irrefutable sino a la convicción, y que no habita en el campo del conocimiento sino más bien en el ámbito de la afirmación de fe».[151]

Luego de estudiar el uso del verbo en las Escrituras y en la tradición, Lose luego propone el «lenguaje sermónico» como intrínseco a la «confesión».[152] A continuación, propone cuatro adjetivos para este modo de comunicación: *definitiva, urgente, relacional* y *vulnerable*.[153] Creo que Lose en realidad desarrolla el espíritu en el que uno confiesa su fe en la actualidad. *Definitiva*: la predicación es un asunto serio porque confesamos la verdad definitiva. Jesús es el Señor, y por medio de su muerte y resurrección Dios ha actuado para la redención del cosmos entero. «Toda predicación que evita afirmar esto, niega el evangelio».[154] El sermón cristiano no solamente tiene momentos en los que proclama la verdad definitiva, sino que es en aquellos momentos en donde se ubica «el centro de gravedad del sermón».[155] *Urgente*: aquellos a quienes el sermón se dirige tienen que responder de alguna manera. «Cuando alguien confiesa diciendo "te amo", solo hay una respuesta esperada, que es una confesión de carácter similar, ya sea "yo también te amo" o "no te amo", pero definitivamente no son respuestas que digan "¡qué interesante!", "los poetas dicen muchas cosas fascinantes acerca del amor", ni tampoco imitando a Pilato: "¿qué es el amor?"»[156] *Relacional*: la confesión es una manera de comunicarse de persona a persona, una comunicación que le importa la manera en que responden los oyentes, porque queremos que ellos conozcan lo que nosotros conocemos, que vean lo que vemos, que oigan lo que oímos, que sientan lo que sentimos. *Vulnerable*: «si bien el lenguaje de la confesión afirma una nueva realidad, no pretende ser capaz de demostrarla», (como lo vimos en el capítulo inicial de este libro).[157] Los predicadores se presentan ante los demás y proclaman la verdad tan clara y valientemente como les es posible, y luego guardan distancia, por así decirlo, dándose cuenta de su impotencia respecto al mensaje para «convertirlo en realidad» para sus oyentes.

Así que, cumplir con este verbo de participación implica levantarse, Biblia en mano, y «defender una postura». «Esto es lo que afirmo, no puedo añadir ni quitar nada más». Confesar significa confiar en la verdad (en Dios mismo) para ganar los corazones y las mentes de los oyentes.

¡Oh, Señor, ¡permite que nuestra predicación manifieste el poder de este verbo!

Testificar (martyreō). El significado de este verbo está ligado a su sustantivo, *martys*, «testigo», cuyo significado es, «uno que recuerda algún evento y que puede describir lo sucedido».[158] La palabra se usa especialmente para referirse a testigos en el ámbito jurídico, donde se indica personas que pueden «presentarse y hablar a partir de sus experiencias personales» respecto a eventos en los que ha estado involucrados, ya sea como espectadores o receptores de una acción.[159] Se trata de una de las palabras favoritas de Juan. La usó más que ningún otro autor bíblico. Juan el Bautista así lo hizo: «Juan dio testimonio de él» (Jn 1.15, RVR1960); «También dio Juan testimonio de él» (Jn 1.32, RVR1960); «Y yo le vi, y he dado testimonio de que este es el Hijo de Dios» (Jn 1.34, RVR1960). En todos los casos, Juan testificó que Jesús era preexistente, el Mesías, el Cordero de Dios, el Hijo de Dios y el que bautizaba en el Espíritu Santo. Jesús así lo hizo: «Te aseguro que hablamos de lo que sabemos y damos testimonio de lo que hemos visto personalmente, pero ustedes no aceptan nuestro testimonio» (Jn 3.11); «Yo soy el que doy testimonio de mí mismo» (Jn 8.18, RVR1960); «Yo para esto he nacido, y para esto he venido al mundo, para dar testimonio a la verdad» (Jn 18.37, RVR1960). El Espíritu, el Paracleto, así lo hace: «… el Espíritu de verdad, el cual procede del Padre, él dará testimonio acerca de mí» (Jn 15.26). Jesús dice que sus discípulos así lo harán: «Y vosotros (el primer grupo de creyentes) daréis testimonio también» (Jn 15.37, RVR1960); «Pero, cuando venga el Espíritu Santo sobre ustedes, recibirán poder y serán mis testigos»

(Hch 1.8).[160] Y falta el pasaje clásico sobre este verbo: «Lo que ha sido desde el principio, lo que hemos oído, lo que hemos visto con nuestros propios ojos, lo que hemos contemplado, lo que hemos tocado con las manos, esto les anunciamos respecto al Verbo que es vida. Esta vida se manifestó. Nosotros la hemos visto y damos testimonio de ella, y les anunciamos a ustedes la vida eterna que estaba con el Padre y que se nos ha manifestado» (1Jn 1.1-2).

¿Concordarían conmigo en que, ya sea que usemos el término propiamente dicho o no, este verbo yace en el fondo de toda comunicación genuina del evangelio? Admitamos que la persona que habla la verdad del evangelio no necesita obligatoriamente creer en lo que dice; la verdad sola habla por sí misma. Sin embargo, el momento de comunicación es realmente transformador si el locutor cree en las palabras que está pronunciando. Toda predicación que impacta a otros involucra un testimonio genuino.[161] Thomas Long lo describe con acierto: «La corte tiene acceso a la verdad solamente por medio del testigo. La corte busca la verdad, pero tiene que recurrir al testimonio del testigo. La vida misma del testigo está, por lo tanto, ligada a su testimonio. El testigo no puede alegar estar ajeno al asunto ni apuntar objetivamente a la evidencia. Lo que el testigo asegura que es cierto es parte de la evidencia».[162] Richard Bauckham, que expandió la obra del estudioso sueco del Nuevo Testamento, Samuel Byrskog,[163] argumenta de manera correcta que «el testigo ideal» no es «el observador imparcial sino el que, como participante» ha estado cercano a los hechos y «cuya experiencia directa» lo faculta para entender e interpretar lo que ha visto u oído».[164] Hablando de los testigos oculares cuyos testimonios están registrados en los cuatro Evangelios para nuestro provecho, Bauckham dice: «La participación no fue un obstáculo para tener un entendimiento correcto de lo que percibieron como verdad histórica. Por el contrario, fue un medio esencial para arribar a una comprensión correcta de lo que realmente aconteció».[165] Lo mismo sucede con la predicación de los primeros testigos oculares que se registró por escrito. La participación apasionada del predicador con la verdad no es un obstáculo para que los oyentes crean en el mensaje; constituye una parte de los medios que el Espíritu usa para validar la verdad. El testigo está tan involucrado en la verdad, que si los oyentes llegasen a rechazar la verdad del mensaje, «el testigo puede sufrir, e incluso perder la vida, como resultado de su testimonio. No es mera coincidencia que la palabra del Nuevo Testamento para "testimonio" sea mártir».[166] Tal es con frecuencia el costo de la predicación fiel.

Cuando esto sucede debemos regocijarnos porque estamos participando del testimonio del «testigo fiel» (Ap 1.5; véase también Ap 19.11), quien «dio su admirable testimonio delante de Poncio Pilato» (1Ti 6.13).

Así que, llevar a la práctica este verbo de participación significa ponerse de pie, Biblia en mano (a menos que nos la hayan arrebatado de nuestras manos), en algunos casos la mano sobre la Biblia, y sencillamente contar lo que nosotros mismos hemos visto y oído y palpado tocante al evangelio, y junto a la mujer en el pozo decir: «Vengan a ver a un hombre que me ha dicho todo lo que he hecho. ¿No será este el Cristo?» (Jn 4.29). Se dice que William Temple, durante su tiempo como arzobispo de Canterbury, le oyeron decir: «Es francamente inútil… decirle a la gente: "Vayan a la cruz". Debemos tener la capacidad de decir: "Vengan a la cruz". Solamente hay dos voces que pueden formular una invitación a ese efecto. Una es la voz del Redentor sin pecado, una voz con la que no podemos hablar; la otra es la voz del pecador perdonado, que sabe que ha sido perdonado. Esa es nuestra parte».[167]

¡Oh, Señor, ¡permite que nuestra predicación manifieste el poder de este verbo!

El momento de la predicación consiste en una maravilla multiverbal: que anunciemos la alegre noticia de la victoria de Dios sobre todo aquello que amenaza la vida, una victoria que altera para siempre nuestra existencia; que proclamemos el gran «ahora» público de Dios, noticia que reclama su espacio en la vida pública; que desarrollemos las consecuencias plenas de las noticias para la vida diaria; que acompañemos a los creyentes con el fin de ayudarlos a crecer y madurar en la fe; que hablemos, la mayoría de veces sin estar conscientes de lo que hemos dicho, palabras que vienen directamente de Dios, palabras que trascienden lo que pensamos en ese momento, palabras que son «descaradas»; que confesemos la verdad con sentido de urgencia y vulnerabilidad; que testifiquemos respecto a nuestra propia vivencia de las increíbles buenas noticias de Dios.[168]

A continuación, incluyo breves resúmenes de la pasión innata de cada verbo y el resultado que cada uno de ellos pretende lograr.

- Evangelizar: la pasión es el gozo; el resultado esperado es «recibir a Jesús» e ingresar a su nuevo orden mundial.
- Proclamar: la pasión es la verdad; el resultado esperado es «oír a Jesús» y confiar en su nueva interpretación de la realidad.
- Enseñar: la pasión es entender; el resultado esperado es «obedecer a Jesús» y cumplir con lo que nos manda hacer.
- Exhortar: la pasión es libertad; el resultado esperado es «seguir a Jesús» y caminar junto a él siguiendo un nuevo estilo de vida.
- Profetizar: la pasión es revelación; el resultado esperado es «ver a Jesús» y vivir nuestra vida siguiendo su legado.
- Confesar: la pasión es «confesarlo porque no queda otra opción»; el resultado esperado es «la unión con Jesús» y ver si también podemos encontrar la roca sólida que él es.
- Testificar: la pasión es la vida; el resultado esperado es «vivir también como Jesús» y ver si evita hacer lo que él ha hecho por mí.

Entonces, ¿qué haremos ahora con esta comprensión más extensa del «momento de la comunicación?

Dios nos habla por medio de todos estos verbos, o más exactamente, Dios habla en todas esas formas verbales. Por lo tanto, Dios transforma vidas humanas mediante todos esos modos de comunicar el evangelio. Todos esos verbos, de una u otra manera, entran en acción en los distintos «momentos de comunicación». Sin embargo, hay un verbo que parece dominar e impulsar el sermón. Siguiendo la analogía de Robert Reid respecto a «las voces de la predicación», todos los verbos «pueden acompañarnos en la travesía, pero solo hay uno que… debe estar al timón».[169] Ese verbo surge de las metas que el predicador busca en sus oyentes. En una situación ideal, ese verbo debe «estar al timón» del pasaje bíblico que se está predicando. Lo que impulsa al sermón debería ser lo mismo que impulsa al pasaje bíblico. O, la voz del sermón debería ser la voz del pasaje bíblico. Cuando digo *voz*, me refiero a «carga», «trayectoria», «ritmo», «resultado deseado». Efectivamente, los predicadores también tienen sus gustos personales que traen consigo mismos en la predicación (desde la exégesis hasta la homilética[170]), la dinámica de la congregación posee también sus gustos, como también los tiene la cultura circundante, pero la tarea del predicador es ceñirse a los gustos del pasaje bíblico. Así que, si el pasaje bíblico enseña, el sermón debe enseñar; si el pasaje bíblico confiesa, el sermón debe confesar. Repito, el predicador no puede desligarse de sus dones ni de su manera de ser; pero, bajo la autoridad del pasaje bíblico, el predicador debe tener la capacidad de comunicarse ciñéndose al gusto del pasaje bíblico.[171]

En consecuencia, representamos el verbo (o los verbos) que el pasaje bíblico exige. Representamos el verbo (o los verbos) que nuestros corazones desean, por la influencia del pasaje bíblico. No nos preocupamos de qué verbo se trata. Sencillamente, acompañamos al Dios viviente en la tarea de comunicar su evangelio.[172]

Notas

110. Walter Wangerin Jr., *Miz Lil and the Chronicles of Grace*, San Francisco: Harper and Row, 1988, p. 37, citado en Robert Stephen Reid, *The Four Voices of Preaching: Connecting Purpose and Identity Behind the Pulpit*, Grand Rapids: Brazos, 2006, p. 15.

111. Stanley Hauerwas y William H. Willimon, *Resident Aliens: Life in Christian Colony*, Nashville: Abingdon, 1989.

112. Nota del Editor: En la versión original, el autor se refiere a la experiencia sociorreligiosa del protestantismo anglosajón. Debido a ello, he especificado que se trata solamente de la experiencia protestante.

113. O. C. Edwards, *A History of Preaching*, Nashville: Abingdon, 2004; Richard Lischer, *The Company of Preachers: Wisdom on Preaching, Augustine to the Present*, Grand Rapids: Eerdmans, 2002; David Dunn-Wilson, *A Mirror for the Church: Preaching in the First Five Centuries*, Grand Rapids: Eerdmans, 2005.

114. Gerhard Friedrich, «κῆρυξ, κτλ», Gerhard Kittel and Gerhard Friedrich (eds.) en *Theological Dictionary of the New Testament*, Grand Rapids: Eerdmans, 1964-1976, 3:703.

115. *Ibid.*

116. Les recomiendo dos libros que fueron publicados durante el tiempo en que escribía el presente trabajo. Cada uno de ellos, de manera diferente, desarrolla las preocupaciones que ocupan mi atención en el presente capítulo, y creo que cada uno de ellos contribuye a llenar los vacíos para lograr un cuadro más coherente. El primero, al que ya hice referencia, es el de Robert Stephen Reid, que fija su atención en el «momento de la comunicación» valiéndose de su rico caudal de estudios provenientes del campo de la teoría de las comunicaciones. Me refiero a *The Four Voices of Preaching*. El otro autor, quien llega a la conversación como un veterano observador y profesor de predicación, es Kenton Anderson. Su libro es *Choosing to Preach: A Comprehensive Introduction to Sermon Options and Structures*, Grand Rapids: Zondervan, 2006. Volveré más adelante a estos dos recursos bibliográficos.

117. Ofrezco mis agradecimientos a alguien que no puedo recordar cuyo diagrama me he tomado la libertad de modificar.

118. Nota del editor: La versión inglesa contiene un juego de palabras inventadas (*good-news-ing the word*) que son intraducibles al español.

Más bien, el participio griego original indica el modo en que se realiza la acción, es decir, *iban anunciando*, lo cual concuerda con el hecho de que se habían dispersado y que por donde iban, proclamaban el evangelio.

119. Nota del editor: La versión original contiene lo siguiente: «Or, better yet, (to make up some terms) *good-news-ize* and *good-news-ical*» que no tiene traducción, por ello la hemos omitido.

120. Philip Yancey, *The Jesus I Never Knew*, Grand Rapids: Zondervan, 1995, p. 33.

121. Gerhard Friedrich, «εὐαγγελίζομαι, κτλ», en Kittel y Friedrich (eds.), *op. cit.*, 2:720.

122. *Ibid.*, 2:707

123. *Ibid.*, 2:722

124. *Ibid.*, 2:725.

125. E. Stanley Jones, *Abundant Living*, Nashville: Abingdon, 1942, p. 183.

126. *Ibid.*

127. Lesslie Newbigin, *Truth to Tell: The Gospel as Public Truth*, Grand Rapids: Eerdmans, 1991.

128. *Ibid.*, p. 704.

129. *Ibid.*, pp. 706-7.

130. *Ibid.*, p. 709.

131. Craig A. Evans, «'Preacher' and 'Preaching': Some Lexical Observations», en JETS 24, no. 4, 1981: 315.

132. *Ibid.*, p. 318

133. *Ibid.*

134. *Ibid.*

135. *Ibid*, p. 319. Afirmación no muy exacta del todo ya que Lucas usa este verbo tres veces hablando de la predicación de Jesús en la sinagoga (Lc 4.18, 19, 44).

136. Jacob Firet, *Dynamics in Pastoring*, Grand Rapids: Eerdmans, 1986, p. 49.

137. *Ibid.*, p. 50.

138. Karl Heinrich Rengstorf, «διδάσκω», en Kittel y Friedrich, *op. cit*, 2:137.

139. *Ibid.*

140. Nota del editor: Este dicho en inglés no tiene equivalente en español: *To comfort the afflicted, and afflict the comfortable.*

141. Otto Schmitz, «παρακαλέω, κτλ»., en Kittel y Friedrich, *op. cit.*, 5:795.

142. *Ibid.*

143. Michael Green, *I Believe in the Holy Spirit*, Grand Rapids: Eerdmans, 1977, p. 168-74. Hay versión en español, *Creo en el Espíritu Santo*, Miami: Caribe, 1986.

144. Las dinámicas y problemas en torno a este verbo son diversas y complejas. Véase el siguiente espectro de perspectivas: Walter Brueggemann, *The Prophetic Imagination*, Minneapolis: Fortress Press, 2001. Hay versión en español, *La imaginación profética*, Salamanca: Sal Terrae, 1986; Jack Deere, *Surprised by the Power of the Spirit*, Grand Rapids: Zondervan, 1993; Wayne Grudem, *The Gift of Prophecy*, Wheaton, Ill.: Crossway, 2000; David Hill, *New Testament Prophecy*, Atlanta: John Knox Press, 1979, *Prophesy Past and Present*, East Sussex, U.K.: Highland Books, 1989; Ben Witherington III, *Jesus the Seer*, Peabody, Mass.: Hendrickson, 1999.

145. Debemos prestar atención a esta dinámica de predicación y crear espacios en el culto de adoración, para que la gente pueda responder de manera adecuada. Dios le dice al predicador: «Permanece quieto; haré algo que no planeaste. Permíteme hacer mi trabajo».

146. Otto Michel, «ὁμολογέω», en Kittel y Friedrich, *op, cit.*, 5:199-219.

147. *Ibid.*, 5:209.

148. Oscar Cullman, *The Earliest Christian Confessions,* trad. J. K. S. Reid, London: Lutterworth Press, 1949, p. 18-34. Cullman menciona cinco de ellos, que corresponden a los primeros cinco que incluyo en mi lista.

149. David Lose, *Confessing Jesus Christ: Preaching in a Postmodern World*, Grand Rapids: Eerdmans, 2003.

150. *Ibid.*, p. 3. En el libro, él resalta en letra cursiva su frase.

151. *Íbid*, p. 145-88. El autor explica cuidadosamente lo que él entiende por todo ese asunto, especialmente en el capítulo que lleva por título «Confession and the Biblical Canon».

152. *Ibid.*, p. 220.

153. *Ibid.*, p. 221.

154. *Ibid.*, p. 222.

155. *Ibid.*

156. *Ibid.*, p. 224.

157. *Ibid.*, p. 228.

158. H. Strathmann, «μάρτυς, κτλ»., en Kittel y Friedrich, *op. cit.*, 4:475.

159. *Ibid.*, 4:476.

160. Para tener en cuenta: Cuando prediquen sobre este pasaje, es muy importante enfatizar el lugar donde Jesús lo hace. Es decir, debemos darnos cuenta de que Jesús no nos ordena: «sean testigos». Más bien, nos ofrece una promesa: «el Espíritu Santo vendrá sobre ustedes». ¡Ser testigos es el resultado de algo que Jesús hace por nosotros, y en nosotros!

161. Thomas Long, *The Witness of Preaching*, Philadelphia: Westminster, 1989.

162. *Ibid.*, p. 44.

163. Samuel Byrskog, *Story as History—History as Story*, Leiden: Brill, 2002.

164. Richard Bauckham, *Jesus and the Eyewitnesses: The Gospels as Eyewitness Testimony*, Grand Rapids: Eerdmans, 2006, p. 9.

165. *Ibid.*

166. Long, op. cit, p. 44.

167. Citado en John R. W. Stott, *The Preacher's Portrait: Some New Testament Word Studies*, London: Tyndale Press, 1961, p. 66.

168. Véase Firet, *op. cit.*, p. 82-83 para conocer un abordaje más académico.

169. Reid, *op. cit.*, p. 32. Reid usa el término «voz» para referirse a la tarea de la predicación, a la que apela el predicador. Hace uso de términos como «conciencia cultural particular», «centro de gravedad de una persona en asuntos relacionados con la verdad», «presupuestos en torno a la naturaleza de la atracción del lenguaje y la naturaleza de la atracción de la autoridad» (p. 22). Posteriormente propone cuatro «voces arquetípicas», cada una de ellas con su respectivo resultado deseado para el oyente: la voz que enseña, «explica un significado»; la voz que anima, «facilita un encuentro»; la voz sabia, «explora una observación» y la voz que testifica, «involucra la identidad congregacional» (p. 23-24).

170. A ser desarrollado más completamente en el siguiente capítulo, «La transición del pasaje bíblico al sermón».

171. A ser desarrollado más completamente en el capítulo 8, «La persona del predicador».

172. Para lecturas complementarias les recomiendo, John R. W. Stott, *The Preacher's Portrait: Some NewTestament Word Studies*, Grand Rapids: Eerdmans, 1961, en donde explora en detalle un número de esos verbos y sus formas sustantivadas.

Detalles operativos

respecto a formar parte de la obra de Dios

5

La transición del pasaje bíblico al sermón
Vivir el pasaje bíblico

Ahora pasamos de los «Fundamentos teóricos respecto a formar parte de la obra de Dios» a los «detalles operativos». En otras palabras, pasamos de una filosofía de la predicación a una práctica de la predicación.

¿Por qué he usado la frase *detalles operativos*? ¿Por qué no *técnica*, o *labor*, o la más sofisticada *praxis*? ¿Por qué *detalles operativos*? No es porque el proceso de la predicación, desde el pasaje bíblico hasta el sermón, tenga un aspecto de elaboración mecánica. ¡Absolutamente nada de eso! No porque uno pueda simplemente seguir una serie de pasos y mágicamente producir un sermón. He escogido esa frase porque me recuerda que, aunque formamos parte de la obra del Dios vivo y trino, como humanos nos corresponde una obra por hacer, una obra ardua. Evito la palabra *técnica* por su afinidad con *tecnología* y todo su potencial para la manipulación. Evito igualmente la palabra *labor* porque connota, al menos a mis oídos, la pesadez que Dios no quiere que nos agobie.[173]

Tal vez hay dos opciones mejores. El primer término es *liturgia*, del griego *leitourgia*, que contiene los dos significados: trabajar y rendir culto. La «liturgia de la participación» podría dar a entender esa gran verdad que hay en rendirle culto a Dios: que lo conocemos de una manera más íntima y lo escuchamos con mayor claridad. La predicación que transforma nace de un corazón y una mente que rinden culto a Dios. La segunda palabra es *danza*. Robert Reid habla de «la danza homilética que conforman las dimensiones humana y divina de la predicación».[174] Lo que desarrollo en el presente capítulo podría también concebirse como «los pasos del baile de la participación». Ciertamente, el baile comunica la alegría, la energía y el trabajo de la relación a la que el Dios viviente nos atrae por medio de Jesús.[175]

No obstante, opto por la expresión *detalles operativos* porque, aunque en ocasiones, cuando estamos trabajando en nuestro proceso del pasaje bíblico al sermón y nuestro espíritu rinde culto a Dios, y aunque hay veces en las que nuestros pies quieren danzar mientras estamos en el proceso, la mayoría de las veces no tenemos otra alternativa distinta a persistir en el arduo y constante trabajo de estudiar, interpretar, elaborar, volver a elaborar, practicar y orar.

Lo que intento hacer en las páginas siguientes es entrar al proceso que siguen los predicadores cuando se preparan para predicar un sermón expositivo. Igualmente trato de introducirme en mi propia mente y en mi corazón para identificar algo de lo que sucede cuando el Espíritu Santo me faculta para sumergirme en un pasaje bíblico, ser capturado por el pasaje bíblico (o, más exactamente, por la persona divina detrás del pasaje bíblico) y luego pasar del pasaje bíblico al sermón. No estoy diciendo, de ninguna manera, que la mía sea la única manera de hacer la tarea. Ustedes podrán observar que he aprendido de muchos otros que, aunque utilizan una terminología distinta, parecen seguir un proceso parecido al que desarrollo aquí. También notarán que difiero en algunos puntos de varios de los libros de texto utilizados actualmente en los cursos de predicación.

La declaración de Leslie Newbigin en su comentario teológico sobre el Evangelio de Juan (ya citado en el capítulo tres) expresa a cabalidad una meta que debe guiar cualquier proceso de preparación de un sermón. Así reza la declaración de misión: ««Mi tarea es que se me haga clara a mí mismo y (de ser posible) también a otros, la palabra que se habló en el Evangelio, de tal manera que pueda ser oída en el idioma de esta cultura de la cual formo parte con tal poder que pueda cuestionar esa cultura».[176]

En primer lugar, ofrezco una voz de aliento antes de que nos lancemos a la discusión en torno al proceso. Ian Pitt-Wilson, un predicador de primer orden, nos recuerda que los sermones suelen «nacer» antes de que se «construyan».[177] Pitt-Wilson nos estimula a pensar en la elaboración de un sermón en términos similares a los de la gestación de un bebé, que nace, no «se construye» como si fueran edificios o aviones. Esto ocurre con cualquier obra de la creatividad humana. Sucede con más frecuencia de lo que pensamos, pero cuando nos dedicamos a la dura tarea de preparación, el sermón simplemente sucede, emerge ante nuestros ojos cuando vivimos en el pasaje bíblico.[178] ¿Quizá esta sea la razón por la que durante siglos el verbo *transmitir* se haya usado para la predicación? Si bien el verbo *transmitir* también se ha usado en el sentido de comunicar la tradición («Porque yo recibí del Señor lo que también les transmití», 1Co 11.23; ver también 1Co 15.3), ese mismo término también procede del mundo de la procreación humana. En la elaboración del sermón, pasamos por las mismas etapas: concepción, gestación (¡y lo incómodo que suele ser!: «¿Cómo se me ocurrió hacer esto?»), nacimiento (¡ojalá ocurra en el día señalado!) y luego la depresión posparto (un malestar infortunado pero necesario).[179]

Pitt-Watson, basándose en los conceptos de bebé vs. edificio, sostiene que un sermón se ve, se siente y funciona de manera bastante similar a un ser humano.[180] Para él, un sermón tiene

- un corazón (el tema y el propósito)
- un esqueleto (sus puntos principales, estructura conceptual)
- una columna vertebral (una armonía natural)
- articulaciones (transiciones fluidas)
- torrente sanguíneo (emoción, pasión, convicción)
- carne (ilustraciones, ejemplos cotidianos)
- músculo (aplicación que exige y promueve la acción)
- Espíritu (el aliento y la respiración del Dios viviente) (mi adición)

Todo esto nos recuerda que, independientemente del proceso que atravesamos, el sermón cobra vida no solo por el proceso, sino también por la forma en que el Espíritu de Dios obra junto al predicador. El resultado al final del proceso suele ser distinto de lo que se esperaba, distinto de lo que nos habíamos propuesto crear. Y está bien. Después de todo, tratamos no solo con un pasaje bíblico, sino también con una persona viva que nos da el encuentro en el pasaje bíblico.

Primeros pasos. Lo primero que debemos hacer es seleccionar el pasaje bíblico. Debería ser uno que podamos desarrollarlo en un solo sermón. El proceso de selección contiene una serie de otros elementos, los cuales incluyen

1. cuán sensible es el predicador a la dirección del Espíritu Santo
2. si el predicador ha recibido el encargo de predicar un pasaje bíblico específico
3. si el pasaje bíblico proviene del leccionario o de un calendario anual
4. si el pasaje bíblico forma parte de una serie de sermones sobre un libro de la Biblia
5. si el pasaje bíblico es para un evento fuera de lo común (un evento especial en la vida de la congregación, de la ciudad o del mundo; un desastre natural, como un huracán o un terremoto; una tragedia, como un atentado terrorista o un accidente automovilístico).

La tercera y la cuarta posibilidad nos ofrece a los predicadores un terreno más firme; se reduce así nuestra tendencia a predicar los mejores pensamientos cristianizados que tengamos, o a predicar solo a partir de lo que está sucediendo en nuestras propias vidas.

Una vez que elijamos el pasaje bíblico, la tarea a acometer inmediatamente después, si es que tarea es la palabra más apropiada, es orar, y hacerlo siempre. Orar en términos como: «Oh Dios viviente, te ruego que, por tu misericordia y gracia, me muestres este pasaje bíblico. Te ruego que luego me abras la mente y el corazón para ver y escuchar tu mensaje. Te lo ruego en el nombre de Jesús, y para que su nombre sea conocido». Esta oración está influenciada por un pasaje bíblico que ya hemos podido apreciar: Lucas 24, que narra las historias de Jesús que llega, en el camino a Emaús en la tarde de la primera Pascua, al encuentro de dos discípulos abatidos, y la de Jesús más tarde reuniéndose con todos los otros discípulos en Jerusalén en la noche de ese mismo domingo. Lucas habla de una doble apertura. Nos dice: «Entonces él [Jesús] les abrió sus mentes para entender las Escrituras «(Lc 24.45). Pero antes de eso, Jesús ya les había abierto las Escrituras (Lc 24.27, 32). Oramos por esas dos aperturas. Oramos con el apóstol Pablo por «un espíritu de sabiduría y de revelación en el conocimiento de él… que sean iluminados los ojos del corazón» (Ef 1.17-18). Dios debe mostrarnos el pasaje bíblico y luego abrir nuestra mente a lo que nos ha mostrado. Oramos por este doble milagro.

Después de haber seleccionado el pasaje bíblico y luego de haber orado, es bueno hacer dos cosas sencillas. Primero, leer el pasaje bíblico en voz alta cuatro o cinco veces. A medida que pronunciamos las palabras y nuestros oídos las oyen, nuestras mentes se sintonizan automáticamente con los distintos matices de significado y comienzan a plantearse preguntas del pasaje bíblico. Segundo, leer el pasaje bíblico en otras traducciones distintas (al menos cuatro). Una vez más, nuestras mentes comenzarán automáticamente a notar las diferencias en las otras versiones y, naturalmente, empezarán a plantearse preguntas: «¿A qué se deben todas estas diferencias?» Estos dos pasos sencillos nos permiten avanzar.

El proceso general. Hay cuatro pasos básicos en este proceso. No debemos abordarlos en secuencia, ya que a menudo se superponen. Estos pasos son los siguientes:

- devocional: abrir nuestras mentes y corazones al mensaje que Dios tiene para nosotros, los predicadores, en el pasaje bíblico.
- exegético: el término proviene de *exēgeomai*, «guiar», «mostrar el camino». Se trata del proceso de descubrir lo que el autor del pasaje bíblico les decía a sus primeros lectores/oyentes en el entorno histórico y cultural en el que se encontraban.
- hermenéutico: Hermes era el dios que servía de mensajero o heraldo de los demás dioses. Se trata del proceso de descubrir el mensaje, es decir, lo que el pasaje bíblico dice ahora a nuestro entorno histórico y cultural.
- homilético: el término proviene de *homologeō*, «confesar», «decir la misma cosa», «estar de acuerdo con». Se trata de buscar maneras de resumir el mensaje del pasaje bíblico para que haga una conexión con nuestro entorno.

Una vez más, no es que tomemos uno, luego dos, luego tres, luego cuatro pasos siguiendo una secuencia atractiva y ordenada. A menudo, la forma homilética podría surgir a inicios de la fase exegética; con frecuencia el impacto devocional se manifiesta en la fase hermenéutica. Sin embargo, es útil presentar el esquema, por así decirlo, de los detalles operativos del proceso.

Es como si nos imagináramos que en las siguientes páginas ustedes y yo repasamos juntos una receta de alta cocina: quizá nos parezca tedioso o aburrido por momentos, pero con optimismo anticiparemos todos esos deliciosos aromas de la única comida que satisface el corazón y la mente del ser humano.

Antes de seguir leyendo, los invito a hacer una pausa y elegir el pasaje bíblico que les gustaría predicar. Luego tómense un tiempo para repasar los aspectos preliminares del proceso ya descritos. Oren pidiendo la iluminación del Espíritu, lean el pasaje bíblico en voz alta, léanlo en varias versiones de la Biblia. Tengan el pasaje bíblico en mente cuando pasemos por los siguientes aspectos del proceso. Al hacerlo así, nos dará la oportunidad de fundamentar la discusión teórica en la aplicación práctica.

El paso devocional

En primer lugar, debemos escuchar lo que Dios nos dice antes de preguntarle lo que él quiere que digamos. Pues, lograremos entender mejor el mensaje del pasaje bíblico si «retrocedemos en el tiempo», por decirlo así, y nos preguntamos: «¿por qué el Espíritu Santo se tomó la molestia de inspirar este pasaje bíblico?» La respuesta a esta pregunta se encuentra en lo que ya habíamos desarrollado en el capítulo tres: encuentro, noticias, cambio de cosmovisión, obediencia por fe, facultad.

Encuentro. ¿Qué tanto respecto a la naturaleza y el carácter de Dios (Padre, Hijo y Espíritu Santo) se manifiestan en este pasaje bíblico? ¿Hay otros pasajes bíblicos de las Escrituras que les viene a la mente y que manifiestan el mismo carácter o atributos? ¿Hay pasajes bíblicos que les viene a la mente y que manifiestan un «pero, por otro lado», o un «sí, pero también existe este otro lado de Dios»? ¿Qué canción recuerdan cuando leen este pasaje bíblico? ¿Cuáles historias de la literatura, el cine o de sus propias vidas apuntan a lo que se revela aquí?

Noticias. ¿Cuál es la noticia del pasaje bíblico? ¿A cuál dimensión de nuestra condición caída habla el pasaje? Bryan Chapell ha desarrollado el «enfoque respecto a nuestra condición caída» (cuyas siglas en inglés son FCF), es decir, la condición humana que los creyentes contemporáneos comparten mutuamente con aquellos para quienes se escribió el pasaje bíblico, y que necesita la gracia divina que contiene el pasaje».[181] ¿Qué noticias contiene el pasaje bíblico para esa condición? ¿Hay algún otro pasaje de las Escrituras que anuncie las mismas noticias? ¿Hay pasajes con declaraciones del tipo «pero, por otro lado»? ¿A cuál condición de sus vidas habla ese pasaje? ¿Qué canción recuerdan cuando leen el pasaje? ¿Qué historias de la literatura, del cine o de sus experiencias personales apuntan a las noticias anunciadas aquí?

Como pueden ver, los pasos se superponen. Es difícil hacer «devocionales» sin pensar en el mundo entero.

Cambio de cosmovisión. ¿Qué aspecto de su cosmovisión está siendo desafiado? ¿Cuáles aspectos de la cosmovisión del pasaje bíblico son difíciles de aceptar? ¿Habría alguna diferencia si aceptaran la cosmovisión que el pasaje bíblico plantea? ¿Hay otros pasajes de las Escrituras que nos desafíen con esta misma cosmovisión? ¿Hay pasajes que parecieran decir: «Pero por otro lado»? ¿Qué canción recuerdan cuando piensan en esto? ¿Recuerdan alguna historia de la literatura o del cine o de su experiencia que nos dirija a esta otra lectura de la realidad?

Obediencia por fe. ¿Cuáles son las conclusiones respecto al discipulado? ¿A qué los llama el pasaje bíblico? ¿Identifique los llamados explícitos e implícitos? ¿Hay alguna promesa a la que se debe recurrir? ¿Algún mandamiento que se debe obedecer? ¿Una gran verdad para afirmar? ¿Hay otros pasajes bíblicos que exijan la misma decisión? ¿Hay pasajes que digan: «pero por otro lado»? ¿Cómo se relaciona con el carácter de Dios este mandamiento respecto a «hacer algo»? ¿Pueden darse cuenta de que esta respuesta no es más que otro aspecto de la confianza? ¿Marcaría alguna diferencia si realmente obedecieran e hicieran lo que el pasaje ordena?

Facultad. ¿Les ofrece el pasaje bíblico alguna ayuda que los faculte para que respondan al mandato a «hacer algo»? ¿Es el mandato para confiar en Jesús explícito o implícito? ¿Recuerdan algún otro pasaje bíblico en donde se nos promete con toda seguridad que el Espíritu Santo nos facultará para hacer lo que se nos exige?

Este paso devocional es importante debido a una serie de razones, la más importante de ellas es permitir que el pasaje bíblico logre el control de nosotros antes de que intentemos controlarlo. Me gusta la manera como el erudito judío, Michael Fishbane, explica el proceso por el que atraviesa cuando trata de entender cualquier porción de literatura: «Todo depende del modo en que leemos; cómo entramos en el círculo mágico de los significados de un pasaje de literatura; cómo ingresamos a escondidas entre sus palabras, y permitimos que su trama teja su red a nuestro alrededor».[182]

El paso exegético

Este es el paso menos «creativo» del proceso. Aquí sencillamente tenemos que hacer el mejor esfuerzo para dejar de lado lo que creemos que el pasaje dice y permitir, en la medida de lo posible, que el pasaje hable por sí mismo. William Willimon, en su libro sobre la predicación de Karl Barth, nos insta a lo siguiente: «la única manera de entender el pasaje consiste en tener la buena voluntad de respaldar el mundo interpretativo y exhaustivo de los pasajes bíblicos y de su Señor».[183] Willimon afirma que Barth defendía que «el lector u oyente debe darse cuenta de que esta historia es una descripción real del mundo real, y que el personaje central de esta historia se mantiene ocupado ayudando a cada uno de nosotros a descubrir el lugar que ocupamos en este mundo real».[184] Esto es lo que la exégesis nos ayuda a hacer.

Hay dos pasos iniciales que son fundamentales para la exégesis. Paso número uno: no consulten de inmediato los comentarios bíblicos. Lo podrán hacer más adelante, pero por ahora no. ¿Cuál es la razón de ello? Porque queremos recurrir a los comentarios luego de haber estudiado con seriedad el pasaje bíblico. Si comenzamos leyendo la investigación de otra persona, jamás lograremos entender el pasaje por nosotros mismos. Resistan la tentación de acortar el proceso consultando un comentario.

Paso número dos: intenten memorizar el pasaje.[185] La memorización causa que la mente se ocupe en los asuntos que competen a la exégesis. Por ejemplo, de manera inconsciente recitamos en tiempo presente cuando el pasaje bíblico usa el pasado; o usamos un verbo conjugado cuando el pasaje usa un participio; o decimos «en» o «por» cuando el pasaje usa «por medio de», etc. La memorización del pasaje ubica a la mente en un estado de alerta exegética, y se logra ahorrar mucho tiempo.

Luego, podremos investigar el significado de las palabras. Nos tomará tiempo, pero es necesario hacerlo.

Cuando investiguemos los verbos del pasaje, debemos fijarnos en tiempo, voz y modo. Tomemos, por ejemplo, Gálatas 5.16. La rv1960 dice: «Andad en el Espíritu, y no satisfagáis los deseos de la carne». Dos órdenes. La nvi lo traduce como: «Vivan por el Espíritu, y no seguirán los deseos de la naturaleza pecaminosa». Una orden y una promesa. ¿Cuál de ellas es la acertada? Antes de que podamos predicar el pasaje, debemos realizar una mayor investigación.[186] Otro ejemplo proviene de Efesios 5.21. En la mayoría de las versiones aparece el imperativo «someteos». Pablo, sin embargo, usa un participio presente en griego, el quinto de una serie de participios (los otros aparecen en la rv1960 como «hablando», «cantando», «alabando», «dando gracias»). ¿Por qué traducir como imperativo lo que parece ser el final de una serie de participios? El presente participio se usa para expresar las consecuencias de una acción. «Sed llenos del Espíritu», dice Pablo (Efesios 5.18), y el resultado será una serie de acciones que solo pueden darse cuando se está lleno del Espíritu. ¿Cuál es el punto que Pablo busca enfatizar? Que solo por el poder del Espíritu pueden los seres humanos vivir en sumisión unos a otros.[187]

Hay otras partes del discurso que requieren igualmente nuestra atención:

- Sustantivos. Fíjense en número, caso y género. ¿Las palabras significan solo una cosa, o poseen una gama de significados? ¿Cuál es el significado que el autor usa aquí?
- Adjetivos. Fíjense en número, caso y género. Determinen qué adjetivo modifica a qué sustantivo.
- Adverbios. ¿De qué manera modifican el tiempo, el tono y la intensidad de la acción?
- Preposiciones. Se trata de pequeñas palabras con grandes consecuencias. Fíjense atentamente en ellas.

Gálatas 4.4-7 aporta un ejemplo de preposiciones con peso teológico. En este pasaje, Pablo declara que, en el cumplimiento de los tiempos, «Dios envió a su Hijo, nacido de una mujer». En cada cláusula, la preposición es *ek*, que significa «fuera de», más exactamente, «desde el centro de».[188] Las preposiciones proclaman el misterio de la identidad de Jesús: desde el centro de una mujer y desde el centro del Dios viviente y, en consecuencia, completamente humano, completamente divino. Se podría escribir un libro sobre el uso de las preposiciones en el Nuevo Testamento, especialmente concernientes a Jesús y su relación con nosotros («en Cristo», «con Cristo», «por medio de Cristo», «para Cristo», «Cristo en ti», «Cristo para nosotros», etc.).[189] Presten atención a los distintos usos que las traducciones de la Biblia hacen de las preposiciones. Antes de que podamos predicar fielmente algún pasaje bíblico, necesitamos tener alguna noción respecto a las razones por las que las distintas versiones de la Biblia han optado por traducir de una manera u otra. Algunos de los que oyen nuestros sermones nos preguntarán al respecto.

Tal vez un ejemplo más claro nos sirva mejor en este punto. Observemos la segunda mitad de la más conocida parábola de Jesús, la del hijo pródigo, en Lucas 15. (En realidad, debería llamársela parábola de los dos hijos pródigos). En Lucas 15.25-32, Jesús cuenta cómo el mayor de los dos hijos reaccionó al sorprendente y escandaloso afecto que el padre tuvo para con su hijo menor. El hijo mayor ofendió a su padre cuando decidió no ir a la fiesta, fiesta que el padre había ofrecido espontáneamente por la alegría de recibir en casa a su hijo perdido. Jesús dice que: «indignado, el hermano mayor se negó a entrar» (Lc 15.28). El hijo mayor, en aquella cultura, ha humillado a su padre. ¿Y cómo responde el padre frente a esta humillación? Jesús dice que el padre «salió a suplicarle que lo hiciera [que entrara a casa]» (Lc 15.28). Le suplicó. No lo castigó. No discutió con él. No lo sermoneó. Dejemos que Kenneth Bailey nos explique la lección que Jesús ofrece.

El término griego *kaleō* significa «llamar». Pero, a esta palabra se le pueden dar muchos significados distintos mediante la adición de preposiciones.[190] Por ejemplo:
en-kaleō: «acusar»;

eis-kaleō: «invitar»;

epi-kaleō: «nombrar»;

pro-kaleō: «provocar»;

pros-kaleō: «llamar a otros hacia sí» como ordenaría un oficial a un subalterno, o un maestro a un sirviente;

syn-kaleō: «convocar»;

para-kaleō: «rogar» o «suplicar» o «intentar reconciliar».

Lucas conoce bien esta familia de palabras y la usa más que cualquier otro escritor del Nuevo Testamento. En el v. 26, el hijo mayor «llama» (*pros-kaleō*) a los jóvenes para que le rindan cuentas. Aquí en el v. 28, esperaríamos que el padre también «llame» (*pros-kaleō*) a su hijo mayor para exigirle cuentas por su rudeza a vista de todos. O tal vez lo «desafíe» (*pro-kaleō*) o incluso lo «acuse» (*en-kaleō*). Sin embargo, y contrario a la actitud del hijo que convoca a un subalterno para exigirle cuentas, el padre sale a «suplicar» (*para-kaleō*), a «rogar», a «reconciliarse». Robertson, en su gramática monumental, nos ofrece la clave para las dos preposiciones que aparecen en este pasaje bíblico. Nos dice que *para-* significa «junto a» o «al lado de» (p. ej., «paralelo»), y *pros-* sugiere la idea de «uno enfrente del otro». Entonces el hijo mayor «llama» al joven para que se acerque delante de él como corresponde a un subalterno; pero el padre «suplica» a su hijo. Lo llama para que se coloque «al lado» suyo, para que vea el mundo desde la perspectiva de su padre.[191]

¿No es fascinante? Bailey presenta un modelo que presta una atención cuidadosa a las palabras que el autor bíblico ha elegido. (Y nos da un ejemplo de una exégesis al servicio de la proclamación).

Habiendo hecho el estudio de las palabras, pasamos a comprender cómo el autor del pasaje bíblico ha tomado todos estos verbos, sustantivos, adverbios y preposiciones para comunicar lo que quiere decir a su público original y, por medio del Espíritu, a nosotros. Aquí queremos comprender el punto que el autor quiere dejar en claro.

En realidad, nuestras mentes ya han comenzado a moverse en esa dirección. La mente humana anhela el orden: nuestras mentes, en la mayoría de las circunstancias, con excepciones que demuestran la regla, parecen estar diseñadas para encontrarle el sentido a las cosas. ¿No es esta una de las implicaciones de haber sido hechos a la imagen del Dios de la Biblia, el Dios que interpela al caos y crea orden (Génesis 1)? Entonces, en cierto sentido, jamás tendremos que hacer el cambio a la exégesis, porque siempre estaremos realizando exégesis de todo lo que nos rodea en la vida.

Más específicamente, queremos identificar el punto principal de la sección que estaremos predicando. Este punto principal será el que se ocupe el sermón. Puede que haya una serie de puntos, pero queremos descubrir la «idea más importante de todas» e integrar todos los demás puntos. Damos por sentado que el autor del documento (ya sean Isaías, Juan, Pablo, Pedro o Judas) quiere realmente comunicarse con quienes aprecia, y usa una manera de expresarse que posee un alto grado de intencionalidad; no arroja sencillamente pensamientos e ideas al azar. Estoy al tanto de que una cantidad de filósofos argumentan que no podemos confiar en el lenguaje humano para transmitir significado real, que los propios locutores no saben realmente lo que dicen, y que los oyentes toman lo que oyen y les atribuyen su propio significado. Esto podría ser cierto en algunos casos, pero creo que la mayoría de los seres humanos usan palabras porque se proponen decir algo que tiene un significado muy específico, y que la mayoría de los oyentes desean entender qué significan las palabras que escuchan. Es cierto que puede llegar a ser complicado: la palabra que habíamos usado resulta siendo la incorrecta, lo que la otra persona entendió termina siendo distinto a lo que quisimos decir, etc. Sin embargo, pese a ello, dada la naturaleza dinámica del lenguaje y el desorden de la comunicación, la mayoría se propone decir lo que quiere decir y dice lo que se ha propuesto.

En este punto del proceso, el género del pasaje bíblico que estamos predicando determinará la manera en que procedamos con la exégesis, especialmente respecto a la identificación del punto principal. Las distintas formas o géneros literarios requieren diferentes procedimientos exegéticos. A continuación, solo me limitaré a ofrecer información básica para manejar los distintos géneros de la Biblia. Uno de los trabajos más completos sobre este asunto es *The Modern Preacher and the Ancient Text: Interpreting and Preaching Biblical Literature*, de Sidney Greidanus.[192] Se trata de una obra que vale la pena consultar para una información más completa.

En los siguientes párrafos les voy a compartir algunas de las cosas que estoy aprendiendo sobre la exégesis de varios géneros. A estas alturas, es posible que les sea más provechoso leer solamente la sección sobre el género del pasaje que ya han elegido para su predicación. Las demás secciones las podrán consultar cuando se propongan predicar de otro género. Una vez más, si les parece tedioso, recuerden los posibles resultados deliciosos que se obtienen cuando siguen una receta detallada.

Pistas para entender pasajes de las epístolas. Comencemos haciéndonos una pregunta: «¿qué sucedía en las vidas de aquellos a quienes el pasaje bíblico se dirigió originalmente?» Obviamente, esto significa que tenemos que leer toda la epístola en la que se encuentra nuestro pasaje en particular. G. Campbell Morgan, uno de los principales predicadores de principios del siglo xx, ¡jamás predicó acerca de un libro bíblico a menos que lo hubiera leído cuarenta o cincuenta veces![193] Luego de haberlo hecho, podía entonces sintonizarse con el pensamiento del autor. Morgan podía ver la dinámica del pasaje, porque sabía cómo había ingresado el autor al pasaje y cómo había salido. ¿Qué estaba sucediendo en la vida de los lectores originales? ¿Había algún conflicto que necesitaba ser resuelto? ¿Se había presentado alguna tragedia que hacía necesaria una palabra de consuelo? ¿O acaso algún descuido que indicaba que se estaba tomando a la ligera algún aspecto del discipulado? ¿Estaba echando raíces algún error que debía ser corregido? ¿O, por el contrario, se necesitaba la proclamación de las buenas noticias? (Claro que, doy por sentado que la gente siempre necesita escuchar las buenas nuevas).

Luego, nos tornamos más específicos y hacemos otras clases de preguntas como: ¿cuál es la conjugación de estos verbos? En particular, ¿cuáles son los verbos imperativos? Daniel Fuller sostiene que los imperativos son siempre una buena pista para identificar qué es lo que apasiona al escritor. Si hay imperativos, ¿hay algún participio? Los participios en tiempo pasado usualmente nos dan la razón de los imperativos; los participios en presente usualmente nos dan los resultados de obedecer el imperativo. ¿Quiénes o cuáles son los sujetos de los verbos? Busquen tener en claro quién está haciendo qué. ¿Hay alguna oración subordinada? ¿Cuál es su relación con la acción de los verbos? Observen con cuidado la presencia de cualquier locución preposicional. ¿Por qué una preposición y no otra? ¿Hay alguna locución adverbial?

Una vez más, debemos suponer que el autor usa su manera de expresarse y las estructuras gramaticales de una manera deliberada. Concentrarse en el pasaje bíblico significa que le damos la atención debida a todos estos aspectos del idioma.

Luego de haber abordado las preguntas anteriores, ¿podemos darnos cuenta de que todos los aspectos del pasaje concuerdan con la idea principal? De no ser así, repasen nuevamente las preguntas ¿Pueden darse cuenta ahora que la idea principal se relaciona con el contexto más amplio de la epístola? ¿Pueden notar que el pasaje se relaciona con el pasaje anterior y posterior? Estaremos seguros de que hemos encontrado el punto principal cuando podremos explicar todos los demás aspectos del pasaje en base a ese punto.

Una nota personal. Cada vez que predico sobre una epístola elaboro un árbol sintáctico. (He logrado elaborar árboles sintácticos de casi todas las epístolas del Nuevo Testamento). Gracias a ello, puedo ver cómo el pasaje encaja en torno al punto principal.[194] *Para* o *porque* aportan las bases para sustentar el punto principal; *por tanto* o *entonces*, dan los resultados o consecuencias del punto principal; *cuando, antes de* o *después de* dan indicaciones temporales de lo que está sucediendo; *pero* o *sin embargo* nos ayudan a ver un punto «por otro lado»; *y* y *además* nos muestran que algo más está sucediendo; *así como* o *de esta manera* ofrecen una explicación más detallada; *como* o *de igual manera* ilustran el punto principal; y *si* (esto)… *luego* (aquello) muestran las condiciones y promesas del punto principal. Uno podría lograr el mismo fin dibujando la imagen de una casa, por ejemplo, y mostrando cómo todo encaja para formar una pieza completa; o la imagen de una planta en su maceta, donde la maceta es el punto principal, las patas que la sostienen son los soportes o razones del punto principal, la planta representa las consecuencias, las hojas son el fruto específico que emerge en nuestras vidas cuando vivimos ese punto principal.

Si a estas alturas las cosas siguen sin estar claras, dejen el trabajo a un lado, salgan a caminar o a cumplir alguna tarea, tómense una siesta o escuchen las noticias. Dejen que su mente filtre todos los datos sin la presión de tener que llegar a alguna conclusión definitiva. Por cierto, esta es la razón por lo que no debemos comenzar el proceso de preparación el sábado en la noche. La exégesis toma tiempo. Inclúyanla en su agenda al comienzo de la semana. Repasaré este tema en el capítulo nueve, «La vida del predicador».

Pistas para entender narrativas del Antiguo Testamento. Por una parte, volver a contar alguna historia del Antiguo Testamento no es predicación.[195] Por otra parte, un análisis pedagógico de la historia cambiaría la forma del pasaje y distorsionaría involuntariamente su mensaje.[196] Estos dos extremos se evitarían si manejamos el relato como tal y si lo viéramos como parte de la historia mayor. Además, de alguna forma, ese relato se cruza con nuestras propias historias y las cambia.

Sin embargo, el autor no cuenta una historia tan solo para entretenernos. El autor tampoco nos transmite simples hechos para una crónica histórica. Más bien, el autor proclama un discurso, una representación e interpretación de los hechos ingeniosamente elaborada.[197] El autor logra este objetivo usando recursos retóricos, generalmente dirigidos al oído, mediante los cuales dirige deliberadamente a sus lectores u oyentes a la perspectiva que él tiene de los hechos. Estos recursos incluyen los siguientes:[198]

- Palabras clave que a menudo se repiten en el pasaje: «animal» (de caza) en Génesis 25-27, «hijo» en Génesis 22 (diez veces); frases u oraciones que se repiten: «la lista de los descendientes de», «tu hijo, el único que tienes» (Génesis 22.2, 12, 16).

- Contraste: «levantar la vista» (Génesis 13.10, 14; en este pasaje Lot levanta la vista para ver la tierra fértil; Abraham levanta la vista para ver al Señor).

- Comparación: «tomó», «comió», «dio» (Génesis 3.6); «escuchó la voz de», «tomó», «dio» (Génesis 16.2-3, ¿una repetición de la caída?).

- Causa y efecto: «engañar» (Génesis 27.18-24; 29.25; 37.32-33; 38.14, 25)

- Patrones literarios: paralelismos simples, complejos, en forma de quiasmo;[199] inclusión: inicio y final con un mismo lenguaje e imágenes, que encuadran la unidad literaria, que ofrecen énfasis por repetición, que desembocan en un momento dramático revelador (ver, por ejemplo, Génesis 32, donde el autor sigue hablando del miedo de Jacob al ver la cara de Esaú, pero sorprendentemente Jacob termina viendo el rostro de Dios).

- Descripción de la escena: Génesis 28.10-11 (llegó al lugar donde sería probado, «estaba anocheciendo»); Génesis 32.31 («cuando salió el sol», se marchaba a casa).[200]

Prestamos atención a todas estas «señales» con el propósito de captar lo que el autor quiere que escuchemos y no solo lo que creemos que es el mensaje de la historia.

También podemos plantearnos preguntas como ¿dónde encaja esta narración en la historia mayor que se desarrolla en el libro? Esto es crucial para cada relato de la historia de Abraham y Sara. ¿Dónde encaja esta narración en el metarrelato de la gran historia?

Una pregunta esencial nos puede ser útil para que evitemos deducciones equivocadas respecto a historias que no son tan claras: ¿Hay alguna otra parte de la Biblia donde se cuente, interprete o utilice la historia en cuestión? (Ejemplo: Génesis 15 en Romanos 4, Hebreos 11 y Santiago 2). ¿Qué pasa con el carácter de Dios que se revela o manifiesta en esta historia? ¿Son los protagonista de la historia modelos a seguir o sencillamente sirven para ilustrar la realidad de un mundo caído sujeto a la misericordia? ¿Qué de la interacción divino-humana que se manifiesta aquí? (La respuesta conducirá a la parte «práctica» del sermón). ¿Hay pasajes en los evangelios donde aquel Verbo hecho carne revela lo que la Palabra que estaba en el principio con Dios y que es Dios ha revelado en el Antiguo Testamento? Presentar un pasaje de estos en un sermón del Antiguo Testamento no significa que «se incluya a Jesús», porque como dije anteriormente, él ya está presente. (Aquí, como pueden ver, hemos dado ya al paso hermenéutico. Los pasos, después de todo, se superponen).

Uno de los asuntos prácticos que tendremos que recordar durante nuestro trabajo exegético es determinar cuánto de lo que aprendemos realmente lo podremos incluir en el sermón. ¿Cuánta información de fondo debemos incluir? Hay dos reglas generales: brevedad y usar solo la información que permita a los oyentes seguir el hilo de la historia.[201] Si bien, quizá sea necesario explicar algunos detalles introductorios del pasaje, debemos evitar que los oyentes se saturen con tanta información.

Pistas para entender pasajes proféticos. El mayor reto para estos casos consiste en tratar de entender el contexto histórico de los profetas y sus mensajes. La predicación profética o el acto de profetizar es un asunto que tiene que ver más con la proclamación pública o hacer público algo, que con el acto de predecir; si bien, a menudo en la declaración pública (proclamar la palabra de Dios para un contexto específico) el acto de predecir también sucede (ver 1P 1.11-12). Por tanto, quizás más que en cualquier otro lugar, saber lo que se dijo a los oyentes/lectores originales es absolutamente fundamental para captar con precisión lo que se nos dice ahora en nuestro tiempo y lugar. Como dijo Elizabeth Achtemier: «Los profetas [por lo general] no predican «eternas verdades». Más bien, dan a conocer públicamente las reacciones que Yahvé tiene frente a situaciones específicas en Israel».[202] Afortunadamente tenemos a nuestro alcance muchos recursos que nos ayudan a lograr una investigación histórica.[203]

Así que, podemos hallar en toda la literatura profética menciones deliberada de personas, tiempos y lugares específicos. «En el año de la muerte del rey Uzías vi al Señor» (Is 6.1). ¿Qué sabemos de este rey? ¿Por qué es tan importante saber el año en que murió? «Estas son las palabras de Amós, pastor de Tecoa. Es la visión que recibió acerca de Israel en los días de Uzías, rey de Judá, y en los días de Jeroboam hijo de Joás, rey de Israel, dos años antes del terremoto». (Amós 1.1). ¿Qué sabemos respecto a estas personas? ¿Por qué es importante saber algo acerca de ese terremoto? ¿Cuándo sucedió? Jeremías correlaciona todo lo que escribe con gobernantes y lugares específicos: «Estas son las palabras de Jeremías, hijo de Jilquías. Jeremías provenía de una familia sacerdotal de Anatot, ciudad del territorio de Benjamín. La palabra del Señor vino a Jeremías en el año trece del reinado de Josías, hijo de Amón, rey de Judá. También vino a él durante el reinado de Joacim hijo de Josías, el rey de Judá, y hasta el fin del reinado de Sedequías, hijo de Josías, rey de Judá, es decir, hasta el quinto mes del año undécimo de su reinado» (Jer 1.1-3; ver también, por ejemplo, Jer 3.6; 21.1; 25.1; 28.1; 32.1; 33.1; 34.1; 35.1; 36.1; 40.1).

Entonces, para predicar correctamente de este género debemos respetar la particularidad consecuente de estos pasajes bíblicos. Tal como vimos en el capítulo cuatro, según Michael Green, profetizar es «proclamar un mensaje específico de parte de Dios a un pueblo específico para un momento específico y en un lugar específico».[204] Efectivamente, ese mensaje termina trascendiendo lo específico, pero no lograremos entenderlo si no captamos primero su contexto específico.[205]

También necesitamos mantener presente el propósito fundamental del encuentro profético con el Dios viviente. El desafío de Amós «¡Prepárate para conocer a tu Dios!» (Am 4.12) es la fuerza de impulsa a todos los profetas. Necesitamos tener presente el propósito fundamental de dicho encuentro, para dar a conocer la naturaleza y el carácter del Dios viviente y, de paso, descubrir la naturaleza y el carácter fundamental de la gente. «La profecía es básicamente un ministerio que divulga y desviste. Los profetas rasgan las caretas de la gente y revelan sus verdaderos rostros».[206] De ahí la reacción de la mujer junto al pozo durante su encuentro con Jesús: «Señor, percibo que tú eres profeta» (Jn 4.19). Jesús hizo lo mismo que los profetas, reveló la realidad detrás de la fachada. Por lo tanto, nos preguntamos de cualquier pasaje profético: ¿Qué es lo que revela acerca del Dios viviente? Y también: ¿Qué es lo que nos da a conocer acerca de nosotros mismos?

Cuando manejemos algún pasaje profético en particular, debemos también tener presente el mensaje de los profetas en su totalidad. Si bien su mensaje es específico y consecuente, todos ellos comparten la misma carga. En primer lugar, los pasajes proféticos responden a la gloria de Dios; manifiestan el hecho de que el Dios viviente y santo los ha capturado, cautivado, deslumbrado y se ha apoderado de ellos. En segundo lugar, los pasajes proféticos se ocupan de la *mispat* de Dios, la justicia de Dios, la manera en que el Dios viviente y santo estableció el universo, y el juicio de Dios sobre su pueblo. En tercer lugar, todos comparten la pesada carga de estar plenamente conscientes de que «el fin ha llegado»

(Am 8.2). El pecado ha llegado a su consecuencia final. En cuarto lugar, todos saben la razón del juicio: Israel ha violado el pacto con Yahvé cuando ignoró y desobedeció los buenos mandamientos de un Dios bueno; Israel ha elegido confiar en las riquezas y el poder militar, y ha establecido alianzas con aquellos que no tienen nada que ver con Yahvé y su voluntad para el mundo; Israel ha rechazado al Dios viviente y se ha marchado con otros dioses falsos e inexistentes; Israel es una ramera (Oseas, Jeremías, Ezequiel) y un hijo rebelde (Oseas, Jeremías). Así como, según Deuteronomio 21.18-21, las rameras y los hijos rebeldes debían morir, Jerusalén debe ser destruida y el templo arrasado. Todos lo tienen bien claro cómo será el juicio; vendrá «del mismo modo» sobre el pueblo. «Te haré pagar cara tu conducta» (Ez 7.4); «haré recaer su conducta sobre sus cabezas» (Ez 9.10, NBLA). En quinto lugar, todos tiene por cierto el carácter final del juicio: el pecado ha logrado desfigurar y arruinar a tal extremo al pueblo de Dios, que la única alternativa es empezar de nuevo. Y finalmente, en sexto lugar, todos los pasajes proféticos declaran las buenas nuevas: por medio de un acto soberano de misericordia y gracia, Dios realizará una obra totalmente nueva, que girará en torno a una sola persona (el Siervo en Isaías 42-53) y que afectará no solo a Israel sino a todo el mundo, de hecho, a todo el cosmos. Todo mensaje profético nace de esta carga mayor.

Todo ello nos indica que no podemos predicar un pasaje de un profeta sin haber leído no solo todo el mensaje de ese profeta sino también todos los mensajes de todos los profetas (o al menos sus partes más representativas). Quizás esta sea la razón por la que rara vez escuchamos sermones sobre este género. ¡Es demasiado trabajo! Sin embargo, cuando realmente cumplimos nuestra tarea, la pasión por la gloria de Dios y su obra por la plena recreación de la vida logra reavivar nuestras mentes y nuestros corazones. Repito lo que dice Barry G. Webb en la introducción a su comentario sobre Isaías, cuando describe el impacto que produjo en él haber estudiado a este profeta:

> He remontado vuelo hacia los cielos y he visto la gloria
> de Dios, y con una nueva visión he visto este mundo y
> el lugar que ocupo en él. La vista ha sido impresionante.
> No he logrado ser menos mortal ni pecaminoso que

antes. Mi conciencia de estas cosas se ha agudizado, no ha disminuido; pero estoy más seguro ahora que antes jamás, que no son obstáculos para mi comunión con Dios ni para la plena realización de lo que Dios se propuso hacer en mí.[207]

La gente de nuestro tiempo o la de cualquier época, darían la vida por lograr la misma visión que los transforme.

Permítanme compartir algo más respecto al estudio de los profetas. En medio de su particularidad histórica, los pasajes proféticos contienen un mensaje que trasciende su época, un mensaje que exige mayor investigación. Por tanto, debemos tener presente la noción del «cumplimiento continuo» del género profético. Por ejemplo, lo que Joel observa y registra en su mensaje (Jl 2.28-32), no se realiza completamente sino hasta después de la venida de Jesús y el derramamiento del Espíritu Santo en el día de Pentecostés (Hch 2.15-21). William Sanford LaSor nos ofrece una ayuda muy útil cuando se refiere al cumplimiento de la profecía en términos de «llenar» (completar) la visión. Dios gradualmente «llena» el pasaje, llegando a «completarlo».[208] O también podríamos decir que la profecía posee una trayectoria, y que Dios la hace avanzar hasta que lleguemos al destino final de dicha trayectoria. Y ese destino es, finalmente, Jesucristo.

Pistas para entender pasajes de los Evangelios. George Beasley-Murray, escribiendo sobre el Evangelio según San Juan, ofrece un comentario acertado para predicar pasajes de los Evangelios: «Todo punto contenido en este evangelio exige ser predicado, y esto por una sencilla razón: ¡cada punto en este evangelio ha sido predicado!»[209] Lo que sucede con el Evangelio de Juan, sucede también con Mateo, Marcos y Lucas. Antes de que los Evangelios se agruparan en este peculiar género, el contenido de los cuatro libros ya había sido predicado. «La proclamación de los primeros predicadores se convirtió en la materia prima con la que se produjeron los Evangelios… [Estos] son el legado a la humanidad producto de la labor de los predicadores».[210] Todo ello fue «la encarnación del kerygma».[211] Del mismo modo, vemos esa misma dinámica en la sección de sermones en el Libro de los Hechos. (Véase Hch 10.36-43, que es un buen resumen del desarrollo del Evangelio según San Marcos).[212]

Queremos predicar una sola perícopa o una sola historia o acontecimiento. O también podemos predicar un conjunto de unidades estrechamente interrelacionadas, como las que se encuentran en Marcos 4.35–5.43, donde el evangelista muestra la autoridad de Jesús sobre una amplia gama de fuerzas que amenazan con destruirnos.

A estas alturas, sería bueno ofrecer una oración como la siguiente: «Señor Jesús, este pasaje habla básicamente de ti [o de la revelación de Dios Padre]; te ruego que te manifiestes a partir del pasaje y me hables». «Sujétame», podría ser aún una mejor manera de orar. Martín Lutero dijo: «La Biblia está viva, tiene manos y me sujeta, tiene pies y me sigue».[213] En ninguna parte esto es tan cierto como en los cuatro Evangelios.

Luego, sencillamente nos planteamos preguntas como lo hacen los reporteros: ¿qué? ¿quién? ¿cuándo? ¿dónde? ¿por qué? ¿cómo? Es probable que esto nos lleve a realizar una mayor investigación histórica. Vivimos en tiempos en los que no hay escasez de libros sobre Jesús y su tiempo. Es así como debería ser: «Jesús hizo también muchas otras cosas, tantas que, si se escribiera cada una de ellas, pienso que los libros escritos no cabrían en el mundo entero» (Jn 21.25).

Paso seguido, nos preguntamos por qué el autor ha incluido esta perícopa, ya que tenía a su alcance cientos de historias o enseñanzas semejantes. De entre todas ellas, ¿por qué eligió esta? Los escritores de los evangelios no solo transmiten información de los hechos, no solo cuentan historias o trasmiten dichos; son también teólogos y predicadores y, por ello, ofrecen sus propias declaración acerca de Jesús, declaraciones de las que están convencidos que son pertinentes para las vidas de sus lectores. Entonces, ¿cuál es el motivo de esta perícopa? ¿Cómo se relaciona con las que la preceden y las que la siguen?[214] ¿Cómo se relaciona esta perícopa con la carga general de este evangelio en particular? ¿Qué nos dice el pasaje respecto a quién es Jesús y qué es lo que hace por la humanidad? ¿Qué nos dice el pasaje respecto a la naturaleza de la relación divino-humana y la dinámica del discipulado?

Pistas para entender pasajes apocalípticos. Refiriéndose al Apocalipsis, Richard Bauckham escribió que se trata de «una obra de gran conocimiento, arte literario asombrosamente meticuloso, notable imaginación creativa, crítica radical de la política y profunda teología».[215] Tras haber pasado treinta años estudiando este libro, puedo afirmar que estoy de acuerdo con Bauckman. Lo mismo se podría decir del libro de Daniel.

La definición más utilizada del *género apocalíptico* es la que J. J. Collins ha articulado: «La apocalíptica es un género de literatura reveladora con un marco de referencia narrativo, en el que un ser sobrenatural opera de mediador y da a conocer una revelación a un receptor humano, y cuyo objetivo consiste en divulgar una realidad trascendente que es temporal, en la medida en que vislumbra una salvación escatológica, y al mismo tiempo espacial, en la medida en que involucra a otro mundo sobrenatural».[216] Observen especialmente los términos «temporal» y «espacial». La literatura apocalíptica se refiere a una venida temporal de Dios y el reino, y a una venida espacial de Dios y el reino. «Venga tu reino… en la tierra como en el cielo», así nos enseñó Jesús a orar. La literatura apocalíptica nos ayuda a entender cómo sucede esto, cómo el futuro se desborda hacia el presente y cómo el cielo invade la tierra.

A medida que investigamos este género debemos tener presente la dirección fundamental de la literatura apocalíptica y, por lo tanto, su propósito pastoral básico. La literatura apocalíptica proclama: «Las cosas no son como parecen ser». O, para ser más precisos, «las cosas no son tan solo como lo que parecen ser». La realidad encierra más cosas, el flujo de la historia contiene más cosas, el momento histórico actual encierra más de lo que podamos conocer sin más ayuda que nuestro intelecto, o nuestras emociones e imaginación. Y entonces, el propósito pastoral de la apocalíptica es desenvolver ese «más». Una obra apocalíptica logra este propósito de dos maneras. En primer lugar, ubica el momento presente, junto a toda su ambigüedad e incertidumbre, a la luz de las realidades ocultas del futuro: Jesús viene y trae consigo un cielo nuevo y una nueva tierra. En segundo lugar, y más pertinente a este género, ubica el momento presente, junto a toda su ambigüedad e incertidumbre, a la luz de las realidades invisibles del presente. Este género nos da nuevos anteojos, por decirlo así, que nos permiten ver aquello que somos incapaces de ver, es decir, lo relacionado al futuro, pero también (y principalmente) respecto al presente. «No se trata que el aquí-y-ahora se quedan atrás en un escape al cielo o a un futuro escatológico, sino que el aquí-y-ahora lucen bastante diferentes cuando se abren a lo trascendente».[217] Con cuánta urgencia necesitamos lo que esta literatura tiene para darnos.

Debemos tener en cuenta ciertos aspectos de la apocalíptica cuando manejemos este género. (1) Las imágenes y el simbolismo están destinados para superar nuestro intelecto y nuestras emociones y llevarnos a nuestra imaginación. Debemos «sentir» el contenido de los pasajes lo mismo que entenderlos. (2) Los autores nos describen los símbolos, las imágenes que se les han dado, no la realidad que estos símbolos representan. «Las descripciones son las de los símbolos, no la realidad que estos comunican».[218] Por ejemplo, en Apocalipsis 5.6, se describe al Jesús resucitado y glorificado como un Cordero, «que parecía haber sido sacrificado, teniendo siete cuernos y siete ojos». ¿Es esa la forma real en la que él existe actualmente? Si pudiera irrumpir en nuestra realidad desde detrás de la cortina que lo oculta, ¿tendría siete cabezas y siete ojos? Por supuesto que no. Juan nos describe las imágenes por las que el Jesús resucitado y glorificado ha elegido presentarse a nosotros. En Apocalipsis 12.14, se describe a la mujer que dio a luz al varón que gobierna el mundo, quien ella misma es símbolo del pueblo de Dios, y que recibe «las dos alas de la gran águila» para que vuele a un lugar seguro. Algunos predicadores, malinterpretando la dinámica de la literatura apocalíptica, sostienen que lo que tenemos aquí es un gran avión de la Fuerza Aérea de los Estados Unidos que transporta al pueblo de Dios lejos de un peligro inminente. No es así. Juan sencillamente comparte el símbolo, no la realidad. (3) El significado de los símbolos se encuentra en el resto del Biblia. Las «dos alas de la gran águila» aparece en Éxodo 19.4 como una imagen de Dios que rescata a su pueblo de Egipto y lo lleva por el desierto a la Tierra Prometida: «Ustedes son testigos de lo que hice con Egipto, y de que los he traído hacia mí como sobre alas de águila». En la mayoría de casos, el origen de las imágenes y el simbolismo se encuentra en el resto del Biblia; es allí donde debemos mirar primero.[219] (4) Es necesario que nos preguntemos respecto a los números utilizados: ¿Son cifras estadísticas o símbolos? Se trata de símbolos. Siete cabezas, siete ojos: efectivamente, son símbolos. Ciento cuarenta y cuatro mil: símbolo. Mil: símbolo. ¿Símbolo de qué? Ese es el trabajo que tenemos que hacer. (5) La «narración» (según la describe J. J. Collins) no sucede cronológicamente. Esto constituye una clave para la exégesis y, por lo tanto, para la predicación. Las escenas no acontecen en orden cronológico. La pregunta que tenemos para Juan, por ejemplo, no sería «¿qué sucede después?» sino «¿qué viste después?»[220] El libro del Apocalipsis, por ejemplo, «no se despliega según una secuencia directa y sencilla. Muchas veces la acción de las visiones nos lleva de vuelta a territorio que ya habíamos repasado y nos ofrece nueva información, cambios de perspectivas y giros inesperados de la trama».[221] Esto tiene enormes consecuencias exegéticas y, por tanto, hermenéuticas.[222]

Como pueden darse cuenta, hay mucho más que decir respecto a cada uno de los géneros que repasamos brevemente. He intentado demostrar que cada género exige un tipo de trabajo exegético diferente y único.[223]

A esta altura del proceso nuestras mentes ya están saturadas (pero, confío que nuestros corazones lleguen a sentir ese «extraño sentimiento interno de afecto»[224]). Es posible que nos estemos preguntando: ¿Cómo voy a predicar todo eso? ¡Es demasiado bueno!

Les pido, entonces, que separen tiempo ahora para realizar una exégesis más específica del pasaje que tienen a mano.

El paso hermenéutico

A continuación, nos dedicaremos a abordar el paso al que hemos estado siendo atraídos a lo largo de todo este proceso. Queremos discernir de qué manera el punto principal del pasaje se dirige a nuestro contexto personal, comunitario, histórico y cultural.

Estas son algunas preguntas que podemos plantearnos: ¿Cómo se relaciona el punto principal con las características particulares de nuestras iglesias?[225] ¿Las apoya, las contradice, las cuestiona? (En este punto, debemos estar plenamente conscientes de lo difícil que se nos hace evitar imponer nuestros propios prejuicios al significado natural del pasaje). Intenten abordar el pasaje desde una perspectiva distinta a la de ustedes.[226] ¿Cómo lo oiría un hombre? ¿Cómo lo oiría una mujer? ¿Una persona casada? ¿Una persona soltera? ¿Una persona adinerada? ¿Una de clase media? ¿Cómo lo escucharía una mujer pobre y madre de tres hijos? ¿Cómo lo haría alguien de América del Norte? ¿De África? ¿De la República Popular China? ¿De Brasil? ¿Cómo lo oiría una persona que vive en un país democrático? ¿Alguien bajo una dictadura? (Aprendí a escuchar de esta manera cuando nos mudamos a Manila en 1985). ¿Cómo lo escucharía una persona en cuya vida todo marcha bien? ¿Y qué de alguien que acaba de sufrir una tragedia familiar? ¿Alguien que administra un banco? ¿Un músico profesional en una banda de rock? No se trata de que tengamos que hacernos todas estas preguntas todo el tiempo, ni que tengamos que elaborar cualquier respuesta para cada sermón; se trata tan solo de que, al plantearnos estas preguntas, podremos ampliar nuestra comprensión del pasaje durante el proceso hermenéutico.

A continuación, intenten expresar en una sola oración el punto principal del pasaje. Estoy consciente de que parece como si nos hubiéramos saltado el paso hermenéutico para caer en el homilético, pero no lo hemos hecho todavía. Intenten describir el punto principal que el autor concibió para la gente de su tiempo en términos que la gente de nuestro tiempo lo pueda oír. Se trata de una tarea difícil, pero es absolutamente necesaria si es que queremos que el sermón tenga cohesión. Es posible que intenten redactarlo tres o cuatro veces hasta que «cuaje». Escriban la idea central para quienes el pasaje fue escrito originalmente. Luego escríbanla para nosotros.

Muy bien. Ahora podrán consultar los comentarios. Me he imaginado este paso como si fuera una «reunión con los hermanos y las hermanas», con el propósito de aclarar y refinar mi interpretación del pasaje acompañado de la iglesia. Necesitamos recurrir a los comentaristas para que nos ayuden a ser lo más fieles posibles. Con ello no quiero dar a entender que los comentaristas están en lo correcto y que debemos sujetarnos a sus conclusiones. A decir verdad, incluso el mejor erudito bíblico puede perder de vista algún elemento esencial del pasaje y desviarse ligeramente de sintonía con el autor bíblico.

Utilicen las mismas preguntas que han sido planteadas durante el proceso y apliquenlas a los comentarios bíblicos (idealmente al menos tres): «Por qué crees que Juan usa la preposición *eis* y no *en* cuando se refiere a creer en Jesús?» «¿Por qué Pablo usó un participio cuando anticipábamos un imperativo?» «¿En qué sentido usa Santiago la palabra fe en "la fe sin obras está muerta?"» «¿Por qué Pablo se refirió a Apia como hermana en su carta a Filemón? ¿Qué repercusiones tiene esto, si las hay, para nuestro entendimiento del papel que ocupan las mujeres en el ministerio?» ¿Se dan cuenta de lo que quiero decir? ¿En qué parte concuerdo con los comentaristas? ¿En qué parte estoy en desacuerdo? ¿Por qué? ¿Quién está en lo correcto? ¿O es este un caso en el que es necesario elegir con humildad la mejor opción dadas las circunstancias? ¿Qué han observado los comentaristas que yo no he podido? ¿Qué he visto yo que ellos no vieron?

A continuación, reformulen el punto principal teniendo en cuenta la interacción con la confraternidad de exegetas ¿Podemos expresarlo en un lenguaje que nuestros oyentes usan a diario? Esta es la razón por la que una misma exégesis puede producir sermones que suenan distinto en diferentes contextos. ¿Cómo podría decírselo a alumnos de último año de secundaria? ¿Para alumnos que ha terminado la primaria? ¿Para universitarios que cursan la carrera de filosofía? ¿Para el operario de la grúa en las obras cerca de mi casa? ¿Para una ama de casa? ¿Para los ancianos? ¿Para alguien en prisión? (Esto ha sido realmente una buena disciplina para mí recientemente, que he tomado más consciencia de la realidad de millones de personas que viven en un estado de servidumbre incluso en la América del Norte «libre»).

Recuerden la frase en el subtítulo de este libro: *formar parte*. Ese término se evidencia en cada aspecto de la predicación, incluso, o especialmente, en este proceso. Helmut Thielicke, uno de los mejores predicadores del siglo xx, nos alienta en este punto recordándonos que el Espíritu Santo, quien inspira el pasaje que estamos predicando, es «el gran Hermeneuta».[227] Incluso cuando hagamos todo este trabajo a veces de manera mecánica, el Espíritu está involucrado, y nosotros formamos parte de una labor que nos supera.

El paso homilético

Después de todo nuestro esfuerzo devocional, exegético y hermenéutico, estamos ya listos para dar el paso homilético. Durante todo este proceso ya hemos estado haciendo parte de esta labor. La mente y el corazón del predicador no pueden evitarlo, siempre está uno preguntándose: *¿Cuál es, entonces, la mejor manera de decir esto a las personas que conozco?*

¿Cómo presentaremos ahora todo lo que creemos que debemos predicar? O bien, como mi esposa me ha enseñado a pensar, ¿cómo podemos servir una comida casera que sea deliciosa y nutritiva al mismo tiempo? La gente está harta (y enferma de) la comida chatarra. ¡No debería servírseles más de aquello en la predicación!

Uno de los asuntos prácticos es cómo ilustrar lo que entendemos que el pasaje está proclamando. El primer paso es comenzar a preguntarnos si el pasaje en sí contiene alguna ilustración ¿Será útil estudiar el significado de las palabras? Una vez que hayamos rebuscado el pasaje principal en búsqueda de ilustraciones, podremos continuar. ¿Hay historias en el resto de la Biblia que ilustren la idea central del pasaje? ¿Hay eventos en la historia de la iglesia que nos puedan ayudar? ¿Hay anécdotas en el común la vida de los oyentes? Tengan en cuenta el orden en que hice las preguntas; fue a propósito. Buscamos ilustraciones de adentro hacia afuera, no del exterior hacia el interior. Es decir, debemos resistir la tentación de acudir inmediatamente a las colecciones de ilustraciones en el libro o sitio de Internet más recientes. El uso inmediato de ilustraciones desde el exterior puede sesgar el mensaje en la dirección de la ilustración y no en la dirección del pasaje. Toda ilustración persigue su propia trayectoria: comienza en un punto específico y se vale de vocabulario e imágenes específicos para llevarnos hacia un fin específico. Si de manera apresurada se echa mano de una ilustración proveniente de afuera del pasaje, se corre el riesgo de torcer la trayectoria del pasaje en la dirección de la trayectoria de la ilustración. Es mejor, entonces, comenzar desde el interior, buscando ilustraciones primero en el pasaje en sí, luego en toda la Biblia, luego en la historia de la iglesia, luego en la vida diaria de la comunidad y solo después se podrán buscar fuentes exteriores.

Charles Haddon Spurgeon fue un experto en este ejercicio. Lograba encontrar casi todas sus ilustraciones directamente en el pasaje bíblico. Un ejemplo será suficiente, su enseñanza respecto al Salmo 5:

> Atiende, Señor, a mis palabras;
>> toma en cuenta mis gemidos.

> Escucha mis súplicas, rey mío y Dios mío,
> porque a ti elevo mi plegaria.
> Por la mañana, Señor, escuchas mi clamor;
> por la mañana te presento mis ruegos,
> y quedo a la espera de tu respuesta.
>
> *(Sal 5.1-3)*

En su labor exegética, Spurgeon logró observar que «a ti elevo mi plegaria» (Sal 5.2) significa literalmente, «dirigiré mi oración a ti» y el verbo que David elige se aplica a un arquero que tensa su arco. Por lo tanto, Spurgeon dice: «Pondré mi oración en mi arco, lo dirigiré hacia el cielo, y luego cuando haya disparado mi flecha, miraré hacia arriba para ver dónde ha ido».[228] Casi todos pueden capturar las imágenes, las cuales salen directamente del pasaje. Spurgeon señala, además, que el verbo que David usa en el Salmo 5:3 se aplica a menudo para describir la forma ordenada en la que se colocan la leña y las piezas del animal sacrificado en el altar del sacrificio, y también para hablar de la manera en que se coloca el pan sobre la mesa en el tabernáculo. Por lo tanto, «Arreglé mi oración delante de ti». «La tendré sobre el altar en la mañana, justo cuando el sacerdote prepara el sacrificio de la mañana».[229] Spurgeon ofrece una forma muy práctica de pensar en la oración diaria, y la idea proviene del estudios de palabras.[230]

Esperamos que a estas alturas del proceso toda la creatividad ya esté surtiendo efecto. Si no sucede nada, dejen todo de lado por un tiempo; váyanse a hacer otras cosas. Sus mentes y corazones seguirán procesando estos asuntos, y con un estado de ánimo distinto las cosas comenzarán a tomar formar. Insisto que esta es la razón por la que no debemos comenzar la preparación el sábado; ni siquiera el viernes o el martes. Más adelante repasaré este asunto.

Antes de considerar algunos de los pasos homiléticos, necesitamos enfocarnos en dos aspectos de la presentación del contenido para que se nos escuche. Permítanme, entonces, poner pausa a la parte de la construcción del sermón para enfocarnos en estos dos aspectos.

Antes de pasar al siguiente capítulo, tómense un tiempo para consolidar sus ideas que hasta ahora hemos desarrollado (sus conceptos y preguntas) en torno al pasaje que han elegido predicar.

Notas

173. Nota del editor: Nos hemos encontrado con un impasse lingüístico entre el inglés y el español. El autor ha usado en esta segunda parte el encabezado *Human Mechanics of Participating*, con énfasis en el término *mechanics*, que en inglés significa «el funcionamiento o procedimiento de algo». Aunque en español existen términos parecidos como, por ejemplo, mecánica cuántica o mecánica estadística o biomecánica, no existe para describir el funcionamiento humano desde el punto que el autor quiere comunicar. Por ende, hemos decidido corregir el neologismo original del traductor por una opción más castellana.

174. Robert Stephen Reid, *The Four Voices of Preaching: Connecting Purpose and Identity Behind the Pulpit*, Grand Rapids: Brazos, 2006, p. 29.

175. Ver C. Baxter Kruger, *The Great Dance*, Jackson, Miss.: Perichoresis Press, 2000.

176. Leslie Newbigin, *The Light Has Come: An Exposition of the Fourth Gospel*, Grand Rapids: Eerdmans, 1982, p. ix.

177. Ian Pitt-Watson, *A Primer for Preachers*, Grand Rapids: Baker, 1986, p. 10.

178. *Ibid.*

179. Un ensayo de lectura que debe ser obligatoria es Charles Haddon Spurgeon, «The Minister's Fainting Fits», en *Lectures to My Students*, Grand Rapids: Zondervan, 1972, pp. 154-165.

180. Pitt-Watson, *op. cit.*, p. 10.

181. Bryan Chapell, *Christ-Centered Preaching: Redeeming the Expository Sermon*, Grand Rapids: Baker, 1994, p. 42. Nota del editor: Las siglas en inglés FCF representan la frase *Fallen Condition Focus*, cuya traducción no es posible dado que, como ya se ha dicho, el idioma inglés posee también predilección por las siglas y acrósticos.

182. Yo no recuerdo dónde vi las palabras exactas, pero ver Michael Fishbane, *Text and Texture: Close Reading of Selected Biblical Texts*, New York: Schocken Books, 1979, en donde desarrolla esa idea en detalle.

183. William H. Willimon, *Conversations with Barth on Preaching*, Nashville: Abingdon, 2006, p. 32.

184. *Ibid.*

185. Obtuve esta idea de Jeannette Scholer, en 1999, cuando ella era la coordinara de programas académicos en Fuller Theological Seminary.

186. En la NVI, «no seguirán», es una promesa. En griego es *ou mē* + subjuntivo aoristo, la forma más enfática de expresar una posibilidad negativa. No sé por qué las otras versiones autorizadas yerran en la traducción de este versículo. ¡Estamos hablando de dos formas distintas de vida espiritual!

187. Nota del editor: Esta porción es de difícil traducción debido a la brecha gramatical entre el inglés y el español.

188. Ver Bruce Metzger, «Table II. Geometric Arrangements of the Greek Prespositions», en *Lexical Aids for Students of New Testament Greek,* Theological Books Agency, 1973; y William D. Mounce, *Basics of Biblical Greek,* Grand Rapids, 1993, p. 80.

189. ¡Espero algún día escribir un libro que lleve por título Teología preposicional!

190. Nota del editor: Aquí el lector hispanohablante deberá ejercer mucha precaución cada vez que lea libros traducidos del inglés y que abordan cuestiones de gramática. En este caso particular se abordan cuestiones del griego koiné. Pues, aunque este y el español moderno comparten muchas más cosas en común que aquel con el inglés, cuando se trata de verbos, el inglés y el griego son ambas lenguas de marco satélite, siendo el español una lengua de marco verbal. Para ser brevísimos, en el español el verbo ya expresa el sendero o trayectoria de movimiento. En cambio, en lenguas de marco satélite, los verbos requieren partículas acompañantes que les permiten ser más específicos (y dinámicos) en sus propósitos. Ejemplo: en inglés se dice *going down*; en español sonaría redundante una traducción literal; por ello se dice sencillamente bajar o descender o caer.

191. Kenneth Bailey, *The Cross and the Prodigal,* edición revisada, Downers Grove, Ill.: InterVarsity Press, 2005, pp. 83-84.

192. Sidney Greidanaus, *The Modern Preacher and the Ancient Text: Interpreting and Preaching Biblical Literature,* Grand Rapids: Eerdmans, 1988. Nota del editor: la obra no ha sido traducida al español. Existe traducción al portugués por Cultura Cristã.

193. Jill Morgan, *Man of the Word: The Life of Campbell Morgan* (1951), reimpresión, Grand Rapids: Baker, 1972; G. Campbell Morgan, *The Ministry of the Word: The James Sprunt Lectures,* Union Theological

Seminary, New York: Fleming H. Revell, 1919; y *Preaching*, London: Marshall, Morgan and Scott, 1937.

194. Lo aprendí de Daniel Fuller en Fuller Theological Seminary, 1969-1972, por lo cual le estoy profundamente agradecido. Su trabajo fue posteriormente desarrollado por Thomas Schreiner, *Interpreting the Pauline Epistles*, Grand Rapids: Baker, 1990. Ver especialmente el capítulo titulado «Tracing the Argument».

195. Graeme Goldsworthy, *Preaching the Whole Bible as Christian Scripture*, Grand Rapids: Eerdmans, 2000. «La predicación involucra una transferencia del punto central del pasaje a los oídos de los oyentes» (p. 150).

196. Greidanaus, *op. cit.*, p. 147.

197. M. A. Powell, *What is Narrative Criticism?* Minneapolis: Fortress, 1990, p. 23.

198. Para una mayor explicación de esto y mucho más, ver Bruce Waltke, *Genesis*, Grand Rapids: Zondervan, 2001, pp. 31-43.

199. Ver David Dorsey, *The Literary Structure of the Old Testament: A Commentary in Genesis – Malachi*, Grand Rapids: Baker, 1999, pp. 1-46.

200. Si quieren ver qué tanto la predicación se beneficia de todo ese trabajo exegético, lean el sermón de Bruce Waltke que lleva por título «Reflections on Retirement from the Life of Isaac», en CRUX 32, no. 4 (1996): 4-14.

201. Un maestro en encontrar el balance es J. Barrie Shepherd. Ver, por ejemplo, su *Encounters: Poetic Meditation on the Old Testament*, New York: Pilgrim Press, 1983. Ver también Steven D. Mathewson, *The Art of Preaching Old Testament Narrative*, Grand Rapids: Baker Academic, 2002.

202. Elizabeth Achtemeier, *The Old Testament and the Proclamation of the Gospel*, Philadelphia: Westminster Press, 1973, p. 139. Con mis acotaciones.

203. Algunos de los mejores son *The Anchor Bible Dictionary*, ed. D. N. Freedman, 5 vols., New York: Doubleday, 1992; *Dictionary of Biblical Imagery*, ed. Leland Ryken, James C. Wilhoit y Tremper Longman III, Downers Grove, Ill.: InterVarsity Press, 1998; D. E. Gowan, *Theology of the Prophetic Books: The Death and Resurrection of Israel*, Louisville, Ky.: Westminster John Knox, 1998; Victor Matthews, *Social Work of the Hebrew Prophets*, Peabody, Mass.: Hendrickson, 2001; Iain Provan. V. Philips Long y Tremper Longman III, *A Biblical History of Israel*, Louisville, Ky.: Westminster John

Knox, 2003; William Sanford LaSor, David Allan Hubbard y Frederic W. Bush, *Old Testament Survey: The Message, Form, and Background of the Old Testament*, 2ª. ed., Grand Rapids: Eerdmans, 1996.

204. Michael Green, *I Believe in the Holy Spirit*, Grand Rapids: Eerdmans, 1977, p. 169.

205. Un predicador que hace esto muy bien es Mardi Dolfo-Smith, de la iglesia Tenth Ave Alliance Church, en Vancouver, B.C., www.tenth.ca

206. Hans Walter Wolff, *Confrontation with Prophets*, Philadelphia: Fortress, 1983, p. 35.

207. Barry G. Webb, *The Message of Isaiah*, The Bible Speaks Today, Downers Grove, Ill.: InterVarsity Press, 1996, p. 12

208. Cátedra en Teología del Antiguo Testamento, Fuller Theological Seminary, 1971.

209. George Beasley-Murray, *Preaching the Gospel from the Gospels*, Peabody, Mass.: Hendrickson, 1996), p. 27.

210. *Ibid.*, p.9. Énfasis mío.

211. *Ibid.*

212. Recursos para estudiar los sermones en el Libro de los Hechos: F. F. Bruce, *The Speeches in the Acts of the Apostles*, London: Tyndale, 1941; Colin J. Hemer: «The Speeches and Miracles in Acts», en *The Book of Acts in the Setting of Hellenistic History*, Tübingen: J. C. B. Mohr (Paul Siebeck), 1989; W. Ward Gasque, «The Book of Acts and History», en *Unity and Diversity in New Testament Theology: Essays in Honor of G. E. Ladd*, ed. Robert A. Guelich, Grand Rapids: Eerdmans, 1978, pp. 54-72; Richard Longnecker, *The Acts of the Apostles: Introduction, Text and Exposition*, Expositor's Bible Comentary, ed. Frank Gaebelein, Regency Reference Library, Zondervan, 1981, pp. 212-214, 229-231; Bruce W. Winter y Andrew D. Clarke, eds., *The Book of Acts in its Ancient Literary Setting*, The Book of Acts in Its First-Century Setting 1, Grand Rapids: Eerdmans, 1993; Ronald E. Osborn, *The Folly of God: The Rise of Christian Preaching*, St. Louis, Mo.: Chalice Press, 1999, sostiene que los discursos/sermones en el Libro de los Hechos son «los grandes momentos» porque Lucas entiende el poder de lo oratorio-retórico: «Antes que narrar el avance del cristianismo, escribe los triunfos de la Palabra de Dios» (p. 788); John. R. W. Stott, *The Message of Acts: The Spirit, the Church and the World*, Downers Grove, Ill.: InterVarsity Press, 1990, pp. 69-72, 79-81.

213. Citado por Philip Jenkins en *The New Faces of Christianity: Believing the Bible in the Global South*, Oxford: Oxford University Press, 2006, p. 18.

214. Leer G. Campbell Morgan, *Studies in the Four Gospels*, 4 vols., Westwood, N.J.: Fleming H. Revell, 1927, para observar la práctica de un predicador con atención.

215. Richard Bauckham, *The Climax of Prophecy*, New York: T&T Clark, 1993, p. ix.

216. J. J. Collins, «Introduction: Toward a Morphology of a Genre», Semeia 14, 1979: 9.

217. Richard Bauckman, *The Theology of the Book of Revelation*, Cambridge: Cambridge University Press, 1993, p. 8.

218. Bruce Metzger, *Breaking the Code*, (Nashville: Abingdon, 1993, p. 82.

219. Ver especialmente el trabajo de G. K. Beale, *The Book of Revelation*, New International Greek Testament Commentary, Grand Rapids: Eerdmans, 1999, pp. 77-99.

220. Michael Wilcox, *I Saw Heaven Opened*, Downers Grove, Ill.: InterVarsity Press, 1975.

221. Paul Spilsbury, *The Throne, the Lamb and the Dragon*, Downers Grove, Ill.: InterVarsity Press, 2002, p. 50.

222. Ver mi *Discipleship on the Edge: An Expostional Journey Through the Book of Revelation*, Vancouver, B.C.: Regent College Publishing, 2004.

223. Ver John Goldingay, *Models of Scripture*, Grand Rapids: Eerdmans, 1994, para una perspectiva útil a las «formas» diferentes de Escritura y la manera en las que nos hablan.

224. Nota del editor: El original dice «strangely warmed», que se refiere a la experiencia que tuvo John Wesley el «Día de Aldersgate», en donde experimentó una reafirmación de la seguridad de su salvación y que fuera clave para el inicio del movimiento metodista.

225. Ronald Allen, *Interpreting the Gospel: An Introduction to Preaching*, St. Louis, Mo.: Chalice Press, 1998, pp. 153-176.

226. Thomas Long, *The Witness of Preaching*, Louisville, Ky.: Westminster John Knox Press, 1989, p. 166.

227. Helmut Thielicke, *Prolegomena: The Relation of Theology to Modern Thought Forms*, The Evangelical Faith, trad. por Geoffrey W. Bromiley, Grand Rapids: Eerdmans, 1977, 1:130-133. Se han publicado, además, cuatro series adicionales de sermones de Thielicke, todas ellas por

James Clarke & Co., en Cambridge, Inglaterra, traducidas por John W. Doberstein: *How the World Began: Sermons on the Creation Story*; *Life Can Begin Anew: Sermons on the Sermon on the Mount*; *Prayer That Spans the World: Sermons on the Lord's Prayer*; y *The Waiting Father: Sermons on the Parables of Jesus*.

228. Charles Haddon Spurgeon, *Psalm I to LXXXVII*, The Treasury of David, Nashville: Thomas Nelson), 1:46.

229. *Ibid.*

230. Nota del editor: La cita del salmo que Spurgeon usa para esta ilustración es el 5.2-3, donde aparece el verbo en cuestión (*araj* = presentar, colocar). Pero, el lector deberá tener presente que en la época del gran predicador Spurgeon (e incluso hasta nuestros días) el método etimológico (estudio de palabras) dominaba el estudio de la Biblia y, por ende, se tendía y aún se tiende a elaborar alegorías (muchas veces fantasiosas pero piadosas) a partir de términos tan sencillos como el anteriormente mencionado.

6

El sermón
El orden y la oralidad

Tal como lo indiqué anteriormente, hay dos aspectos de la presentación del contenido que hemos ido descubriendo en el proceso devocional, exegético y hermenéutico. Se trata del orden y la oralidad: un flujo definido y figuras literarias destinadas al oído.

Con la audacia que lo caracterizaba, Martin Lutero nos recuerda que «la fe es un evento acústico».[231] Es obvio que Lutero tan solo sigue al apóstol Pablo: «…la fe viene como resultado de oír el mensaje, y el mensaje que se oye es la palabra de Cristo» (Ro 10.17). Lutero es aún más explícito: «mete tus ojos en tus oídos».[232] El paso homilético consiste en presentarle al oído la verdad del pasaje. Como dije anteriormente, hay dos tareas de suprema importancia: ordenar el sermón para el oído y usar figuras literarias que faciliten que el oído oiga.

Consideremos estos dos aspectos en detalle.

Orden

«Los seres humanos necesitan y valoran la clase de comunicación que sea ordenada y organizada», escribe David Dorsey en su estudio extremadamente útil, *The Literary Structure of the Old Testament*.[233] Ya sea un libro, una carta, una receta, un informe de prensa (impreso o en Internet), una conferencia o un sermón, todos necesitamos y valoramos una presentación ordenada del contenido. El cerebro humano está diseñado para el orden. Un ordenamiento claro del contenido de un sermón facilita su presentación.

Para Bryan Chapell «un sermón bien planificado comienza con un buen bosquejo: un camino lógico para la mente».[234] Con el término *bosquejo*, ni Chapell ni yo queremos necesariamente decir que se debe tener una estructura del tipo «uno, dos, tres». Al decir que el camino debe ser *lógico,* no queremos afirmar tampoco que tenga que ser solamente lineal. Al igual que otros maestros de la predicación, Chapell reconoce que las ideas fluyen una tras otra de diversas maneras: «A medida que los predicadores vayan madurando irán descubriendo que los "movimientos" retóricos, las "tramas" homiléticas, las "imágenes" plenas de conceptos, las transiciones bien pensadas, las ideas implícitas, y demás recursos pueden a menudo sustituir la formulación de los puntos de un bosquejo».[235] Sin embargo, siempre habrá la necesidad y el deseo de un flujo claro de pensamientos. Chapell continúa diciendo que «los buenos bosquejos aclaran las partes y el desarrollo del sermón» para la mente y el ojo del predicador, pero también, y principalmente, para la mente y el oído del oyente.[236] En relación con los propósitos y las ventajas de buenos bosquejos, Chapell sugiere lo siguiente:

> Unidad: «cada característica se relaciona con el punto central del sermón»
>
> Brevedad: «perchas de las que penden toda la información adicional»
>
> Armonía: «hitos o puntos de referencia»
>
> Simetría: el oído «anticipa» esto
>
> Progresión: la sensación de avance hacia algún lugar
>
> Distinción: cada parte nos hace avanzar
>
> Culminación: alcanzaremos la meta final[237]

Desde luego que hay una gran variedad de bosquejos de sermones. El obispo William Quayle tenía razón cuando dijo: «La deprimente noción respecto a que todos los sermones deben elaborarse siguiendo un mismo molde es tan insensata como afirmar que todas las plantas deben ser iguales. Cada especie debe ser diferente. A Dios no le agrada la monotonía. Le encanta la variedad. Cada pasaje bíblico posee una vocación particular de extender sus propias raíces, erigir su propio tallo, crecer sus propias ramas, lucir su propio follaje y, a su debido tiempo, dar su propio fruto».[238] Thomas Long identifica al menos once alternativas distintas, cada una de los cuales me han servido y han resultado ser efectivas.[239]

1. Si esto… luego esto… y por tanto esto.
2. Esto es cierto… de esta manera… y también de esta otra… y también de esta tercera.

3. El problema es este… la respuesta del evangelio es esta… las consecuencias son estas.

4. La promesa del evangelio es esta… así es cómo podríamos llevar a la práctica esa promesa.
   (Indicativo-imperativo).

5. La situación histórica es esta… esto es lo que significa para nosotros ahora.
   «En aquel tiempo… el día de hoy».
   «Hoy… luego… hoy».

6. Esto no… ni esto… ni esto… tampoco esto… sino esto.

7. La opinión predominante es esta… pero el evangelio afirma esto.

8. Tenemos esto… ¿pero y qué de aquello?… bien, entonces esto… sin embargo, ¿qué de aquello?

9. Hubo una vez.

10. Tengo una carta.[240]

11. ¿Esto?… ¿O aquello?… Tanto esto como aquello.[241]

También tenemos el método «comprobado» que se nos enseñó a usar al principio de nuestro ministerio de predicación. Incluso algunos lo siguen usando luego de varias décadas. Es un método que continúa aportando sus frutos de una manera clara, nítida y accesible:

Introducción: del pasaje que ha de ser leído y expuesto.
Lectura del pasaje: prestándole la misma atención que se le da al sermón
Introducción: del punto principal, la idea homilética
Desarrollo: del punto principal (idealmente tal como el pasaje lo hace)
Desarrollo del primer punto
    Primera ilustración
Desarrollo del segundo punto
    Segunda ilustración
Desarrollo del tercer punto
    Tercera ilustración
Consecuencias/ejecución (puede ocurrir también en cada uno de los tres desarrollos)

Bryan Chapell logró modificar esta forma tradicional sugiriendo que el sermón se construya en torno a un movimiento básico,

«Porque por Dios, debemos hacerlo».[242] Dado que Dios ha obrado, obra u obrará en Jesucristo (y que cada pasaje lo anuncia), debemos obrar (de cierta manera consecuente con lo que el pasaje enseña). Entonces Chapell propone lo siguiente.

Leer el pasaje
  Presentar el problema («Enfoque en la condición caída»)
  y la respuesta de Dios («Enfoque en la redención»)
Cuerpo del sermón
  Puesto que Dios…
    1. Debemos…
       Ilustración
    2. Debemos…
       Ilustración
    3. Debemos…
       Ilustración
Conclusión

Valoro lo que Chapell hace con ese formato. Quiere estar seguro de que el sermón marque realmente una diferencia en la vida diaria del oyente. Dios ha obrado, obra u obrará al respecto, y no podemos sencillamente seguir con nuestras vidas luego de haber escuchado las buenas nuevas. Sin embargo, y en el próximo capítulo me ocuparé de ello, no todos los pasajes requieren un «debemos». Algunos anuncian un «podemos»; otros, un «no necesitamos»; otros un «hay» o un «somos». El cuerpo del sermón también puede, entonces, tomar una forma como la siguiente:

Porque Dios…
    1. Podemos…
       Ilustración
    2. Podemos…
       Ilustración
    3. Podemos…
       Ilustración

Porque Dios…
    1. No necesitamos…
       Ilustración

    2. No necesitamos…
      Ilustración
    3. No necesitamos…
      Ilustración

Porque Dios…
    1. Hay…
      Ilustración
    2. Hay…
      Ilustración
    3. Hay…
      Ilustración

Porque Dios…
    1. Somos…
      Ilustración
    2. Somos…
      Ilustración
    3. Somos…
      Ilustración

Porque Dios…
    1. Somos…
      Ilustración
    2. Podemos…
      Ilustración
    3. Debemos…
      Ilustración

Algunos pasajes incluso nos excluyen y a nuestras acciones, de la escena. Algunos pasajes sencillamente se ocupan solo de Dios. Consideren, por ejemplo, a Romanos 3.21-26. En este caso, la forma homilética básica sería:

Puesto que Dios…
    1. Dios…
      Ilustración
    2. Dios…
      Ilustración

3. Dios…
   Ilustración

Este método sencillo y «comprobado», con sus variaciones, goza de una larga y abundante trayectoria. John R. W. Stott lo usó de manera efectiva. James S. Stewart le dio uso en cada uno de sus sermones que he leído, en los que simplemente introducía variantes a las formas en que redactó los puntos secundarios. Charles Spurgeon aprovechó igualmente este método. Lo mismo hizo Juan Crisóstomo y también Jesús de Nazaret, el predicador.

Consideren, por ejemplo, el sermón sobre «el pan de vida» que Jesús predicó en la sinagoga de Capernaúm y que Juan 6.32-58 registró para nosotros. El erudito sueco del Nuevo Testamento, Pedar Borgen, sostiene que los sermones de las sinagogas del primer siglo seguían la siguiente forma básica:[243]

Se lee un pasaje (generalmente de un ciclo de lecturas)[244]

El pasaje tiene un número de palabras o frases: a, b, c

El predicador del día vuelve a exponer el pasaje en sus propias palabras: a', b', c'

Luego, el predicador comenta o expande cada una de estas palabras o frases, una por una.

   a'
   b'
   c'

A veces se citan otros pasajes bíblicos en cada una de estas secciones. Luego, el predicador vuelve a exponer el pasaje e incluye otros matices. El «sermón del pan de vida» que Jesús proclamó, sigue este patrón básico:

Jesús recibe el pasaje bíblico de parte de la gente que se ha reunido con ocasión de la Pascua: Éxodo 16.4, 15 (Juan 6.31).

(Se trata de uno de los pasajes «prescritos» para la Pascua).

«Nuestros antepasados comieron el maná en el desierto, como está escrito: "Pan del cielo les dio a comer"».

   a: pan
   b: del cielo
   c: comer.

Jesús vuelve a exponer el pasaje con sus propias palabras.

Jesús aclara que aquel que proporcionó el pan fue Dios, no Moisés.

Aclara, además, que Dios no solamente «dio» el pan, sino que «sigue dándolo».

Jesús luego reafirma: «El pan de Dios es el que baja del cielo y da vida al mundo» (Jn 6.33).

A continuación, Jesús se pronuncia respecto a cada una de las tres palabras del pasaje:

a' pan: «Yo soy el pan de vida» (Jn 6.35-40).

b' del cielo: «…que bajó del cielo» (Jn 6.41-51).
Cita a Isaías 54.13 (que también se leía en la Pascua): «A todos los instruirá Dios» (Jn 6.45).

c' comer: «… si no comen la carne del Hijo del hombre» (Jn 6.52-57).

Jesús, entonces, vuelve a exponer el pasaje con sus propias palabras:

«Este es el pan que bajó del cielo. Los antepasados de ustedes comieron maná y murieron, pero el que come de este pan vivirá para siempre» (Jn 6.58).

Esta sencilla estructura me ayuda a apreciar por qué Juan pudo recordar este sermón y escribirlo para nosotros (es probable que solo nos haya compartido el contenido esencial de lo que pudo haber sido una enseñanza más larga). Esta sencilla estructura debería alentarnos a los predicadores de hoy en día a no sentir que debemos ser más sofisticados en nuestra predicación. (Obviamente, tampoco debemos sentir la obligación de ceñirnos a este formato).

A continuación, ofrecemos una versión ampliada del bosquejo básico y «comprobado» de un sermón.

1. *Una breve introducción a la lectura del pasaje.* (Los que pertenecen a tradiciones que siguen las lecturas del Año Litúrgico se les hace más fácil: «Nuestro pasaje para hoy es…» ¡Qué bien! Volvamos al punto). La introducción responde a la pregunta que el oyente implícitamente, a veces explícitamente, se hace: «¿por qué debo prestarle atención a este pasaje?» Y la introducción responde:

«Sé en qué mundo estamos viviendo en este momento». Queremos, en lo posible, usar expresiones e imágenes que sean congruente con las expresiones e imágenes del pasaje; no queremos ir en contra de la dirección lingüístico-imaginaria del pasaje.

2. *La lectura del pasaje*. Debe leerse a partir de la Biblia misma, no desde una hoja de papel ni de la pantalla donde se ha proyectado. Queremos comunicar una y otra vez, en todas las formas posibles, que somos el pueblo de la Biblia. Valdría la pena que practiquemos la lectura del pasaje para que se escuche con claridad.

3. *Oración por iluminación y guía*.

4. *Introducción al punto principal del sermón, que es el punto principal del pasaje*. Insisto en que debemos usar expresiones e imágenes qué sean congruentes con las del pasaje. (Por tanto, si en este caso usamos una historia, debemos expresarla de tal manera que los oyentes lleguen a conectarse con la manera de pensar y el mundo del pasaje). Queremos dejar en claro la «idea principal» y hacerlo tan concisamente como nos sea posible, de preferencia usando una oración completa con unas diez o quince palabras.

5. *Desarrollo del tema principal*. Idealmente, debe seguir la manera en que el pasaje se desarrolla, con puntos secundarios que usen expresiones e imágenes congruentes con el punto principal. Se podría usar el desarrollo de ideas, razonamientos y consecuencias, etc.

6. *Ilustrar cada uno de los puntos secundarios*. Una vez más, debemos prestar atención a la trayectoria de la ilustración para evitar que el oyente se distraiga del pasaje, sino que por el contrario, se profundice en este.

7. *Consecuencias/ejecución del tema principal*. Esto puede suceder, y es lo que naturalmente ocurre, a lo largo del camino. Cualquier «vayan y hagan lo mismo» del sermón se rige por el «vayan y hagan lo mismo» del pasaje. No necesitamos sentirnos de ninguna manera obligados a inventar algo que el oyente debe hacer, sino dejar que el pasaje sea nuestro guía. Si el pasaje exige que nos regocijemos, también lo hará el sermón; si el pasaje exige que nos arrepintamos, también lo hará el sermón; si el pasaje simplemente exige que nos quedemos quietos y no hagamos

nada, entonces también lo hará el sermón. Queremos dejar claro que cualquier imperativo se basa en un indicativo; que un buen consejo nace de manera natural de las buenas nuevas. No le pedimos a la gente que ponga en práctica alguna verdad; los estamos invitando a que formen parte de la verdad, de aquella nueva realidad moldeada por la verdad.[245] Idealmente, lo que queremos es mostrar que cualquier «vayan y hagan lo mismo» equivale a decir: «Confía en el Dios de este pasaje». Queremos que los oyentes se entreguen a Dios y no en sus propias habilidades.

Quizá una serie de ilustraciones nos sean de ayuda en este momento.

Tomen, por ejemplo, a Isaías 9.2-7, el gran pasaje de la Navidad. Imagínense predicándolo el domingo después de la Navidad.

Introducción a la lectura del pasaje.

¿Qué acabamos de celebrar? Se trata de una pregunta que vale la pena hacer porque en nuestra cultura, mayormente, volveremos a la rutina diaria como si nada concreto e importante haya pasado. Un niño nació. Pues bien; ¿cuáles son las consecuencias? ¿Qué diferencia marca ese acontecimiento? ¿En tu vida? ¿En mi vida? ¿En la vida de esta ciudad? ¿En la vida de nuestro mundo plagado de conflictos, impulsado por el miedo, y que anhela dirección y esperanza? ¿Qué es lo que acabamos de celebrar?

Los invito, en este domingo después de Navidad, a escuchar un pasaje que nos ofrece una de las respuestas más completas a nuestra pregunta. Es un pasaje que proviene del profeta Isaías. Es decir, surge de un tiempo anterior a los eventos que acabamos de celebrar. Son palabras que las han visto y oído muchas veces. Son palabras que han sido impresas en muchas tarjetas de Navidad y que se cantan en muchos de los villancicos más populares. Gracias a la obra maestra de George Friedrich Händel, el verso clave del pasaje ha sido inmortalizado en la música del mundo occidental: «Porque un niño nos ha nacido, un hijo se nos ha dado». Estoy seguro de que justo ahora, cuando pronuncio esas palabras, muchos de ustedes ya están tarareando el inmortal «Mesías» de Händel en sus cabezas «Porque un niño». «...nos ha nacido». «Porque». La palabra clave es esa pequeña palabra, *porque*. «Porque un niño nos ha nacido».[246]

Escuchen ahora la palabra de Dios. Isaías 9.2-7.

Lectura del pasaje

Introducción al cuerpo del sermón.
Después de la lectura, desarrollaría algunos de los antecedentes históricos del pasaje. En particular, trataría de que los oyentes sientan un temor similar al que la gente de los tiempos de Isaías sufrieron. La superpotencia mundial de aquel entonces estaba ya a las puertas de Judá y esta era incapaz de enfrentársele. Sin embargo, por medio de Isaías, Dios consuela a la gente diciéndole que no tenga temor. ¿Por qué? «Porque un niño nos será nacido». «Porque un niño nos será dado».

En este punto, procuro que los oyentes se den cuenta de que el «porque» de Isaías 9.6 señala lo prometido en Isaías 9.2-5. Luego, me dirijo al punto principal, al tema homilético: «Porque el Niño ha nacido, todo ha cambiado; porque el hijo nos ha sido dado, tenemos esperanza a pesar del temor».

Cuerpo del sermón.
Porque el niño ha nacido:
1. La luz brilla en la oscuridad (Is 9.2)
   Desarrollarlo
2. El gozo surge a pesar de la oscuridad (Is 9.3)
   Desarrollarlo
3. La libertad se abre camino a través de la opresión (Is 9.4)
   Desarrollarlo
4. La paz supera el conflicto (Is 9.5)

Transición.
¿Por qué sucede esto?
¡Por la identidad del niño, porque es el hijo y lleva todos los nombres!
   Maravilloso
      Explicación
   Consejero
      Explicación
   Dios fuerte
      Explicación
   Padre eterno

Explicación
Príncipe de Paz
Explicación

Transición.
¿Y quién es este niño?
Examinen todas las posibilidades que ofrece la palabra profética de Isaías.
Nadie encaja en ese perfil.
Efectivamente, nadie, hasta esa noche cuando el cielo de la medianoche se llenó de voces angelicales que cantaban,
«No tengan miedo… hoy les ha nacido un Salvador».

Puesto que Jesucristo, el Niño, el Hijo, ha nacido y nos ha sido dado y a él se la ha concedido que «el gobierno esté sobre sus hombros» (Is 9.6):
1. Podemos conocer la luz en medio de la oscuridad.
2. Podemos conocer la alegría en medio de la penumbra.
3. Podemos conocer la libertad en medio de la opresión.
4. Podemos conocer la paz en medio de la contienda.

Ejecución/consecuencias.
¿En qué área de tu vida necesitas darle «el gobierno» hoy? Todo cambia cuando se le da acceso y control al Maravilloso, Consejero, Dios Fuerte, Padre Eterno y Príncipe de la Paz. Invítalo a que entre en medio de la oscuridad. Invítalo a que entre en medio de la penumbra. Invítalo a que entre en medio de la opresión. Invítalo a que entre en medio de la contienda.
«Porque nos es nacido». «Porque nos es dado». Todo puede llegar a ser diferente.

Este pasaje y sus abundantes promesas bien puede prestarse para desarrollar una serie de sermones. Uno podría tomar una de las cuatro consecuencias del «niño» que ha nacido y desarrollarla más mostrando cómo los nombres, los atributos de Jesús, hacen posible ese acontecimiento.

Un ejemplo más podría ayudarnos a completar este énfasis respecto a adecuar el sermón al oído.

Consideremos Efesios 5.15-21, un pasaje que se adecúa a cualquier domingo, pero especialmente para después de Pentecostés, la celebración de la venida del Espíritu Santo.[247] Supongamos que estamos predicando una serie completa de sermones sobre Efesios y que hemos llegado al pasaje de 5.15-21.

Introducción a la lectura del pasaje.
Justo en estos momentos nos encontramos abriéndonos paso a través de uno de los documentos más poderosos de la literatura humana. En las últimas semanas hemos avanzado a lo largo de una carta escrita desde la prisión, pero extrañamente, ¡una carta tan llena de vida! Estamos en la carta que el apóstol Pablo escribió desde la prisión a los creyentes en la ciudad de Éfeso durante el primer siglo. Les confieso que me entusiasma saber lo que esta carta está haciendo en sus vidas. Muchos de ustedes han manifestado que se han sentido «reavivados», algunos por primera vez, otros que han tenido un nuevo despertar a la vida y al amor del Dios trino a quien Pablo rinde homenaje en esta carta.

Hoy llegamos a la parte en la que esta epístola explica las razones por las qué experimentamos esto. Nuestro pasaje de hoy es Efesios, capítulo 5, del versículo 15 al 21. Justo a la mitad del pasaje se encuentra la clave, que nos dice por qué carta está llena de vida, y por qué muchos de nosotros estamos experimentando una nueva vida. Esta clave aparece como una exhortación: «Sean llenos del Espíritu».

Escuchen ahora la palabra de Dios.

Lectura del pasaje.

Introducción al punto principal, el «tema homilético».
El pasaje está lleno de vida. Es una vida que quiero vivir.

El pasaje comienza con «así que». En el griego original, es la sexta conjunción que aparece en Efesios. Es decir, que es la sexta consecuencia lógica principal, que describe el hecho de haber sido incorporado a la gracia de Dios en Jesucristo.

Revisión.
Hemos visto que la carta tiene dos mitades de casi la misma longitud: capítulos 1-3 y capítulos 4-6. En los capítulos 1-3, Pablo nos explica «la gloria de la gracia de Dios. En los capítulos 4-6, «el camino de la gracia de Dios». En la primera mitad del libro,

Pablo nos muestra lo maravilloso de lo que Dios en su gracia y en Jesucristo ha hecho por nosotros y por todo el cosmos. Luego, en la segunda mitad, nos muestra el aspecto cotidiano que tiene una vida que ha sido capturada por esa gloriosa gracia. La segunda mitad comienza con la afirmación: «Por eso yo, que estoy preso por la causa del Señor, les ruego que vivan de una manera digna del llamamiento que han recibido» (Ef 4.1). Luego de habernos mostrado el gran panorama de la gracia de Dios, nos muestra cómo vivir en esa gracia.

Por tanto, en la segunda mitad de la carta encontramos esta expresión: «así que». Dios ha obrado, así que nosotros obramos. Dios nos ha llamado a esta gracia exuberante, así que, vivamos en ella, vivamos de una manera coherente. Vivamos en la extraordinaria gracia de Dios.

Observen ahora que, en este pasaje, luego del «así que», Pablo ofrece una serie de seis exhortaciones una tras otra. Estoy seguro de que ustedes se han dado cuenta que las ha presentado en tres pares de exhortaciones. Con toda seguridad se pueden dar cuenta que los pares siguen un patrón general de «no, sino». No hagas esto, sino haz esto. Tres veces: no esto, sino esto.

> Así que tengan cuidado de su manera de vivir.
> No vivan como necios, sino como sabios…
> No sean insensatos, sino entiendan cuál es la voluntad
> del Señor.
> No se emborrachen con vino…
> Al contrario [sino], sean llenos del Espíritu. (Ef 5.15-18)

Lo que quiero decirles hoy es que esta serie de exhortaciones nos lleva a la exhortación final. Es decir, la exhortación clave es «sean llenos». «Sean llenos del Espíritu Santo».

«Tengan cuidado de su manera de vivir. No vivan como necios, sino como sabios».

De acuerdo, pero ¿qué significa?

«No sean insensatos, sino entiendan cuál es la voluntad del Señor».

De acuerdo, pero ¿de qué se trata es esa voluntad?

«No se emborrachen con vino, sino sean llenos». «Llenura» es lo que están tratando de conseguir emborrachándose. «Sean llenos del Espíritu Santo». Caminar sabiamente, caminar en la voluntad del Señor, no es otra cosa que estar lleno, lleno del Espíritu de Dios, lleno de la tercera persona de la Trinidad, lleno de la misma vida de Dios, que llenó y motivó al Señor Jesús cuando vivió en esta tierra como uno de nosotros.

«Ser lleno». De esto se trata el punto principal de este pasaje. «Ser lleno». Es un verbo pasivo que da a entender que no es algo que podamos hacer por nosotros mismos. Es algo que debe hacerse por nosotros. No podemos llenarnos a nosotros mismos. Por esta razón Pablo se refiere a la embriaguez como «disolución» (RV1960). La llenura del vino se disuelve, se esfuma. Cuando tratamos de llenarnos con alguna sustancia esta se disuelve, pero no es así cuando Dios nos llena. Dios no se disuelve, no se esfuma.

Y cuando Dios nos llena, ¡miren lo que sucede! Pablo nos dice que en este pasaje suceden cuatro cosas. Y para ello, en el idioma original usa cuatro participios, en realidad cinco, pero dos de ellos forman un par.

(Lectores, ya pueden ver hacia dónde me dirijo).

Entonces, el cuerpo del sermón se vería así.
¿Qué significa «ser lleno del Espíritu Santo»?
¿Cómo sucede? (¿Formamos parte alguna en ello?)
Cuando Dios nos llena del Espíritu Santo:
1. Nos animamos unos a otros
   Explicar, ilustrar
2. Cantamos y alabamos al Señor.
   Explicar, ilustrar
3. Damos gracias a Dios el Padre.
   Explicar, ilustrar
4. Nos sometemos unos a otros.
   Explicar, ilustrar (¡en esto consiste el gran milagro de la gracia de Dios!)

Ejecución/consecuencias.
(Estoy convencido de que la parte que nos toca «hacer» es dejar que Dios nos llene. Considerando la manera en que Pablo ha escrito este pasaje, sería un error de parte de los predicadores hacer una lista de cosas «por hacer». El pasaje nos coloca en una

situación totalmente dependiente de Dios, para llevar a cabo solo lo que él puede hacer.)

El orden es la primera clave para «empaquetar» un sermón y lograr que los oyentes logren escucharlo. La segunda clave es la oralidad. La primera clave es el secreto para lograr la segunda clave. Organizamos el mensaje con el propósito de que este sea oído; el orden fluye cuando su estructura está dirigida al oído.

Oralidad

Al inicio del capítulo cité a David Dorsey: «Los seres humanos necesitan y valoran la clase de comunicación que sea ordenada y organizada». En el contexto de su debate sobre la literatura bíblica, sostiene que esta fue escrita para ser oída, incluso cuando se la lee. «La Biblia fue escrita para una cultura oral; antes de que se viera su mensaje, este era oído; tenía como fin ser leído en voz alta».[248] Dicho sea de paso, la mejor manera de oír el mensaje del último libro de la Biblia, la revelación de Jesucristo en el Apocalipsis, es leyéndolo en voz alta. «Dichoso el que lee y dichosos los que escuchan las palabras de este mensaje profético» (Ap 1.3). Se necesitan unos noventa minutos para oír la lectura del libro, pero vale la pena el tiempo para escuchar lo que es difícil de ver.

Luego, Dorsey aborda un asunto crucial para la predicación. Puesto que la Biblia fue escrita para una cultura oral, «el pasaje escrito tuvo que recurrir a cierta "tipografía oral"».[249] Los autores se vieron obligados a utilizar «señales estructurales que fueran perceptible para sus oyentes», señales orientadas más al oído que al ojo.[250] Los predicadores también deberían sentirse obligados a hacer lo mismo. Es imperativo que escribamos para el oído; debemos dirigirnos al oído.[251]

Volvamos a Martín Lutero: «La fe es un evento acústico». «Mete tus ojos en tus oídos». Y aún más audazmente: «El que no capta las cosas con sus oídos, sino que quiere mirar con los ojos, está perdido».[252] Lutero no está menospreciando la percepción visual, ¡en lo absoluto! ¿Cómo podría hacerlo? ¿Qué sería la vida sin mirar? Lo que él sencillamente observa es que los seres humanos estamos programados de forma tal que, en última instancia, logramos ver cuando oímos. Al final, es la palabra hablada lo que nos permite ver realmente lo que estamos viendo.

Tomemos como ejemplo la cena del Señor. Alguien que no sepa nada al respecto entrará al lugar de reunión y verá en la mesa un pan y una copa de vino. Quizá les llame la atención el olor del pan o el reflejo de la luz en la copa de vino. Esa persona verá que todos se reúnen alrededor de la mesa, y que aparentemente experimentan algo relacionado con el pan y el vino. Aquella persona mirará mucho, pero no verá… hasta que la palabra se pronuncie. «Este es mi cuerpo entregado por ustedes… esta copa es el nuevo pacto en mi sangre». Cuando se pronuncia la Palabra, lo que se ve se logra comprender. Es el elemento auditivo lo que finalmente le da sentido a lo visual. Somos seres programados para lo acústico.

A inicios de este siglo XXI, son muchos los que dicen que somos una cultura visual. Presentan como razón el prominente papel que juegan la televisión y el cine. Sin embargo, el poder de una película no está solo en las imágenes que proyecta, sino también en sus sonidos. Quítenle el elemento musical, por ejemplo, y verán si queda alguien que aún quiera disfrutar esa película. Quítenle el diálogo y muy pocos querrán mirar. Las escenas finalmente se llegan a ver cuando se las oye; las imágenes finalmente cobran sentido cuando se las oye. He observado a predicadores que proyectan extractos de películas en sus sermones, algo que es válido. Sin embargo, me he dado cuenta que la parte de la película que se presenta solo tiene sentido para el sermón por su diálogo. Por supuesto, si simplemente se proyectara el diálogo sin su contraparte visual el ejercicio no tendría tanto sentido; pero si se proyectara lo visual sin el audio, no tendría ningún sentido, o muy poco. (Curiosamente, luego de escribir los párrafos anteriores, bajé las escaleras para tomar un descanso, recogí la sección de entretenimiento del periódico y leí la reseña de una de las películas más recientes. El crítico describía la película como «poco original, aburrida y absolutamente sin encanto». Y luego aparecía este renglón: «lo que nos recuerda que, incluso en un medio visual como el cine, si al principio no tienes nada que decir, no hay mucho que ver al final»).[253]

¿Por qué ha de ser así? Esto se debe a las diferentes formas en las que operan la vista y el sonido. Walter Ong, en su obra ahora clásica *Orality & Literacy: The Technologizing of the Word*, escribe: «La vista aísla, el sonido incorpora».[254] Ong no pretende menospreciar la vista. Sencillamente ha logrado observar cómo funcionan la vista y el sonido. «Mientras que la vista sitúa al observador fuera de lo que este ve y lo ubica a cierta distancia, el sonido inunda al oyente».[255] Ong, sin duda, está describiendo cómo es que esto funciona para mí. «El sonido inunda al oyente». Inunda por completo, incluso si el sonido proviene de un solo lugar. «La visión llega al ser humano desde una sola dirección a la vez: para mirar una habitación o un paisaje, debo mover los ojos de una parte a la otra. Cuando oigo, sin embargo, recojo el sonido simultáneamente desde todas las direcciones a la vez».[256] El sonido nos envuelve y nos ubica en el centro. Por esta razón nos gusta tanto el sonido envolvente de alta fidelidad. Ong escribe: «Uno podría sumergirse en lo que oye, en el sonido. Asimismo, sería imposible sumergirnos en lo que vemos».[257]

El sermón se convierte en tal cuando lo escuchamos en algún espacio determinado. El sermón cobra vida cuando lo que hemos estado visualizando (es decir, lo escrito) se vuelve audible (es decir, lo hablado). Insisto en que no estoy despreciando el medio escrito: ¡Me he pasado muchas horas escribiendo este libro! Es solo que, en última instancia, la palabra escrita no cumple su propósito sino hasta que se la escuche. ¿Seré acaso el único cuyos labios se mueven cuando leo? ¿Seré acaso el único que mientras leo algo escucho los sonidos en mi cabeza? No lo creo. Así fuimos creados: al final vemos cuando oímos.

Así también funcionan las relaciones. Cuando hablamos, nos vamos conociendo el uno al otro con un grado cada vez más profundo. Efectivamente, podemos deducir mucho el uno del otro a partir de nuestros comportamientos. Y casi siempre vivimos de manera automática según lo que somos realmente. Pero, realmente no sabremos quién es el otro a menos que se comunique y hasta que hable. Walter Ong se refiere a la comunicación que proviene del interior de la persona; una palabra «es el llamado de un interior, por medio de un exterior, hacia otro interior».[258] De esto se trata la maravilla del evangelio: el Dios viviente ha decidido hablar, comunicarse desde su interior, y nos dice quién es él en su interior.

Al parecer hay una «jerarquía de los medios de comunicación».[259] Esta jerarquía es parte de lo que diferencia las culturas, especialmente las culturas hebreo/cristiana y la griega, de las que Occidente afirma ser heredera. Eugene Peterson, basándose en las ideas de Walter Ong, observa lo siguiente: «Los antiguos hebreos y griegos difieren en su principal orientación sensorial: los hebreos tenían la tendencia a creer que el entendimiento era una especie de acto auditivo, mientras que los griegos creían que dicho entendimiento era un acto visual».[260] En consecuencia, los griegos practicaron su religión de maneras muy visuales: estatuas de dioses y diosas, espacios sagrados impresionantemente esculpidos con la intención de impresionar y causar asombro, dramas literarios que representaban los encuentros entre los dioses y con los seres humanos. «En la cultura griega las deidades era objeto de contemplación y tema de conversación».[261] Los dioses eran ajenos a las vidas de la gente promedio y, por ello, se les conocía visualmente.

Sin embargo, la cultura hebrea/cristiana se formó a partir de eventos audibles. Hay dos eventos en particular: «El Dios invisible que se comunica con Moisés y su pueblo en Sinaí, y la palabra hecha carne en Jesús, el Cristo».[262] En lugar de centrarse en imágenes y estatuas a la usanza los griegos, los hebreos, seguidos por los cristianos, «escucharon al único Dios»… Cuando se reunían, no miraban una estatua ni veían una obra de teatro, sino que oían un mandamiento y respondían con una oración. La diferencia es radical y revolucionaria».[263] Esta diferencia siempre corre el peligro de diluirse.

Cuando se observa una estatua, uno tiene el control del evento; uno puede quedarse cuanto tiempo como se tenga disponible. Sin embargo, cuando se oye un mensaje, uno no tiene el control del evento; uno oye lo que se dice y responde a este, o el mensaje prosigue su rumbo. En el primer caso, el asunto gira en torno a si disfruto lo que veo; en el segundo, el asunto consiste en si llegaré a poner en práctica lo que he escuchado. Dejemos que Peterson nos explique las consecuencias de este asunto:

> Ellos [hebreos y cristianos] sabían cuán fácil sería para el
> apasionado acto de escuchar con obediencia diluirse en
> un divertido entretenimiento, y por ello se cercioraron
> de proteger su concentración auditiva. Lograron intuir
> que si se rodeaban de aquellas imágenes de dioses,

acabarían siendo reducidos a algo inferior a lo que ellos sabían con certeza que eran. La religión como entretenimiento es siempre más atractiva, pero también es menos auténtica. Se trata de algo muy inferior cuando se lo compara con la palabra.[264]

De esto se trata la principal afirmación del Salmo 19, salmo que celebra la revelación que Dios ofrece de sí mismo. David comienza con la revelación de Dios en lo que vemos alrededor: «Los cielos cuentan la gloria de Dios; y el firmamento proclama la obra de sus manos» (Sal 19.1). Pero luego David cambia a la Torá (que se ha traducido incorrectamente como «ley»). La palabra Torá se relaciona con el verbo que significa lanzar, como cuando se lanza una jabalina. La idea es que, en la Torá, Dios ha «arrojado» lo que está pensando y lo que él sabe, especialmente sobre la composición de la realidad; Dios nos ha «arrojado» la realidad interior de sí mismo, la cual en última instancia solamente podrá conocerse por medio de palabras. Versículo tras versículo, David celebra el poder vivificante de la palabra hablada: que restaura el alma, que hace sabio al simple, que trae regocijo al corazón e ilumina la vista. David no menosprecia en lo absoluto la revelación de Dios en la creación; sencillamente reconoce la «jerarquía de los medios de comunicación». El mensaje hablado ocupa el rango más alto porque la revelación por medio de la palabra no admite duda o equivocación. Por ello, Jacob Firet pudo afirmar: «Los siervos de Dios son gente que escucha; el pueblo de Dios es un pueblo que escucha. Nuestra religión cristiana es una religión de fe que viene por oír la palabra».[265]

¿Cómo podemos, entonces, los predicadores ocuparnos con mayor cuidado de la oralidad para que nuestros oyentes pueden realmente escuchar la Palabra? ¿Cómo podemos desarrollar la coordinación «entre el ojo y el oído» para que logremos formar parte de la obra de Dios y ayudar así a que la gente, por medio del oír, puede llegar a ver?

Un comunicador que se ha esforzado bastante en analizar este asunto es Robert Jacks. En dos libros prácticos, *Getting the Word Across: Speech Communication for Pastors and Lay Leaders*[266] y *Just Say the Word! Writing for the Ear*,[267] nos comparte lo que ha aprendido. En el segundo de estos libros, Jacks toma una serie de sermones escritos para la vista y los convierte en sermones prestos para el oído. Veamos un ejemplo:

Sermón original
¿Dios todavía tiene el control, incluso cuando sucede una tragedia? Por alguna razón, parece ser más fácil creer que Dios tiene mayor control de la vida cuando las cosas van por nuestro camino. Después de todo, ¿no es esto una señal segura de que estamos siguiendo la voluntad de Dios? ¿Qué sucede, sin embargo, cuando las circunstancias no siguen nuestro camino? ¿Significa ello que Dios nos ha abandonado? ¿Tiene Dios solo el control de los buenos eventos que suceden en nuestras vidas? ¿Puede Dios seguir controlando lo inesperado?[268]

Antes de seguir leyendo, ¿cómo volverías a escribir esto para el oído?
Así es como Jacks lo convierte de ojo a oído.

Nueva versión
¡La tragedia ataca!

Lo inesperado,
    que no se desea,
        inoportuno,
    que es impensable
        ¡acaba de pasar en tu vida!
Todo está fuera de control:
    tú mismo estás fuera de control,
        al borde del pánico,
            solo falta que te internen.

¿En qué va a terminar todo esto?
¿Cómo vas a superar todo esto?
¿A quién puedes recurrir en este mundo?
¿Quién tiene alguna respuesta?
A quién le importa, excepto, tal vez… Dios.
Y entonces comienzas a preguntarte:
¿Será que Dios todavía tiene el control?
¿Sabe Dios cómo manejar esta situación?

Jacks continúa con este estilo durante el resto del sermón.

Logra que el sermón se sienta más personal; convierte la rígida prosa en algo que suena más a un relato. Cambia los verbos pasivos a verbos activos, involucrando al oyente de una manera más directa. Les recomiendo su trabajo.

A lo largo del libro, Jacks ofrece lo que ha descrito como «Reglas para escribir para el oído». En total, aporta cincuenta reglas que nos las resume con humildad[269]: «Hagan con ellas lo que quieran».[270] Permítanme ofrecerles una lista las que creo que son especialmente útiles para nuestro caso:

> Escriban según la manera en que *hablan*, no la manera en que *escriben* (su regla número 3).
>
> La voz activa tiene más vida que la pasiva (6).
>
> Usen imágenes visuales, dibujen imágenes con palabras (7).
>
> No usen palabras rebuscadas cuando es suficiente una sencilla (8).
>
> Vayan al grano y eliminen información innecesaria o que se da por sentado (10).
>
> Hagan que sus ideas se conecten con la gente; usen el diálogo para generar dinamismo e interés; manifiesten sus emociones y a la misma vez ofrezcan información (11).
>
> Resalten lo positivo (17).
>
> Eviten los estereotipos (20).
>
> En lo posible, ofrezcan anécdotas de la vida real (22).
>
> Traten de usar verbos más dinámicos y descriptivos (28).
>
> La repetición puede ser efectiva cuando presenten nuevas ideas o refuercen las que son importantes, ya que «cimientan» las ideas (29).
>
> Usen preguntas retóricas para convertir el sermón de «monólogo» a «diálogo» (30).
>
> Usen preguntas en lugar de conjeturas: hagan que sus oyentes piensen junto con ustedes (31).
>
> Aprovechen la técnica de entonación en sus sermones, con cambios de tono, intensidad y duración de las palabras según el énfasis que se le quiera dar (34).
>
> Presten atención al ritmo de sus ideas, que sea un ritmo variado (35).
>
> Fíjense en la duración de las oraciones. ¿Son igual de fáciles cuando se las lee y se las pronuncia? (36)

> No se atasquen en el sermón: mantengan los pensamientos en movimiento (39).
>
> No traten de explicarlo todo. *Pecca fortiter* (ver nota) (44).[271]
>
> Comuníquense en primera persona (yo, nosotros) en lugar de segunda persona (tú, ustedes) con el fin de lograr un tono más personal (45).
>
> Prediquen como Jesús: demuestren más de lo que dicen (49).
>
> Prediquen a Jesús como lo haría un mendigo que le dice a otro mendigo dónde encontrar pan (50).

Permítanme agregar mis propias «reglas prácticas» para mejorar la predicación destinada al oído.

Si eligen un formato numerado, cumplan las expectativas del oyente. Si al comienzo del sermón anunciamos: «el día de hoy quiero resaltar tres puntos», el oído espera que digamos: «el primero es…» y luego, «el segundo es…» y finalmente, «el tercero es…». Por lo tanto, tenemos que cumplir con la promesa implícita. No debemos decir: «El primero es» y luego, «además» y luego, «el tercero es». Si hacemos esto, lograremos distraer a nuestros oyentes, que no van a prestar atención al comienzo del tercer punto porque se preguntarán a dónde se fue el segundo punto.

Si usamos el formato numerado (1, 2, 3) para todo el sermón, tengamos cuidado de que cuando lleguemos a desarrollar las secciones secundarias, evitemos usar el mismo formato; tendremos que usar un formato secundario (a, b, c). Si el oído escucha, «el día de hoy desarrollaré tres puntos», y luego debajo del punto dos escucha: «ahora tengo tres consideraciones», el oído se confundirá. Entonces, debemos mantener un formato para todo el sermón y otro para las secciones secundarias. Si uno quiere usar el mismo formato para los dos casos, hay que ayudar al oyente a entender esto (por ejemplo, «Quiero desarrollar tres puntos hoy. Debajo de cada punto voy a desarrollar dos consideraciones»). Quizás sea un tanto abrumador, pero al menos le habremos dicho al oyente lo que puede esperar.

Hablen usando oraciones cortas. Es decir, cuando escriban el sermón, intenten escribir oraciones que se pueda pronunciar en una sola exhalación. Escriban las oraciones cortas en renglones separados.

Por ejemplo: «Sé que la iglesia de Jesucristo en Occidente llegará finalmente a comprender la plenitud del Evangelio cuando Pentecostés llegue a ser una celebración tan grande como la Navidad y la Semana Santa». Me es imposible pronunciar esta oración completa con una sola exhalación. Así que vuelvo a escribir la oración de esta manera:

Sé
que la iglesia de Jesucristo
   en Occidente
llegará finalmente a comprender la plenitud del Evangelio
   cuando Pentecostés
      llegue a ser una celebración tan grande
        como la Navidad y la Semana Santa

A continuación, otro ejemplo tomado de la introducción a un sermón sobre Lucas 11.5-8:

«Señor, enséñanos a orar».
Es lo único que los primeros discípulos le pidieron a Jesús que les enseñara.
En ninguna parte aparece «enséñanos a dirigir»
   o «enséñanos a sanar»
     o «enséñanos a aconsejar»
       o «enséñanos a expulsar demonios»
         … ¡ni siquiera «enséñanos a predicar»!
   Tan solo «Señor, enséñanos a orar».
¿Por qué?
Porque los primeros discípulos se dieron cuenta que Jesús
   dirige,
     sana,
       aconseja,
         y predica
por su relación que él tenía con quien llamaba «Padre».
   Y se dieron cuenta
     que la clave de dicha relación era la oración;
       y que muchas veces Jesús solía orar a solas.
«Señor, enséñanos a orar», pedían los discípulos, ¡y nosotros también![272]

Cuando lean una oración, eviten ir súbitamente de derecha a izquierda para terminar de leerla. Por ejemplo:

Incorrecto: «El apóstol Pablo nos dice que "someternos los unos a los otros" requiere la obra del Espíritu de Dios».
Correcto: «El apóstol Pablo nos dice que
 "someternos los unos a los otros"
 requiere la obra del Espíritu de Dios».

Procuremos que nuestros ojos y nuestra boca «se muevan en la misma dirección». Es fácil perderse cuando nuestros ojos tienen que girar súbitamente hacia la izquierda cuando nos hemos estado moviendo hacia la derecha.

Limiten el número de palabras impresas que aparecen en cualquier página del manuscrito. Escribir el sermón en un tamaño de letra normal producirá demasiadas palabras que el ojo no podrá seguir. Lo ideal es mirar la página y al instante poder seguir con la vista las palabras que estamos predicando. Cuando hay muchas palabras, el ojo pierde tiempo tratando de identificarlas, y esto afectará la manera en la que las pronunciamos, y obviamente la manera en que nuestros oyentes las logran escuchar, por no decir que habremos perdido el contacto visual con lo oyentes. Como mínimo, se recomienda usar doble espacio y ajustar los márgenes.

Escriban los puntos secundarios usando frases cortas y fáciles de oír. Idealmente todos los puntos secundarios deberían tener aproximadamente el mismo número de sílabas y contener palabras que rimen.[273]

Repetir. Repetir. Repetir. Háganlo con variedad, por supuesto, para no aburrir a los oyentes; pero repitan. Puede sonar algo pedante a los oídos del predicador, pero no lo será para los del oyente. Recuerden que ya hemos invertido horas en lo que hemos escrito y ahora lo estamos predicando; suena familiar para nosotros, pero no para los oyentes, y mientras más repitamos, más los ayudaremos a captar el mensaje.

Practiquen el sermón leyéndolo en voz alta. Esto nos ayudará a determinar si las palabras que hemos elegido suenan bien. Quizá se vean de maravillas en el papel, pero no suenen tan convincentes al momento de la predicación. Presten especial atención a las transiciones.

El orden (la secuencia que es fácil de seguir) y la oralidad (la atención a las figuras literarias destinadas al oído) no debe subestimarse a medida que avanzamos en la elaboración seria del sermón. Estos son elementos que se vuelven cada vez más importantes cuando pasamos de la interpretación textual a la predicación de un sermón importante y memorable del pasaje bíblico.

El proceso homilético

Así como hay cuatro pasos principales para pasar del pasaje bíblico al sermón (devocional, exegético, hermenéutico y homilético), también hay una serie de pasos concretos para el proceso de elaborar un sermón. No se me ocurre otra manera más de desarrollar esta parte del proceso que ir paso por paso. Y la mejor manera de hacerlo es enumerando estos pasos. Lo hago así no porque el proceso sucede de manera numérica, sino para poder posteriormente referirme a cada paso específico a medida que el proceso continúa.

1. *Desarrollen un bosquejo preliminar del sermón.* Tal como Bryan Chapell ha observado: «El oído anticipa la simetría».[274] Al final no importará si usamos números (1, 2, 3) o letras (a, b, c) u otras señales de movimiento poco elocuentes.[275] Lo que importa es que los oyentes experimenten la sensación de simetría, de flujo, de desarrollo, que sientan que «se dirigen hacia un objetivo».

2. *Redacten una conclusión provisional.* ¿Hacia qué meta quieren conducir a los oyentes en el sermón? ¿A qué conclusión quieren llevarlos? Esto, por supuesto, es una función de lo que el Espíritu Santo realiza por medio del pasaje.

3. *Redacten una introducción provisional.* La introducción sirve para pasar al mensaje central del pasaje, que debe ser el punto principal del sermón. También debe, de una manera sutil, empezar a preparar al oyente para la conclusión, que es la razón por la cual redactamos estos dos puntos provisionales.

4. *Corrijan la conclusión teniendo en cuenta la introducción.* Asegúrense de que la trayectoria de la conclusión sea la misma que la de la introducción.

5. *Redacten el punto principal, la principal declaración homilética.*
6. *Redacten cada uno de los puntos secundarios.* Obviamente, deben asegurarse de que estos puntos secundarios concuerden con el punto principal. (Revisen los ejemplos de los bosquejos que ofrecimos anteriormente en este capítulo).
7. *Redacten las transiciones.* Elaboren las oraciones que servirán de transición de una sección a la siguiente. Vale la pena dedicar un buen tiempo a este ejercicio. Los predicadores lograrán comunicar una gran cantidad de enseñanzas en el sermón si las transiciones son claras. Incluso, si luego de escribir el manuscrito del sermón, uno termina no usándolo, se deben tener las transiciones claramente en mente, tras haberlas repasado varias veces para asegurarse de que realmente el sermón se dirige hacia la meta final.
8. *Desarrollen el resto del sermón.* Escríbanlo incluso si no van a usar el manuscrito en el púlpito. La escritura aclara nuestro pensamiento y le da precisión al sermón, y sabremos qué tanto podemos decir en el tiempo asignado.
9. *Dejen el trabajo a un lado por un tiempo.* No lo toquen de unas doce a veinticuatro horas. Dedíquense a otras cosas; usen otras partes del cerebro, del corazón y del cuerpo.
10. *Regresen y lean el sermón, de ser posible en voz alta, para saber cómo suena.* Tengan en cuenta el uso de los verbos y cómo suenan. ¿Las palabras, frases y oraciones fluyen naturalmente? Si no, revísenlas hasta que así lo hagan.
11. *Cuando lean el sermón en voz alta, presten atención a cualquier oración o párrafo que contenga el menor indicio de ser una distracción o un relleno innecesario.* Eliminen despiadadamente cualquier material no pertinente. (Quizá valga la pena guardar dicha información para otro sermón).
12. *Si alguna oración les suena demasiado compleja, sonará así también al oído de sus oyentes, entonces corríjanla.* Partan las oraciones complejas en dos o tres. Tal como ya hemos advertido varias veces en este libro, el problema es que inicialmente escribimos para la vista, pero tenemos que adecuar las palabras para el oído.
13. *Una vez más, dejen el trabajo a un lado por un tiempo.* Al menos por unas pocas horas. (Repito, comenzar el sábado por la noche simplemente no va a funcionar).

14. *Léanlo otra vez y evalúen si ahora fluye sin problemas.* Si aún no, hagan los ajustes que sean necesarios.

15. *Sin notas, intenten esbozar el bosquejo del sermón en uno de los lados de una media hoja de papel o en la pizarra.* Si no podemos recordar el esquema sin las notas, nuestros oyentes definitivamente no podrán hacerlo.

16. *Revisen el bosquejo (vuelvan al paso 6) y las transiciones (vuelvan al paso 7) teniendo en cuenta lo que han descubierto.*

17. *Lean todo el sermón en voz alta nuevamente.* A estas alturas seguramente que empezaremos a decirnos o a sentir cosas como, «esto es demasiado obvio» o «ya deben saber todo esto», o «me van a decir: "¿Le pagamos para que nos dé esto?"» Todo ello se debe a que nos hemos esforzado tanto en el manuscrito que sentimos que es demasiado obvio. Sin embargo, no lo es para los oyentes. Si el sermón proclama con fidelidad el pasaje bíblico y se ciñe a un orden agradable y claro, nuestros oyentes se dirán y sentirán: *¡qué brillante!* y *¡jamás había escuchado este pasaje de esta forma!* Confíen en la obra que el Espíritu ha estado haciendo con nosotros a lo largo de todo este proceso.

18. *Lean todo el sermón en voz alta nuevamente.* Presten atención especialmente a las transiciones para ver si están claras.

19. *Una vez más, dejen todo el trabajo a un lado.*

De regreso al paso devocional

Ya pueden ir a dormir, confiándole el sermón al Señor. Despierten. Tómense un momento de tranquilidad. Hagan ejercicios. Disfruten una comida saludable. Oren: «Te entrego toda mi labor a ti, Señor».

Reciten ahora el pasaje memorizado, que será «leído» mientras sostienen la Biblia en sus manos. Vuelvan a leer el manuscrito.

Pónganse de pie ante un pueblo que agoniza por escuchar el mensaje vivo del Dios vivo.[276] Oren: «Oh Señor, quiero que los que se reúnen aquí piensen bien de mí; pero más que esto, quiero que piensen bien de ti». ¿En serio? Sí. Yo aprendí a orar de esta manera gracias al predicador presbiteriano galés Peter Joshua. Él ya se había jubilado luego de un fructífero ministerio de predicación, que logró influenciar a Billy Graham, entre otros. Su esposa Margery y él se congregaban en la iglesia donde yo recién empezaba a predicar. (Esto fue en 1970). Al parecer, él vio algo en mí que le hizo querer pasar tiempo conmigo para compartir lo que el Señor le había enseñado. En ese momento, la gente respondía a mi predicación de manera positiva, y yo temía que ello se me subiera a la cabeza. Le confesé al Dr. Joshua (jamás pude tutearlo y llamarlo Peter) que yo quería caerle bien a la gente y que ellos hablaran bien de mis sermones. Le dije que estaba intentando superar el orgullo, pero que mis oraciones no producían ningún progreso de mi parte. El Dr. Joshua me dijo que la humildad no es una actividad de menosprecio a uno mismo, sino de exaltar a Jesucristo. La humildad en la predicación no consiste en removernos del escenario, sino en que nos ubiquemos en el lugar correcto, debajo de Jesús, al cual debemos siempre señalar. Luego me dijo: «La próxima vez, cuando subas al púlpito, di esta oración: "Señor, quiero que los congregados aquí piensen bien de mí"». «¿Qué?», le pregunté espantado, y me dijo: «y luego ofrece esta oración: "pero más que esto, quiero que piensen bien de ti", y entonces te sentirás libre». Tenía razón. Desde ese entonces, me he sentido libre. Y ustedes también lo lograrán.

Esto es tan solo una porción de los detalles operativos cuando formamos parte de la obra del Dios viviente, quien continúa obrando el milagro de la transformación por medio de la predicación.

¿Cómo les va con el desarrollo del sermón respecto al pasaje bíblico seleccionado?

Notas

231. Citado por Richard Lischer, *A Theology of Preaching: The Dynamics of the Gospel*, Nashville: Abingdon, 1986, p. 70. Nota del editor: el autor aquí se refiere a una expresión que usara Martín Lutero (*Mundhaus*), que se translitera como «boca-casa», y que con ello daba a entender que las iglesias protestantes eran recintos donde se oía el mensaje de Dios y su salvación. El concepto se popularizó en la Nueva Inglaterra del siglo 17 y 18, pero es totalmente desconocido en los países del orbe latino, quizá porque la oralidad siempre ha jugado un papel central en el orbe católico romano.

232. *Ibid.*

233. David A. Dorsey, *The Literary Structure of the Old Testament: A Commentary on Genesis-Malachi*, Grand Rapids: Baker, 1999, p. 15.

234. Bryan Chapell, *Christ-Centered Preaching: Redeeming the Expository Sermon*, Grand Rapids: Baker, 1994, p. 150.

235. *Ibid.*, p. 151.

236. *Ibid.*

237. *Ibid.*, pp. 133-134.

238. William A. Quayle, *The Pastor-Preacher*, Jennings and Graham, 1910, p. 375, hablando de la variedad de formas que el apóstol Pablo usó en su predicación.

239. Thomas Long, *The Witness of Preaching*, Louisville: Westminster John Knox, 1989.

240. He descubierto que cuando me bloqueo y no sé cómo proseguir, si me siento y le escribo una carta a mi abuela (como si ella todavía estuviera aquí) o a uno de mis hijos o vecinos, es sorprendente que en unos pocos minutos más tarde las cosas comienzan a fluir.

241. Long, *op. cit.*, pp. 127-130.

242. Chapell, *op. cit.*, p. xx.

243. Pedar Borgen, *Bread from Heaven: An Exegetical Study of the Concept of Manna in the Gospel of John and the Writings of Philo*, SNT 10, Leiden: Brill, 1965, p. 157.

244. Aileen Guilding, *The Fourth Gospel and Jewish Worship: A Study of the Relation of St. John's Gospel to the Ancient Jewish Lectionary System*, Oxford: Clarendon, 1960.

245. Me ocuparé de este tema en mayor detalle en el capítulo 7.

246. Nota del editor: El autor se refiere a la ópera «Mesías» de Händel.

247. La iglesia cristiana habrá entendido finalmente la totalidad del evangelio del Dios trino cuando el Pentecostés sea un evento tan importante como la Navidad y la Semana Santa.

248. Dorsey, *op. cit.*, p. 15

249. *Ibid.*

250. *Ibid.*

251. Para conocer un tratamiento más sofisticado de todo esto, ver el trabajo de G. H. Guthrie sobre el libro de los Hebreos, el sermón en la Biblia más brillantemente elaborado: *The Structure of Hebrews: A Text-Linguistic Analysis*, disertación, Southern Baptist Theological Seminary, pp. 16-34, 55-60- Ver, además, *Text Sample, Ministry in an Oral Cultura: Living with Will Rogers*, Uncle Remus & Minnie Pearl, Louisville, Ky.: Westminster John Knox, 1994.

252. En Lischer, *op. cit.*, p. 70.

253. Kamal Al-Solaylee, Reseña de «Angel-A», The Globe and Mail, viernes, junio 8, 2007, p. 3.

254. Walter J. Ong., *Orality & Literacy: The Technologizing of the Word*, New York: Routledge, 1982, p. 72. Hay versión en español, *Oralidad y escritura: Tecnologías de la palabra*, Bogotá, Colombia: Fondo de Cultura Económica, 1996.

255. *Ibid.*

256. *Ibid.*

257. *Ibid.*

258. Walter Ong, *The Presence of the Word*, New Haven, Conn., Yale University Press, 1967, p. 309.

259. Le debo esta frase a Ken Shigematsu, pastor de la iglesia Tenth Avenue Church en donde nos congregamos como familia durante nuestros primeros años en Vancouver, y que la usó durante una conversación que tuvimos mientras almorzábamos, respecto al asunto del que me ocupo en este capítulo.

260. Eugene Petersen, *Working with the Angels: The Shape of Pastoral Integrity*, Grand Rapids: Eerdmans, 1987, p. 78.

261. *Ibid.*, p. 79 (Petersen se basa en el trabajo de Northrop Frye).

262. *Ibid.*

263. *Ibid.*

264. *Ibid.*

265. Jacob Firet, *Dynamics in Pastoring*, Grand Rapids: Eerdmans, 1986, p. 36.

266. G. Roberts Jacks, *Getting the Word Across: Speech Communication for Pastors and Lay Leaders*, Grand Rapids: Eerdmans, 1995.

267. G. Robert Jacks, *Just Say the Word! Writing for the Ear*, Grand Radpids: Eerdmans, 1996.

268. *Ibid.*, p. 136.

269. Nota del editor: La lista original ha sido adaptada a las necesidades del predicador hispanohablante y se han omitido algunos puntos que eran irrelevantes para la lengua castellana.

270. G. Robert Jacks, *op. cit.*, pp. 92-95

271. Nota del editor: el autor ha citado una expresión clásica de Lutero: *pecca fortiter* (que aparece en una carta dirigida a Melanchthon) y cuyo significado podría traducirse como «peca al máximo». Lutero usó esta expresión de forma sarcástica y para azuzar a sus oponentes, si bien fue temerario e imprudente al hacerlo (tal como fue su estilo).

272. Debo contarles que puedo darle a mi manuscrito ese formato porque escribo con lápiz o lapicero. Lo he hecho por años. Entiendo todas las ventajas que hay en el uso de un procesador de palabra, justo como lo estoy haciendo ahora, pero esas virtudes no anulan sus efectos negativos, así como tampoco están a la par con las ventajas de escribir a mano. Lo positivo de la caligrafía incluye la mayor libertad que se obtiene para ubicar palabras y letras donde yo quiero que estén y dar comienzo al proceso de memorización gracias a la interacción táctil directa con la página en las que consigno mis palabras. Lo negativo de usar un procesador de palabra en la composición de un sermón incluye no contar con la libertad para ubicar las letras y las palabras donde mis facultades de coordinación ojo-oído quieren que estén. De esa manera se obstaculiza el proceso de memorización ya que toda modificación que se le haga a una oración desplaza a las palabras a ubicaciones nuevas (esto es, una palabra que originalmente puse en el lado derecho de la página está ahora en el izquierdo, etc.). Tras haber trabajado el material en un formato en la pantalla, una vez impreso lo recibo en otro formato —más o menos,

palabras frente a mí— que es diferente al que usé al escribir, con un color de fondo diferente (el blanco de la pantalla es diferente al blanco de la página). ¡Necesitamos que alguien desarrolle un programa de procesamiento de texto para predicadores! Con todo, sigo con mi lápiz o lapicero.

273. Nota del editor: Otra precaución para el lector hispanohablante. El autor se refiere al contexto del idioma inglés, donde las rimas tienden a darse al principio de las palabras. En lenguas romances, las rimas van al final de las palabras.

274. Chapell, *op. cit.*, p. 126.

275. David Buttrick, *Homiletic: Moves and Structures*, Philadelphia: Fortress, 1987.

276. Desarrollaré este tema en el capítulo 10, «Permanecer en el misterio».

7

Llevar a la práctica el sermón en el diario vivir
Sus consecuencias y su ejecución

Quiero, a continuación, ayudar a los predicadores a que alivien una terrible carga que llevan sobre sus hombros. Es la carga de «tener que llevar a la práctica el pasaje» en el diario vivir de los oyentes. Efectivamente, nosotros podemos, y debemos, ayudar a los oyentes a que entiendan las consecuencias radicales del pasaje. Sin embargo, llevar a la práctica el pasaje bíblico no es responsabilidad del predicador.

Sé que lo que acabo de decir parece que contradice la norma homilética. Incluso quizá sea el único que se atreva a decir esto, pero no puedo evitarlo. Los predicadores llevan una carga que no les corresponde soportar. Los detalles operativos que describen la participación humana en la transformación divina, no incluyen «llevar a la práctica el pasaje».

Piensen conmigo en la frase *llevar a la práctica* y luego en la palabra *consecuencias*. Estas dos ideas reflejan dos enfoques distintos respecto a la vida. No se trata sencillamente de una diferencia semántica. Las definiciones que encontramos en el diccionario son obvias. *Llevar a la práctica*: realizar ideas, planes, proyectos, etc. *Práctica*: aplicación de una idea o doctrina. *Consecuencias*: correspondencia entre los principios que profesa una persona y su conducta.[277] De hecho, el predicador dice: «ya han oído la verdad, ahora llévenla a la práctica en sus vidas». Las consecuencias son un producto que resulta de la verdad: «Deja que la verdad obre con toda su fuerza en tu vida». *Llevar a la práctica* me suena demasiado mecánico, demasiado modernista, demasiado humanista (en el sentido del ser humano como la medida de todas las cosas). La idea detrás de las consecuencias es más dinámica, más interpersonal y que faculta. La noción de llevar a la práctica algo nos sugiere: «Haz que suceda». La noción detrás de las consecuencias nos dice: «Esto es lo que tiene que suceder».[278]

La verdad es que nadie puede llevar a la práctica el pasaje bíblico, excepto el Señor del pasaje bíblico. Él es el único que puede «llevarlo a la práctica». Esperar que sean los predicadores quienes pongan en práctica el pasaje para sus oyentes es pedirles que jueguen a ser Dios. ¿Alguna vez han visto el problema desde este ángulo? Los predicadores pueden mostrar «las consecuencias del pasaje bíblico», revelando dichas consecuencias necesarias, implícitas y lógicas para la vida diaria. Pero, lo que el predicador no puede hacer es exigir que sus oyentes hagan del pasaje bíblico un factor relevante en sus vidas. Lo único que el predicador puede hacer es mostrarles la nueva realidad que se anuncia y describe y, por el poder del Espíritu, «demostrar» esa nueva realidad.

No creo que esté aquí frente a juego semántico. Creo que estamos ante dos percepciones muy distintas respecto a cómo Dios obra para transformarnos. La pretensión que se esgrime con frecuencia es que a menos que se les muestre a los oyentes cómo llevar a la práctica el pasaje bíblico, este no tendrá efecto en sus vidas (he escuchado esto a veces). Esto sencillamente no es verdad. Tal pretensión refleja una comprensión inadecuada de la naturaleza de la Palabra de Dios. La Palabra de Dios no solo informa al oyente y deja que sea este quien la lleve a la práctica; la Palabra de Dios también obra en el oyente y lo transforma. «La aceptaron [la predicación] no como palabra humana, sino como lo que realmente es, palabra de Dios, la cual *actúa en ustedes* los creyentes» (1Ts 2.13, cursivas mías).

Repito: la presión para llevar a la práctica el mensaje es una presión modernista, no una presión bíblica. William Willimon observa que a la mayoría de las congregaciones les encanta escuchar sermones que enfaticen la parte práctica. El único problema, dice, es que tal predicación no es una predicación bíblica. Según Willimon, lo que se dice «entre líneas» respecto a esta clase de predicación práctica es: «ustedes son sus propios dioses. Por medio de esta perspectiva, de este conjunto de principios, de estsa ideas correctamente puesta en práctica, ustedes pueden salvarse a sí mismos».[279] Según este modo de pensar, «Dios es la humanidad que habla y oye su propio eco optimista, con el respaldo de una presentación en PowerPoint».[280]

Por esta razón, Richard Lischer les dice a los predicadores que no se agobien porque sus oyentes no recuerdan lo que se ha predicado. La gente no va a recordar todo lo que decimos en un sermón, ni siquiera en uno breve. No necesitamos agobiarnos por lo que las personas puedan recordar, «porque las palabras son necesarias solo si Cristo es formado en los oyentes».[281] ¿No es esto bueno? ¿No es esto liberador? Ningún pasaje bíblico nos dice: «Vayan y dejen que Cristo sea formado en ustedes en base a lo que han escuchado». Más bien, el Espíritu nos dice: «Yo formaré a Cristo en ti».

Permítanme decirlo de otra manera: La verdad se acredita a sí misma.[282] No es necesario «defender» la verdad. Hay que expresarla bien, aclararla, decirla de otro modo, pero no defenderla. De igual manera, la verdad se pone en práctica a sí misma. No es necesario que llevemos la verdad a la práctica. Todo lo que no es consecuente o congruente con la verdad, en última instancia no funcionará y no durará.

Consideren los eventos que sucedieron en torno al primer sermón cristiano que aparece en Hechos 2. Es puro kerygma, proclamación pura. Pedro predica o da cuentas de aquellos extraños fenómenos: viento, llamas de fuego, personas que oyen el evangelio en sus propios idiomas. Pedro se pone de pie, Biblia en mano, recurre a la profecía de Joel y dice: «Esto es aquello». «En realidad lo que pasa es lo que anunció el profeta Joel: "Sucederá que en los últimos días —dice Dios—, derramaré mi Espíritu sobre todo género humano"» (Hch 2.16-27). Pedro continúa citando el pasaje completo hasta llegar a su punto principal: porque Dios levantó de entre los muertos a Jesús crucificado y lo sentó en el trono del universo, ahora puede derramar «esto que ustedes ahora ven y oyen» (Hch 2.33). Pedro luego concluye su sermón declarando: «Por tanto, sépalo bien todo Israel que a este Jesús, a quien ustedes crucificaron, Dios lo ha hecho Señor y Mesías» (Hch 2.36). Y eso es todo. Sin más explicación, sin tratar de llevar la verdad a la práctica. Tan solo lo anunció y ahora espera los resultados. Pedro ha cumplido su tarea.

Los oyentes «se sintieron profundamente conmovidos». Como he venido insistiendo, siempre sucede algo. Los oyentes le preguntan a Pedro (y al resto de los apóstoles que estaban con él):

«¿Qué haremos?» (Hch 2.37). La carga de «hacer algo» respecto a lo que se predicó no le correspondió a Pedro. El Espíritu, por medio de la Palabra, produjo una convicción penetrante y causó que los corazones clamaran: «¿Qué haremos?»

¿Qué haremos? Frente a esta interrogante, tan solo una respuesta: arrepiéntanse. En esto consiste las consecuencias y la ejecución de la kergyma. Retornar, arrepentirse *(meta-noeō)*, cambiar de opinión, adoptar la perspectiva de Dios. Y cuando lo hagan, bautícense. Es decir, ingresen a esa nueva realidad que Dios ha creado y en la que el Mesías crucificado es ahora Señor. Es lo único que podemos hacer: La palabra que Pedro predicó exige un cambio radical de dirección, que nos aleja de todas las opiniones falsas en torno a la realidad (especialmente de todas las opiniones falsas respecto a Jesús) y nos conduce a la manera que Dios ve la realidad (especialmente la manera en que Dios ve a Jesús). La respuesta más lógica al evangelio en el sermón de Pedro es arrepentirse y comenzar a vivir de acuerdo a una realidad completamente nueva.

Por tanto, espero que se den cuenta de que nosotros, al menos en Occidente, tenemos una noción incorrecta respecto al discipulado. Si es que escucho correctamente lo que decimos, esto es lo que creemos: Caminamos por una vía que nosotros mismos hemos escogido. El Jesús resucitado y glorificado se acerca a nosotros y nos da el encuentro en nuestro camino. Nos ofrece todas las bendiciones y estímulos de vivir con él en el reino de Dios. Nos agrada lo que él ofrece, así que lo «aceptamos» y «recibimos». Y seguimos por nuestro camino, dando por sentado que comenzaremos a vivir la vida del reino en ese camino. Sin embargo, al poco tiempo nos decepcionamos; las cosas no funcionan como la Palabra nos dice. Algunos de nosotros nos marchamos del evangelio; algunos nos esforzamos con el fin de lograr que las cosas funcionen. Pero los resultados no se dan; y no se dan por la sencilla razón de que cuando el Jesús resucitado y glorificado se cruza en nuestras vidas y nos llama a que lo sigamos a la vida del reino, nos llama a un camino diferente. Creíamos que podíamos confesarlo como Señor y Salvador y seguir viviendo como lo veníamos haciendo desde que seguíamos a otros señores y aspirantes a salvadores. Así no funciona. Las bendiciones del reino solo aparecen en aquel nuevo camino. «Arrepiéntanse, dejen el camino por el que venían, y síganme por un camino distinto».

Gran parte de la «aplicación»[283] de pasajes bíblicos no es más que propuestas para que la gente viva para Jesús mientras continúa sirviendo a otros señores. Tal como N. T. Wright escribe: «No basta con elevar plegarias en privado, mantener una alta vida moral y luego ir a trabajar en la reconstrucción de la torre de Babel».[284] Las consecuencias que el evangelio exige tienen enormes repercusiones. El evangelio exige que nos vinculemos con la nueva realidad que Jesús de Nazaret creó por medio de su muerte, resurrección, ascensión, derramamiento de su Espíritu y su retorno final.

Quizá a estas alturas valga la pena contarles una anécdota.

Era un domingo de noviembre de 1985, el domingo de Cristo Rey. Por aquel entonces, yo era pastor de la iglesia Union Church, en Manila. Los ánimos estaban caldeados. Ferdinand Marcos, presidente de las Filipinas y dictador corrupto que era apoyado por los Estados Unidos, había dicho en el programa de televisión *Larry King Live*, que estaba dispuesto a convocar a unas elecciones presidenciales para demostrarle al mundo que el país lo apoyaba. La Sra. Cory Aquino, esposa del Senador Benito Aquino, a quien las fuerzas de Marcos asesinaron en agosto de 1983, aceptó el desafío y se postuló como candidata a la presidencia en contra del Sr. Marcos. La situación era bastante tensa, por decir lo menos.

En esa mañana, prediqué un sermón sobre Daniel 2. Lo titulé «La vista previa». Mostré en mi sermón cómo la visión en Daniel 2, una visión que sucedía en el subconsciente de Nabucodonosor, rey de Babilonia, era una especie de «teología de la historia». Por medio de la visión y de la interpretación que Dios le dio a Daniel (Dn 2.22-23), Dios declaraba el evangelio del reino. Nabucodonosor seguía viendo aquella enorme estatua que representaba los eminentes imperios humanos y que ahora caían derribados y aplastados por una piedra «cortada sin manos» (Dn 2.34, 45). El viento arrastraba por doquier los restos de aquellos imperios como si fueran paja (Dn 2.35). Aunque se trató de un sueño aterrador, fue un acto de misericordia y gracia. Dios amaba tanto a ese líder pagano que le mostró «la vista previa» en su mente y le ofreció un profeta que pudiera explicarla. La piedra representa el reino de Dios, que ejerce constante presión sobre el mundo y que se opone siempre a todo lo que sea incompatible con el reino.

Concluí el sermón ese domingo diciendo: «Nada detendrá jamás la venida y el progreso del reino del Rey Jesús. Nada. Nada. Nada». Y me senté. Hubo un silencio absoluto. También se podía sentir la evidente presencia del Gran Rey.

Sin que yo lo supiera en absoluto, sentados en la congregación estaban dos hombres de Washington, D.C. Uno de ellos era un agente de la CIA; el otro era un «consultor de imagen personal», un publicista contratado por el presidente Marcos para que lo ayude a cambiar su imagen ante la prensa occidental. El publicista, acompañado por el agente de la CIA, se reuniría con el Sr. Marcos a la mañana siguiente, lunes por la mañana. Como lo describió ese publicista, durante el silencio después del sermón, él sintió «esa presencia» y comenzó a temblar por dentro. Me dijo que «escuchó una voz» que le dijo: «Todo lo que tienes que hacer mañana por la mañana cuando te reúnas con el Sr. Marcos es leerle Daniel 2». El publicista dijo que sentía un deber por esa convicción. Sabía que no podía hacer nada más. Así que el lunes por la mañana, después del domingo de Cristo Rey, lo hizo así. Se reunió con el Sr. Marcos y le leyó la «teología de la historia». Tres meses más tarde, la llamada Revolución del Poder del Pueblo derrocó al régimen de Marcos. Me di cuenta de que el mismo Señor del pasaje bíblico dio solución a las consecuencias del pasaje. No tuve que presentar ninguna ejecución práctica. Cualquier sugerencia habría sido innecesaria. De hecho, en ese contexto, no sugerí ninguna. El Señor del pasaje se encargó de ello.

¿Significa ello que en el sermón no debemos ofrecer ninguna exhortación, ningún mandato, ningún paso práctico a seguir? No. En el caso de muchos pasajes bíblicos, eso es exactamente lo que hay que hacer. Pero, debemos recordar que los mandatos y pasos prácticos que ofrezcamos, deberán nacer de las conclusiones del propio pasaje bíblico.

Aprendí esto mientras predicaba acerca de Jesús y el sermón del Monte. Si el sermón de Pedro en Pentecostés es puro kergyma, el sermón del Monte es pura exhortación ¿Es cierto esto? Lo es si se lo separa del contexto en el cual Jesús inicialmente lo predicó (y lo predica). Pero si el sermón se oye según el contexto en el que Jesús lo predica, es también kergyma, evangelio.

El contexto del sermón del Monte es el primer sermón de Jesús. Es muy breve, solo dos cláusulas: «Arrepiéntanse, porque el reino de los cielos está cerca» (Mt 4.17). Jesús entra en escena, tal como vimos en el capítulo dos de este libro, anunciando las maravillosas y muy buenas noticias de que el tan esperado reino de Dios ha irrumpido en el mundo en la persona de Jesucristo y por medio de él. Inmediatamente, tal como los tres evangelios sinópticos lo revelan, Jesús empieza a realizar hechos poderosos: libera a unos de las garras de poderes demoníacos, sana los cuerpos enfermos de otros, sana toda clase de enfermedades. Solo después predica su gran sermón. ¿Y cuáles son los puntos? Así como las obras de Jesús son señales de que el reino ha irrumpido en el mundo en la persona de Jesús y por medio de él, también la actitud y los comportamientos que Jesús describe en su sermón son señales de que el reino también ha irrumpido en las vidas de las personas comunes y corrientes. Las obras de Jesús son descripciones en torno a cómo es el reino, y también lo son las personas que él describe en su sermón. Es de importancia crucial resaltar este aspecto. Separen el sermón del Monte de su contexto y se convertirá en un idealismo frustrante («¿Quién podrá vivir a la altura de esto?») o en legalismo demoledor («Debo hacer esto o jamás complaceré al Rey»). Sin embargo, escuchen el sermón en el contexto en el cual Jesús lo predica, y este se convierte en una invitación irresistible a la única forma de vida realmente viable que hay.

¿De veras? Sí.

Observen la manera en que los oyentes responden al sermón. Mateo nos dice: «Cuando Jesús terminó de decir estas cosas, las multitudes se asombraron de su enseñanza, porque les enseñaba como quien tenía autoridad, y no como los maestros de la ley» (Mt 7.28-29). Autoridad. En griego es *exousia*. Es una palabra compuesta: *ek*, una preposición que significa «fuera de», «desde el centro hacia afuera»; y *ousia*, sustantivo femenino que proviene del verbo «ser». *Ek-ousia*, por lo tanto, transmite la idea de «que sale del centro del ser».[285] La multitud escucha a Jesús predicar en contra de prácticamente todo lo que creían que sabían respecto a la vida, y su respuesta es: «Estas palabras salen del centro mismo del ser». Con ello se da a entender que: «Estas palabras son reales, describen las cosas según la manera en que realmente son». ¿Y qué más podrían ellos hacer? Se les había presentado un mundo nuevo, y para «vivir en» ese nuevo mundo, tan solo necesitaban vivir según la manera de ese mundo nuevo.

En su sermón, Jesús no impone una nueva moral, ni tampoco ofrece un mensaje moralizador. Más bien, Jesús anuncia las buenas nuevas del reino y describe el aspecto de ese reino en la vida diaria. En el sermón, Jesús nos muestra lo que sucede cuando el reino irrumpe en la vida de los seres humanos, tanto en lo individual como en lo colectivo. O también, recurriendo al lenguaje del apóstol Pablo, Jesús describe lo que sucede cuando el Espíritu Santo llega y habita en la vida de personas comunes y corrientes (para Pablo, el Espíritu es la personificación del reino). O, recurriendo al lenguaje del apóstol Juan, Jesús describe lo que sucede cuando los seres humanos nacen de nuevo. El reino viene, el Espíritu viene, las personas nacen de nuevo y comienzan a vivir la vida que Jesús describe en su sermón.

E. Stanley Jones puede, entonces, decir que cuando leemos por primera vez el sermón:

> Sentimos que trata de forzar la naturaleza humana en una dirección imposible, en algo para lo cual no fue hecha. Chesterton dice que tras una primera lectura sientes que todo está boca abajo, al revés, pero tras una segunda, descubres que todo está boca arriba, en la posición correcta. La primera vez que lo lees, sientes que es algo imposible; la segunda vez, que nada más es posible.[286]

El sermón llega con autoridad, *ek-ousia*, que sale del centro de la realidad: y la única opción lógica para hacer es sencillamente hacerlo.

Nuestra tarea como predicadores, según trato de demostrar a lo largo de este libro, es abrir el pasaje bíblico de tal manera que este haga lo que solo este puede hacer.

La pregunta, por lo tanto, no es: «¿cómo debemos llevar a la práctica la palabra?» La pregunta es: «¿a dónde nos lleva la palabra?» y «¿estaremos dispuestos a cooperar e involucrarnos?» La pregunta no es: «¿qué quiero, como predicador, que la gente haga como resultado de haber escuchado esta palabra?» La pregunta ni siquiera es aquella con la cual trabajamos en el capítulo anterior, no importa lo válida que sea: «¿qué quiero ver que suceda en la vida de las personas como resultado de escuchar la palabra?» La pregunta es: «¿qué es lo que quiero que Dios haga como consecuencias de que la gente haya escuchado la palabra?» Mejor aún: «¿qué quiere hacer Dios?»

Repito, no estamos frente a un juego semántico. Luchamos contra una tensión entre dos mundos distintos: el mundo tal como aparenta ser, centrado en la persona humana y dependiente de esta, o el mundo centrado en el Dios viviente y dependiente de él. Es la tensión que Pablo identifica en su carta a los Gálatas: «Después de haber comenzado con el Espíritu, ¿pretenden ahora perfeccionarse con esfuerzos humanos?» (Gá 3.3). Tras haber comenzado la nueva vida cuando recibieron el Espíritu «por el oír con fe» (Gá 3.2, RV1960), ¿vamos ahora a vivir esta vida nueva confiando en nuestros propios recursos? Llevar a la práctica este pasaje al estilo de «necesitamos que esto produzca resultados en nuestras vidas» es tratar que la carne busque la perfección; es forzar a la gente a la autorrealización de su salvación. La realización de la salvación es la obra del Espíritu, con quien hemos sido llamados a cooperar.

O, por decirlo de otra manera, es convertir el evangelio en ley. Es muy sutil. Helmut Thielicke me es de ayuda en este punto. Él ha observado que cuando en nuestra predicación sostenemos a Jesucristo como un ejemplo máximo e invocamos a los oyentes a imitarlo (pensemos en aquel famoso eslogan *¿Qué haría Jesús?*),[287] hemos cambiado el evangelio en ley. Efectivamente, esperamos que Jesús nos dé el poder de ser como él, pero básicamente todavía vivimos por la ley y lo buscamos como un medio para alcanzar ese fin; «la redención es, por lo tanto, el medio para un fin ético».[288] La «piedad sintética» (o de imitación), esto es, la que trata de llevar a la práctica el pasaje bíblico haciendo lo que Jesús hace, «ya no ve más a Cristo como el que nos redime de la maldición de la ley y quien representa el arrepentimiento divino»; más bien, nos convierte a nosotros en los que redimimos.[289] La «piedad sintética» trastorna las buenas nuevas y «vincula mi salvación a mis logros en torno a la imitación de Cristo y aprovecha el poder que se me ha otorgado en la redención. Por lo tanto, el evangelio mismo se convierte en una especie de agresión. En lugar de ser nuestra consolación, nos lleva a juicio».[290] ¿Por qué? «Porque la atención constante se dirige a uno mismo, en vez de dirigirse al evento de la salvación fuera de uno mismo y que Cristo ha logrado para nosotros... Nos enfocamos en nosotros mismos. Medimos el nivel de nuestro discipulado. Estamos condenados a un nuevo ensimismamiento».[291] Allí reside el problema: «el ensimismamiento»; Lutero lo describió como «entusiasmarnos por nosotros mismos».[292] Llevar a la práctica el pasaje bíblico en el sentido dado anteriormente, causa que nos entusiasmemos por nosotros mismos en lugar de entusiasmarnos por Cristo.

Thielicke elabora la gran contribución de Lutero respecto a que Jesús «no es modelo sino prototipo».[293] Esta diferencia lo es todo. Jesús como modelo nos invoca a que hagamos el mejor esfuerzo por ser como él. Jesús como prototipo, como arquetipo, nos invoca a que nos unamos a él en su humanidad vicaria, a que nos demos cuenta que él es aquel por quien fuimos creados y redimidos; a decir verdad, él es aquel en quien ahora nosotros somos lo que somos. No «cumplo las expectativas» de él; vivo «en» él y «por» él. Jesús me moldea a su imagen.

En mi experiencia, cuando la gente me dice: «Necesito más cuestiones prácticas en el sermón», lo que quieren decir es: «¿puedes ilustrar esto de otra manera para que lo pueda entender mejor?» o quizá, «¿puedes mostrarme la manera de vivir esta la nueva realidad de lunes a viernes?» La gente en realidad no pide pasos en torno a cómo hacer las cosas; simplemente quiere más ayuda para navegar el nuevo mundo en el que intuitivamente se han dado cuenta que han sido llamados. Preguntan lo que C. S. Lewis dice que es la clave para ilustrar la verdad: «¿A qué se parece?» Lewis, como sabemos, es un experto de la ilustración, que describe el «mundo salvado» de forma tal que decimos: «Por supuesto, ¿cómo podría ser de otra manera y de qué otra forma podría querer vivir un ser humano?

Permítanme ahora sugerir que la pregunta «práctica» que debemos hacernos respecto a cualquier pasaje que predicamos es esta: ¿Cuál es la realidad que el pasaje nos está presentando? Una vez que sepamos la respuesta, las consecuencias son, creo yo, obvias.

Tomen como ejemplo a Mateo 6.19-34. Lean el pasaje y pregúntense, ¿cómo ve el Jesús de este pasaje al mundo? y, ¿cómo me invita a ingresar a ese mundo?

> No acumulen para sí tesoros en la tierra, donde la polilla y el óxido destruyen, y donde los ladrones se meten a robar.
>
> Más bien, acumulen para sí tesoros en el cielo, donde ni la polilla ni el óxido carcomen, ni los ladrones se meten a robar.
>
> Porque donde esté tu tesoro, allí estará también tu corazón.

El ojo es la lámpara del cuerpo. Por tanto, si tu visión es clara, todo tu ser disfrutará de la luz.

Pero, si tu visión está nublada, todo tu ser estará en oscuridad. Si la luz que hay en ti es oscuridad, ¡qué densa será esa oscuridad!

Nadie puede servir a dos señores, pues menospreciará a uno y amará al otro, o querrá mucho a uno y despreciará al otro. No se puede servir a la vez a Dios y a las riquezas.

Por eso les digo: No se preocupen por su vida, qué comerán o beberán; ni por su cuerpo, cómo se vestirán. ¿No tiene la vida más valor que la comida, y el cuerpo más que la ropa?

Fíjense en las aves del cielo: no siembran ni cosechan ni almacenan en graneros; sin embargo, el Padre celestial las alimenta. ¿No valen ustedes mucho más que ellas?

¿Quién de ustedes, por mucho que se preocupe, puede añadir una sola hora al curso de su vida?

¿Y por qué se preocupan por la ropa? Observen cómo crecen los lirios del campo. No trabajan ni hilan; sin embargo, les digo que ni siquiera Salomón, con todo su esplendor, se vestía como uno de ellos.

Si así viste Dios a la hierba que hoy está en el campo y mañana es arrojada al horno, ¿no hará mucho más por ustedes, gente de poca fe?

Así que no se preocupen diciendo: «¿Qué comeremos?» o «¿Qué beberemos?» o «¿Con qué nos vestiremos?»

Los paganos andan tras todas estas cosas, pero el Padre celestial sabe que ustedes las necesitan.

Más bien, busquen primeramente el reino de Dios y su justicia, y todas estas cosas les serán añadidas.

Por lo tanto, no se angustien por el mañana, el cual tendrá sus propios afanes. Cada día tiene ya sus problemas (Mt 6.19-34).

Elegí este pasaje porque parece ser una exhortación pura, llena de mandatos (nueve, en mi conteo). Podríamos pensar, entonces, que cualquier sermón que se basa en ello debería «llevar a la práctica el pasaje» dejando los mandatos en manos de las personas. Es obvio que, el mandato central del pasaje es aquel que se repite tres veces, «no se preocupen/angustien» (Mt 6.25, 31, 34). La manera en que

Jesús lo maneja, ilustra lo que he tratado de transmitir en este capítulo. Permítanme mostrarles lo que quiero decir.

Presten atención al primer «no se preocupen», que lo antecede «por eso les digo» (Mt 6.25). Ya conocen la regla: cuando se encuentren con conjunciones causales como, *por tanto, por eso,* deberían preguntarse: «¿Qué significa este *por tanto* o *por eso*?» Esta conjunción aparece por una razón y creo que se debe a la ansiedad (señal de nuestros tiempos) la cual no aparece por sí sola en la vida de las personas; más bien, surge de las decisiones que tomamos respecto a lo que yo denomino «las fluctuaciones fundamentales del corazón humano», acerca de las que Jesús se refiere en los versículos anteriores a Mateo 6.25. Jesús identifica tres fluctuaciones fundamentales del corazón humano. La primera (Mt 6.19-21): todos queremos acumular tesoros; todos deseamos encontrar cierta seguridad frente al futuro que desconocemos. La segunda (Mt 6.22-23): todos tenemos una visión de la realidad por medio de la cual asignamos cierto valor a las personas, las circunstancias y los eventos de nuestra vida.[294] La tercera (Mt 6.24): todos servimos a alguna deidad, ya sea el Dios viviente o algún tipo de «riqueza».[295] Jesús no nos dice que dejemos sencillamente de estar ansiosos; más bien, nos ayuda a entender por qué sufrimos de ansiedad. Hemos tomado decisiones equivocadas respecto a una o todas las fluctuaciones del corazón. Sufrimos de ansiedad porque, en primer lugar, acumulamos tesoros en la tierra, una inversión muy inestable para el futuro, ya que tales tesoros muy fácilmente los devoran el óxido («la corrosión que causa el tiempo»), las polillas («la corrosión que causa la naturaleza») o los ladrones («la corrosión que causa el ser humano»).[296] Sufrimos de ansiedad porque, en segundo lugar, nuestra visión de la realidad está nublada (por la razón que sea) y no podemos ver la Roca de los Siglos en medio de tanta agitación y cambio. Sufrimos de ansiedad porque, en tercer lugar, servimos a cierto «dios de la prosperidad» y nuestros corazones intuyen, aunque sea en el subconsciente, que ningún «dios de la prosperidad» puede resistir el peso de la vida (hablando de ídolos, ver Is 41.7: «El artesano… asegura el ídolo con clavos para que no se tambalee»). El Jesús de este pasaje nos presenta el mundo tal como es, un mundo en el que las decisiones que tomamos respecto a una parte de la vida repercuten en otras, si no en todas las demás. Jesús no nos comunica un mandato así de sencillo. Más bien, su principal motivo es mostrarnos la manera en que nuestros corazones operan y que no los descuidemos.

Además, Jesús no nos exige que dejemos de sufrir de ansiedad sin decirnos cómo hacerlo. Más bien, continúa mostrándonos el mundo como realmente es, pero con Jesús en él. Nos da tres mandatos más. El primero (Mt 6.26): Fíjense en las aves del cielo. Lo que se da a entender es lo siguiente: «dejen de enfocarse en lo que les causa ansiedad y fíjense en las aves. Estas conocen algo que a ustedes se les olvida; estas conocen a alguien que ustedes olvidan. Estas conocen al Padre celestial, que también es Padre de ustedes. Estas saben que su Padre celestial se preocupa por ellas y que pueden confiar en él porque cuida a los que ama. Si el Padre ama a las aves por puro amor, ¿no creen que él también los ama? Están enfocados en la dirección incorrecta, empiecen a fijarse en las aves».

El segundo (Mt 6.28): fíjense en las flores. Lo que se da a entender es lo siguiente: «dejen de enfocarse en lo que les causa ansiedad y fíjense en las flores. Fíjense cuán exquisita y extravagantemente Dios las viste. ¿No conocen acaso a este Dios? ¿No se dan cuenta de que, si este Dios se preocupa por las flores temporales, también pueden confiar en él para que los cuide? Están enfocados en la dirección incorrecta: empiecen a fijarse en las flores. Descubran en las flores la mano del gran jardinero que se preocupa por ustedes».

En tercer lugar (Mt 6.33): busquen primeramente el reino de Dios y su justicia. Se nos llama a seguir canalizando toda esa energía emocional que causa la ansiedad por tratar de buscar todas las demás «cosas» (que el Padre sabe que necesitamos) y, más bien, vivir en el reino de Dios y todo lo bueno que trae. Lo que se da a entender es lo siguiente: «Si quieren sufrir de "ansiedad" por cualquier cosa, que lo sea por la venida del reino de Dios y gozar de relaciones restauradas que dicho reino trae».

Charles Talbert plantea la pregunta, luego de sugerirnos las consecuencias de todo el pasaje: «¿cuál es el mundo real, el de nuestra ansiedad o aquel donde las aves y las flores son imágenes?»[297] Luego cita a Robert Tannehill: «Nuestra participación en aquellas estructuras que nos producen inquietud [tesoros, señores, etc.] es demasiado profunda como para que sea arrancada de raíz por un simple mandato… La transformación solo puede suceder si logramos ver el mundo desde una visión radicalmente nueva».[298] El pasaje «provoca una sentido de rareza respecto a nuestra vida y una sensación de que algo más está presente, algo más profundo, que nos ofrece una opción para actuar y que en última instancia le quita importancia a nuestras estructuras de inquietud… Esto abre una nueva posibilidad para la vida».[299]

¿Se dan cuenta de lo que el Jesús de este pasaje está haciendo? No solo lleva a la práctica la verdad, sino que también despliega la verdad para que cuando la veamos no nos quede otra opción que entrar en ella. ¡Y es entonces cuando descubriremos que ya no sufrimos de ansiedad!

Jesús hace eso en cada pasaje bíblico.

Nuevamente (y una y otra vez), a los predicadores no les corresponde «llevar a la práctica» el pasaje bíblico. La responsabilidad tampoco le pertenece al oyente. La responsabilidad pertenece al pasaje bíblico, al Dios de la Escritura. Por medio de él es que la predicación del pasaje nos logra redirigir hacia su realidad. «Si se mantienen fieles a mis enseñanzas, serán realmente mis discípulos; y conocerán la verdad, y la verdad los hará libres» (Jn 8.31-32).

¡Te damos gracias, Señor!

Notas

277. Nota del editor: Hemos omitido la definición de términos del original en inglés y adaptado las definiciones que el autor ha usado, por razones de incompatibilidad entre el inglés y el español.

278. Nota del editor: Es una adaptación en la traducción.

279. William H. Willimon, introducción a *The Word in This World: Two Sermons by Karl Barth*, ed. de Kurt I. Johanson, trad. por Christopher Asprey, Vancouver, BC.: Regent College Pubishing, 2007, p. 7. Cursiva en el original.

280. *Ibid.*

281. Richard Lischer, *A Theology of Preaching: The Dynamics of the Gospel*, Nashville: Abingdon, 1986, p. 79.

282. Lo aprendí viendo predicar a Earl Palmer, lo que explica lo atractivo de su ministerio.

283. Nota del editor: En este caso, se ha elegido usar el término «aplicación» entre comillas para ilustrar el problema muy prevalente en el mundo evangélico hispanohablante de depender de anglicismos y términos provenientes del *espanglish*.

284. N. T. Wright, *The Challenge of Jesus: Rediscovering Who Jesus Was and Is*, Downers Grove, Ill.: InterVarsity Press, 1999, p. 11.

285. Nota del editor: Ver nota 230 respecto a los peligros de métodos etimológicos.

286. E. Stanley Jones, *The Christ of the Mount*, Nashville: Abingdon, 1931, p. 14.

287. Nota del editor: El autor aquí se refiere indirectamente al popularísimo brazalete entre jóvenes evangélicos estadounidenses en la década de 1990, que llevaba las siglas wwjd *(What Would Jesus Do?)* y que les hacía recordar del «imperativo moral» frente a situaciones del diario vivir.

288. Helmut Thielicke, *The Doctrine of God and of Christ*, vol.2 de The Evangelical Faith, ed. y trad. por Geoffrey W. Bromiley, Grand Rapids: Eerdmans, 1977, p. 194.

289. *Ibid.*

290. *Ibid.*, p. 195.

291. Nota del editor: El original en inglés usa una expresión extraña:

curving in on ourselves. Pues, la expresión se deriva del latín *incurvatus in se,* que literalmente significa «encorvado en sí mismo» y que quizá describe la postura corporal donde la persona se mira el ombligo (popular en el mundo grecorromano) y por ende se olvida de que el mundo existe. San Agustín acuñó está expresión y Lutero la usó en su exposición de Romanos. Hemos decidido traducirla como «ensimismamiento».

292. Helmut Thielicke, *op. cit.*

293. *Ibid.*

294. Estoy familiarizado con la exégesis de Charles Talbert, quien argumenta que Jesús, muy probablemente, recurre al uso que el Antiguo Testamento le da al «buen ojo, mal ojo» como indicadores de la orientación del pueblo hacia las posesiones: el «buen ojo» indica generosidad, y el «mal ojo», avaricia. *Reading the Sermon on the Mount: Character Formation and Ethical Decision Making in Matthew 5-7,* Grand Rapids: Baker Academic, 2004, pp. 122-123. Y esto de acuerdo con ello. Sin embargo, no creo que ello signifique que nosotros no podamos entender igualmente las palabras de manera metafórica, esto es, que Jesús se refiera al ojo para describir la visión de la vida que uno pueda tener, la cual, desde luego, la afecta el hecho de si uno es generoso o avaro.

295. Nota del editor: el autor, en el original, se refiere a la transliteración del griego, *mamón,* que equivale a «riquezas» o, más bien, «al dios de la prosperidad». El origen de dicho término no goza del consenso general, atribuyéndosele un origen arameo, hebreo o fenicio. Y dado que en español es un término malsonante en algunos países hispanohablantes, hemos decidido usar el término «riqueza».

296. F. Dale Bruner, *The Christbook,* Waco, Tex.: Word, 1984, p. 260.

297. *Ibid.,* p. 129.

298. Robert Tannehill, *The Sword of His Mouth,* Semeia Studies 1, Philadephia: Fortress, 1975, p. 67.

299. *Ibid.,* p. 66.

8

La persona del predicador
La verdad por medio de la persona

En lo referente a formar parte de la transformación divina del mundo, el predicador juega un papel indispensable en los detalles operativos de esta. Ya hemos establecido que es el Dios viviente quien habla la palabra transformadora. Sin embargo, ese Dios viviente optó por hablar la palabra transformadora por medio de seres humanos. El predicador predica por medio de predicadores.

El obispo metodista episcopal William A. Quayle, cuando se le preguntó en 1910 si predicar era acaso «el arte de confeccionar un sermón y transmitirlo», respondió: «¿Por qué debería serlo? No, eso no es predicar. La predicación es el arte de crear un predicador y entregarlo».[300] ¿Están de acuerdo? «No hay ningún problema en predicar», continúa Quayle, «pero formar un predicador es un problema de vastas dimensiones».[301] «Un sermón no es una pieza de carpintería, sino un trozo de vida, un corazón espacioso, un cerebro espacioso, una simpatía espaciosa que habla en voz alta».[302] «El asunto de la predicación no tiene que ver con la predicación, sino con el predicador».[303]

Yo opinaría que la respuesta podría ser sí y no. Sí, porque en cierto sentido los predicadores necesitamos formarnos. No, porque en otro sentido hemos sido entregados a una obra, somos un don. Sí, porque es necesario que construyamos una visión respecto a quién es Dios en la persona de Jesús y lo que ha hecho, hace y hará por medio de él. Sí, porque los rasgos característicos de Jesús tienen que forjarse en nosotros; son rasgos característicos consecuentes con el mensaje que predicamos respecto a Jesús. Sí, porque la capacidad de hacer exégesis y hermenéutica, la capacidad de crear mensajes claros, fieles y convincentes necesita formarse. No obstante, cuando Dios usa a una persona para predicar, él ya la conoce. Es decir, ya hay algo allí; hay algo acerca de esa persona, tanto innato como en potencia, que Dios considera útil para la obra de la proclamación (y demás verbos de participación). Dios no llama a la persona que algún día seremos; Dios llama a la persona que somos en este momento. Sí, porque necesitamos ser redimidos de toda clase de consecuencias y manifestaciones del pecado aún presentes en nosotros (y gracias a Dios que esto es justamente lo que ha venido a hacer por medio de Jesús); pero hay una cualidad de entrega, incluso a pesar de nuestra condición de no haber alcanzado totalmente la redención. Y esta cualidad de entrega es la que traemos con nosotros mismos cuando formamos parte de la obra de Dios en la transformación del mundo.

Yo hubiera estado totalmente de acuerdo con William Quayle si él habría usado el verbo *moldear*. «La predicación es el arte de moldear a un predicador y entregarlo junto con el mensaje de la Escritura». El verbo *moldear* da espacio al hecho de que Dios usa la cualidad de entrega del predicador y a la vez reconoce la necesidad de que aún falta mayor desarrollo. Así como Dios nos permite moldear un sermón y entregarlo, Dios también moldea a un predicador, a una predicadora, y los entrega.[304]

La descripción más citada respecto a la predicación, al menos en el mundo occidental, es la que ofreció el predicador puritano Phillips Brooks (que compuso el himno navideño[305] «¡Oh aldehuela de Belén!») en su *Lectures on Preaching* en la Universidad de Yale, en 1877.[306] La predicación, dijo, es «la verdad por medio de la personalidad». William Willimon respalda esta descripción y agrega que «[la predicación] demuestra que los predicadores experimentados están básicamente en lo correcto».[307] Brooks añade: «La predicación es la comunicación de la verdad por parte del hombre a los hombres» y a las mujeres, y por parte de las mujeres a los hombres y las mujeres.[308] «Tiene dos elementos fundamentales, verdad y personalidad… La predicación es anunciar la verdad por medio de la personalidad».[309]

Cuando ustedes leen a Brooks se darán cuenta que maneja el término *personalidad* según un significado mucho más amplio del que usamos hoy en día. El término *persona* comunica de una mejor manera su idea. El concepto de *persona* abarca lo que él quiso decir con *personalidad,* pero también incluye otras dimensiones del ser humano, como nuestra constitución física, nuestras experiencias de la vida, las formas en las que el Espíritu Santo nos ha dotado de dones, y los imprevistos históricos, culturales y geográficos. La predicación es la verdad por medio de la persona.

En este capítulo quiero hacer énfasis en que debemos honrar «la ecología de nuestra persona».[310] Somos lo que somos, y este hecho saldrá a la luz delante de la gente, a pesar de todo el esfuerzo que hagamos por mantenernos alejados del momento de la predicación.[311] Para expresarlo en términos más positivos (es decir, de una manera más consecuente con la gracia de Dios), digamos que Dios honra la ecología de nuestra persona. ¡Después de todo, gran parte de ello es obra de Dios! Dios honra la forma en que estamos hechos, la manera en que nos relacionamos con él, con los demás y con nosotros mismos, la manera en que interactuamos con el mundo, visible e invisible. «Tú creaste mis entrañas; me formaste en el vientre de mi madre… Mis huesos no te fueron desconocidos cuando en lo más recóndito era yo formado, cuando en lo más profundo de la tierra era yo entretejido». (Sal 139.13, 15). Dios honra esta ecología, y nosotros también debemos hacerlo.

De hecho, esto forma parte de la dirección soberana que Dios ejerce sobre la Iglesia. Cuando Dios se propone realizar una obra particular en un grupo específico de personas en un lugar determinado, Dios llama a un predicador en particular con una ecología particular respecto a la persona de ese predicador. El propósito de Dios podría sufrir una interrupción si no se honra la persona del predicador. Tratar de ser alguien que no somos podrían ser un estorbo para la singular obra que Dios quiere lograr.

En 1993, me nombraron pastor titular en la iglesia Glendale Presbyterian Church, en Glendale, California. La mayoría de los que asistían al culto dominical ocupaban algún cargo en la industria del cine y el entretenimiento. Glendale alberga la sede mundial de Hanna-Barbera, ABC, Disney, DreamWorks y MTV. A poco de haber asumido mi cargo, me di cuenta de que la mayoría de los que oirían mis sermones estaban involucrados en el mundo del espectáculo, de la última moda, de lo sensacional y la tecnología de punta. Entonces, me di cuenta de que necesitaba cambiar la forma en que yo predicaba. Creí que tal vez debía desarrollar un nuevo estilo de comunicación. Fue entonces cuando el Señor me hizo ver lo que él ya me había enseñado veinte años antes, cuando empecé a predicar en la iglesia Saint John's Presbyterian Church en West Los Angeles, California, y comencé a cuestionarme si en realidad necesitaba cambiar para poder encajar en el contexto. El Señor me mostró nuevamente que si hubiera querido a alguien con un «estilo del cine y el entretenimiento» bien habría podido llamar a otro. Sin embargo, me llamó a mí y me pidió que fuera yo, porque sus propósitos para esas personas particulares en ese momento específico requerían a alguien con las cualidades de mi persona. Durante mi primer año allí, invité a cierto número de actores y actrices a que se reunieran conmigo, en parte para averiguar cómo podría servirles mejor en sus difíciles vocaciones, pero también para saber por qué habrían de venir a escuchar la predicación de alguien como yo. Su respuesta uniforme fue: «Vivimos nuestras vidas en un mundo de fantasía. Lo que tú predicas y la forma en que lo haces se abre camino entre la ilusión y nos lleva al mundo real». Honrar la ecología de nuestra persona rinde honor a los propósitos que Dios quiere lograr por medio de nosotros.

En este capítulo, quiero explorar tres dimensiones de la personalidad que juegan un papel especial en la predicación: el temperamento, nuestra condición humana de seres heridos y los dones que el Espíritu da.[312] Estos tres rasgos están íntimamente entrelazados en nosotros. El apóstol Pablo exhorta a Timoteo: «Ten cuidado de tu conducta y de tu enseñanza. Persevera en todo ello, porque así te salvarás a ti mismo y a los que te escuchen» (1Ti 4.16). Debemos «tener cuidado» respecto a quiénes somos en lo que se refiere a nuestro temperamento, nuestra condición humana de seres heridos y los dones que el Espíritu da, porque la predicación del evangelio («tu enseñanza») está enfrascada en la personalidad del predicador («ti mismo»).

El temperamento

Debemos prestarle mucha atención a nuestro temperamento. Al usar este término me refiero a la configuración compleja de los rasgos de nuestro carácter, procesos mentales, respuestas emocionales, patrones de conducta, percepciones, actitudes, necesidades y anhelos.

Esta configuración compleja debe tratársela como «dada por hecho». Constituye la forma en que fuimos creados para vivir en este mundo. Lo que somos debe determinar nuestra manera de predicar. Muchos de nosotros, que pensamos que un predicador debería ser solamente de una clase de persona (por lo general, poco realista e idealizada), invertimos un tremendo esfuerzo poniéndonos al derecho y al revés con el fin de convertirnos en esa persona ficticia. No necesitamos hacerlo, porque Dios sabe a quién llama a participar en su obra de transformación y lo hace para que seamos quien somos realmente.

Hay muchas maneras de entender y explicar este asunto. Una de las tantas herramientas que considero que es útil es el *Taylor-Johnson Temperament Analysis* (T-JTA).[313] Aunque está diseñado especialmente para el asesoramiento prematrimonial, el T-JTA ofrece a los predicadores alternativas para que se conozcan a sí mismos. El T-JTA encuadra a la persona humana en una serie de yuxtaposiciones: nervioso vs. controlado, depresivo vs. desenfadado, activo-social vs. tranquilo, expresivo-accesible vs. inhibido, simpático vs. indiferente, subjetivo vs. objetivo, dominante vs. sumiso, hostil vs. tolerante y autodisciplinado vs. impulsivo. (Pueden darse cuenta de la razón por la qué dije que el temperamento y la condición humana de seres heridos están íntimamente entrelazados, pues una serie de rasgos del temperamento T-JTA no son por causa de la creación sino por las consecuencias de la caída de la creación. Trataremos este asunto más adelante).

Otra herramienta útil es el indicador Birkman.[314] Aunque suele aplicarse a personas en el contexto del mundo de los negocios, también puede ser útil para los predicadores porque los ayuda a entender la manera en que realizan su labor. Esta herramienta explora cómo nos relacionamos con otras personas y cómo nos relaciona-mos en grupos; cómo nos relacionamos con las estructuras y los que tienen autoridad sobre nosotros; qué tipo de incentivos necesitamos para trabajar bien; cuál es nuestro ritmo de acción preferido; cómo lidiamos con el cambio; si preferimos trabajar solos o en equipo; si preferimos la acción y luego la reflexión, o la reflexión y luego la acción.

Otro recurso útil para conocernos a nosotros mismos es el ampliamente usado indicador Myers-Briggs.[315] Esta herramienta es el resultado del trabajo de Katharine Briggs y su hija, Isabel Briggs

Myers, quienes adaptaron las ideas de Carl Gustav Jung (1875-1961) con el fin de que su visión de la persona humana fuera de más fácil acceso a la población en general. La motivación de Briggs y Briggs-Myers fue permitir que la gente entendiera las razones por las cuales hacían lo que hacían y así ayudarles a tomar decisiones más sensatas. Jung observó a los seres humanos, y vio varios «arquetipos» distintos o configuraciones de tendencias y perspectivas. La herramienta Myers-Briggs sugiere que son ocho las «preferencias» básicas (especialmente bajo estrés, ¡y que para nosotros es el momento de la predicación!) que conforman los arquetipos de la familia humana. Myers-Briggs las reúne en cuatro pares: (E) extraversión e (I) introversión; (S) sensación e (N) intuición; (T) pensamiento y (F) sentimiento; y (J) juicio y (P) percepción. El primer par tiene que ver con la forma en que estamos energizados para vivir: (E) extraversión, nos gusta estar con la gente la mayor parte del tiempo, nuestra energía proviene del mundo exterior, de personas, cosas y actividades; (I) introversión, aunque disfrutamos de las personas, preferimos (y necesitamos) tiempos a solas, nuestra energía proviene del mundo interno del pensamiento y las ideas. El segundo par tiene que ver con la forma en que abordamos la vida y evaluamos la realidad: (S) sensación, utilizamos los cinco sentidos, observamos los hechos y preferimos encontrar datos y orden; (N) intuición, usamos el «sexto» sentido, podemos ver y escuchar sin los sentidos buscando asociaciones, patrones y sentido. El tercer par tiene que ver con la forma en que procesamos lo que aprendemos por medio de la sensación o la intuición: (T) pensamiento, sometemos al pensamiento los datos que hemos reunido, analizamos y razonamos; (F) sentimiento, «sentimos» los datos que hemos reunido, los analizamos indirectamente, tratamos de poseer lo que aprendemos, necesitamos integrarnos a lo que aprendemos. Myers-Briggs no dice que los pensadores, los racionales, no sienten ni que los emocionales no piensan; es solo que los pensadores prefieren pensar la realidad, mientras que los emocionales prefieren sentirla. El cuarto par tiene que ver con lo que hacemos con lo que hemos reunido y procesado: (J) al juzgar, lo damos todo, tomamos decisiones y las ejecutamos; (P) percepción, lo procesamos todo queriendo asegurarnos de que hemos aceptado todos los aportes posibles y considerado todos los cursos posibles de acción. ¡Cuán maravillosamente diversos somos![316]

Todo esto nos ayuda a comprender la complejidad del momento de la predicación. El predicador llega al evento desde un grupo de tendencias, mientras que los oyentes provienen de estas mismas tendencias y muchas otras más. Les corresponde a los predicadores que sean ellos mismos y que, a la vez, aprecien las distintas y variadas tendencias de sus oyentes. Por fortuna tenemos a nuestra disposición una gran cantidad de investigaciones sobre este asunto complejo.[317]

Partiendo de las ideas de T-JTA, Birkman, Myers-Briggs y otros clasificadores del temperamento, permítanme sugerir cómo estas herramientas contribuyen a que los predicadores mejoren el entendimiento de sí mismos.[318] Soy capaz de identificar al menos cinco temperamentos en los predicadores. Los he denominado de esta manera: exhortadores fieles, activistas espontáneos, lógicos ordenados, visionarios apasionados y artistas creativos.

Exhortadores fieles. Los predicadores de este tipo aprecian el pasado y, en consecuencia, la tradición. Por lo tanto, se relacionan con Dios rememorando el pasado (en el sentido de «recordar» y «participar en») y también proyectándose al pasado. Son predicadores que prefieren libros altamente exhortativos, como Mateo y Santiago. Sienten el deber moral de hablar solo lo que dice la Biblia, y exhortan a los demás a una obediencia absoluta: «Hacemos esto porque la Biblia lo dice así». Poseen la capacidad especial de leer un pasaje bíblico y casi de inmediato descifrar lo que sucede en este. Tomen Marcos 1.16-20, por ejemplo, el llamado de los cuatro pescadores. Los exhortadores fieles tienen la capacidad de oler el aire del mar y los peces, sentir la brisa, escuchar el ruido de la playa mientras los pescadores intentan transportar a la orilla el producto de su trabajo, etc. Como predicadores, tienen la capacidad de ayudar al resto de la congregación a experimentar lo mismo. Los predicadores de este tipo normalmente se comunican de manera ordenada (incluso prefieren tener a mano bosquejos impresos) y normalmente usan un lenguaje concreto, que apela a los sentidos y todo con el fin de promover mayor fidelidad entre los oyentes.

Activistas espontáneos. Los predicadores de este tipo aprecian el presente y, por lo tanto, la apertura y la espontaneidad. Se relacionan con Dios en el presente y siendo prácticos, es decir, manifiestan una espiritualidad informal y con una actitud de manos a la obra.

Prefieren libros más dinámicos como Marcos (que tiene predilección por expresiones adverbiales como «en seguida», «al momento», «al instante») y Proverbios, y les gusta el sermón del Monte. Para ellos, estar en el púlpito con un manuscrito los limita demasiado. En sus sermones van directo al grano y quieren que la gente pase a la acción lo antes posible. (Si algunos entre ustedes son activistas espontáneos es posible que hayan encontrado supremamente tedioso el capítulo cinco de este libro, si no francamente aburrido).

Lógicos ordenados. Los predicadores de este tipo aprecian la mente y, por lo tanto, su pensamiento demuestra un desarrollo lógico. Se relacionan con Dios por medio de la lógica, de leer y escribir oraciones litúrgicas, y mediante preguntas de sondeo. Planean bien sus experiencias y pueden describir rápidamente la evaluación de dichas experiencias. Prefieren libros mucho más elaborados como Romanos, Deuteronomio y Lucas. Como predicadores, son muy precisos con las palabras y con el flujo del sermón. Se sienten más libres cuando trabajan con un manuscrito bien estructurado.

Visionarios apasionados. Los predicadores de este tipo aprecian el futuro; siempre buscan el sentido de todo y se enfocan en lo que es posible. En relación con Dios, anhelan la sinceridad. Necesitan momentos de quietud y silencio a fin de armonizar sus sentimientos apasionados con el evangelio. Prefieren los pasajes más místicos como Juan, Isaías y Apocalipsis. Como predicadores, tienen la capacidad de evaluar un grupo de personas rápidamente, ajustando el tono o el vocabulario del sermón para impactar la vida de los oyentes Tienen la capacidad de meterse en el pellejo de cualquier persona y ver, oír, sentir o pensar el mundo desde esa perspectiva.

Artistas creativos. Los predicadores de este tipo aprecian lo visual y auditivo. Le dan sentido al mundo que los rodea y su experiencia de este, gracias a medios audiovisuales. Prefieren las parábolas, la poesía de los profetas y las visiones del Apocalipsis. Tienen la capacidad de «trazar» imágenes muy descriptivas usando palabras; sin embargo, prefieren «trazar» literalmente y dejar que la pintura (o canción, película o escultura) hable por sí misma.

¿Dónde se encuentran en esta categoría? Hasta cierto punto, todo predicador podría identificarse con cada una de estas categorías;

y hasta cierto punto, todos nosotros deberíamos tratar de entender los otros tipos. Después de todo, cualquier grupo de oyentes contiene todos los tipos, y queremos alcanzar a la mayor cantidad posible. ¿Qué predicadores conocen que encarnen estas distintas formas de ser y actuar? Lo más importante, ¿qué partes de tu temperamento crees que debes prestarle mayor atención con el fin de llegar a ser el predicador que has sido llamado a ser?

Nuestra condición humana de seres heridos

Debemos también prestar atención a aquella noción descrita como la condición humana de seres heridos. Todos nos enfrentamos a la vida, las relaciones, trabajo y, por lo tanto, la predicación a partir de las heridas que hemos sufrido, especialmente en los primeros años de vida. En torno a estas heridas, hemos creado patrones de nos ayudan a enfrentarnos con el dolor. Estas heridas siempre estarán presente, algunas de ellas nos causarán mucho dolor, y se ubicarán en el subconsciente. Podríamos tratar de ignorarlas, pero de todos modos lograrán afectar el momento de la predicación.[319] Es un hecho ineludible de la vida. La gloria del evangelio es que Dios sana estas heridas, y en el proceso de curación, Dios se vale de ellas en aras de la verdad.[320]

Este tema amerita un libro completo y, de hecho, ya hay libros escritos por personas que poseen un entendimiento superior al mío respecto a la condición humana.[321] Algunos de nosotros vivimos con la necesidad de llenar el vacío profundo y doloroso en el centro de nuestro ser. Algunos de nosotros vivimos con la necesidad de controlar el mundo a nuestro alrededor. Algunos de nosotros vivimos con una profunda ansiedad, sin saber en quién o en qué podemos realmente confiar. Algunos de nosotros vivimos con un perfeccionismo profundamente arraigado; sentimos que no valemos nada a menos que nuestro trabajo se haga a la perfección. Algunos de nosotros (¿quizá la mayoría de los predicadores?) vivimos con la necesidad de complacer a la gente, asegurándonos siempre de que lo que hagamos se gane el elogio de los demás.

Todas estas heridas afectan los asuntos en torno a la identidad y el mérito. Si mi vida no se parece en nada a la norma, estaremos enfrascados, en cierta medida, en torno a esos asuntos toda la vida.[322] Los predicadores, por lo tanto, quizá más que otras personas, necesitan recibir regularmente la predicación del evangelio; necesitamos que se nos recuerde con frecuencia que en Jesucristo hemos sido llevados al lado del Hijo de Dios, y que hemos sido adoptados por su Padre como verdaderas hijas e hijos, y que también necesitamos oír al Padre que nos diga: «Tú eres mi amado». Nosotros, más que otros, necesitamos escuchar repetidas veces que nuestro mérito no lo determina nuestra labor, sino que Dios, por su misericordiosa elección, nos ha hecho suyos (Ef 1.3-14).

Además, necesitamos escuchar repetidas veces que el Espíritu de Dios cura nuestras heridas y que por su gracia, esas heridas se convierten en el punto de partida desde el que Dios nos faculta para predicar. Desde el vacío profundo que algunos de nosotros hemos sufrido, puede surgir la predicación respecto a la plenitud de vida, a la cual el Dios trino nos ha llamado. Desde la necesidad profunda de tener el control de las cosas, puede surgir la predicación respecto al hecho de que el Pastor Soberano nos tiene asidos de su mano. Desde la ansiedad, puede surgir la predicación del Señor que vela por nosotros y provee todas nuestras necesidades. Desde el perfeccionismo paralizante, puede surgir la predicación respecto al amor perfecto e incondicional por seres humanos que jamás podrán ser perfectos y que tampoco lo necesitan ser. Gracias a Dios que incluso nuestras heridas las puede usar como medios para transformar a los demás.

¿Me permiten sugerirles que antes de continuar leyendo se tomen un tiempo para orar por cualquier herida de la que sean conscientes? Quisiera compartirles una oración escrita por C. Baxter Kruger, un amante apasionado de la Trinidad.[323]

> Padre, por la libertad de tu amor infinito y por la seguridad de tu abrazo, reconozco ante ti que algo me sucede y que ando perdido en la oscuridad.
>
> En lugar de vivir con tu gozo, me paralizo por dentro. En lugar de recibir tu amor, mi alma está perturbada. Las necesidades me agobian. Me encierro en mí mismo y me retiro. Me vuelvo egocéntrico, airado, frustrado. En mi dolor, hiero a los que amo. Desperdicio mi tiempo y vida. Me siento avergonzado. Me aterra mirarme a mí mismo. Perdóname por culpar a los demás por

mis problemas. Háblale a mi alma, Padre. Dime otra vez que en mí hay más de lo que yo conozco.

Ayúdame a creer que mi existencia, mi vida, mi futuro es parte de la tuya. Ayúdame a ver que enfrentar mi vida y mi herida significa liberación y plenitud, no muerte.

Jesús, dame tu visión. Ayúdame a verme a mí mismo como tú me ves. Espíritu Santo, dile a mi alma que pertenezco a Jesús y a su Padre para siempre. Muéstrame dónde, cuándo y cómo he dejado de recibir el amor del Padre. Muéstrame la manera en que mi miedo esta ligado a personas y lugares, eventos, olores y cosas. Libérame de lo que me lleva al mal y todo lo relacionado a este. Perdóname por lo que he hecho y dicho, por lo que no he hecho y dicho a tus hijos. Amén.

Los dones del Espíritu

Debemos prestar mucha atención a los dones que Dios nos ha dado para el ministerio. A continuación, tenemos buenas noticias para nosotros, los predicadores heridos: a partir de nuestra condición humana de seres heridos, Jesucristo nos ha facultado para que funcionemos en el mundo para su gloria. Hemos sido creados por Jesús y para él. Hemos sido redimidos por Jesús y para él. Y es él quien nos ha facultado de una manera especial para vivir y servirle de una manera peculiar. El evangelio ahora forma parte de la ecología de nuestra persona.

Facultados. La descripción bíblica más común es que se nos ha dado *dones*. Pero, la descripción más literal es que se nos ha dado *carismas*, es decir, que hemos recibido un «don de la gracia». El Espíritu Santo ha dado a todo miembro del cuerpo de Cristo en el mundo un carisma, que lo faculta para cumplir una función especial en la iglesia y en el mundo. Este don ha penetrado en lo más profundo de nosotros que he usado el verbo *facultar*, porque el don se ha vuelto parte de nosotros. No se trata de que tengamos un don; más bien, somos un don.

El apóstol Pablo nos exhorta: «Nadie tenga un concepto de sí más alto que el que debe tener» (Ro 12.3). Lo que quiere decir es que ninguno de nosotros debería creer que hemos sido dotados por el

Espíritu Santo para hacer todo lo que Jesús dijo que la iglesia debería hacer en el mundo. (Esta es una de las heridas que aflige a muchos predicadores: creerse que son competentes en todas las áreas de la vida con el propósito de sentirse dignos de su vocación). Más bien, sino más bien piense de sí mismo con moderación, según la medida de fe que Dios le haya dado» (Ro 12.3). Debemos aceptar la forma en que hemos sido facultados y evitar ser todo lo que la iglesia y el mundo exigen que los predicadores sean.

Consideren la divertida parábola de Bruce Bugbee, fundador y presidente de Network Ministries International.[324]

> Poco tiempo después de la creación del mundo, los animales se reunieron y decidieron formar un colegio. Querían el mejor colegio posible, uno que ofreciera a sus alumnos un programa de educación completo, con natación, atletismo, montañismo y vuelo incluidos. Para graduarse, todos los animales debían matricularse en todos los cursos.
>
> El pato destacó en natación. De hecho, logró superar a su instructor. Lo malo fue que el pato solo aprobaba con nota mínima el curso de montañismo y no le iba bien en atletismo. El pato era muy lento para correr; todos los días tenía que quedarse horas extra en el colegio para practicar. Solamente logró mejorar muy poco, porque sus pies palmeados estaban desgastados. Con pies en tan deplorable estado solo pudo obtener una calificación promedio en natación, pero el promedio fue bastante aceptable para todos, por lo que nadie se preocupó mucho por ello… excepto el pato.
>
> El conejo superaba al resto de la clase en atletismo. Sin embargo, después de un corto tiempo, desarrolló una contracción en la pierna debido a todo el tiempo que pasó en el agua tratando de mejorar su natación.
>
> La ardilla era experta en montañismo, pero se frustraba constantemente en vuelo. Su cuerpo quedó tan golpeado por causa de todos esos aterrizajes duros, que dejó de irle bien en montañismo, y terminó con malas notas en atletismo.

> El águila era una alumna problemática permanente.
> Su inconformismo la llevó a sufrir sanciones severas.
> Por ejemplo, en la clase de montañismo, era la primera
> en llegar a la copa del árbol, pero insistía en usar su
> propio método.

A estas alturas, supongo que ya han captado el relato. Cada uno de los animales tenía una habilidad particular. Lograron destacar cada vez que cumplían con la habilidad para la que fueron creados. Pero, no fueron tan eficientes cuando intentaron operar fuera del área que dominaban. Piensen por un momento en ello. ¿Pueden correr los patos? ¡Claro que pueden! ¿Es eso lo que mejor hacen? ¡No!

El punto es dejar que los patos naden en el agua, a las ardillas que suban a los árboles y a las águilas que surquen los aires.

No todos los predicadores han sido creados por igual. Cada uno de nosotros ha sido facultado de una manera particular. Podemos aprender el uno del otro. Pero no debemos tratar de imitar el uno al otro.

Hay muchos recursos disponibles que nos ayudan a descubrir nuestra manera singular de servir en este mundo y, por lo tanto, de predicar. El que me ha parecido más útil (cuando trato de entender la manera en que se me ha facultado como predicador, y cuando ayudo a otros predicadores a que entiendan sus propias facultades) es el desarrollado por Glen A. Thorp, con quien trabajé hace algunos años en Los Ángeles.[325] Thorp sigue el rumbo de Romanos 12.6-8, en donde el apóstol Pablo identifica siete maneras principales de ministrar o, más en la línea del énfasis de ese libro, siete formas distintas de formar parte del ministerio del Jesús resucitado y glorificado. ¿Por qué siete? ¿Podría ser que en las Escrituras siete es el número de que algo está completo, y que siete facultades de alguna manera representan o encarnan la esencia de los dones del Espíritu en la iglesia? Los siete son profetizar, prestar servicio, enseñar, animar, dar, dirigir y mostrar compasión.

> Tenemos dones diferentes, según la gracia que se nos
> ha dado. Si el don de alguien es el de profecía, que lo use
> en proporción con su fe; si es el de prestar un servicio,
> que lo preste; si es el de enseñar, que enseñe; si es el de

> animar a otros, que los anime; si es el de socorrer a los necesitados, que dé con generosidad; si es el de dirigir, que dirija con esmero; si es el de mostrar compasión, que lo haga con alegría.
>
> *(Ro 12.6-8).*

Thorp argumenta que lo que tenemos en Romanos 12 son motivaciones profundamente arraigadas para el ministerio. En 1 Corintios 12 encontramos los dones como manifestaciones del ministerio del Espíritu; en Efesios 4, los dones son cargos del ministerio. En Romanos, Pablo habla de siete motivaciones diferentes que el Espíritu ha incorporado en los miembros del cuerpo de Cristo. Estas motivaciones están tan profundamente arraigadas que, una vez más, me refiero a estas como si se tratara de facultades que constituyen quiénes somos en Jesús.

Lo que Thorp dice, y estoy de acuerdo con él, es que todas estas siete personas motivadas tienen la capacidad de predicar. Sin embargo, cada una lo hará desde una motivación diferente. Todas las siete podrían tomar el mismo pasaje bíblico, y puesto que cada una de ellas opera según su propia facultad, se obtendrán siete sermones diferentes. La misma verdad se escuchará de siete maneras distintas. Y no hay ningún problema en ello.

Analicemos en cuatro rondas esta lista de las siete motivaciones: primero, exploremos brevemente lo que Pablo quiere decir con cada término; segundo, sugiramos la clase de palabras y frases que cada facultad tiende a usar; tercero, sugiramos lo que apasiona a cada motivación; y cuarto, señalemos los pasajes de las Escrituras a los que cada motivación se siente atraída y que probablemente sea la que con mayor frecuencia quiera predicar.

Primera ronda: significado.

Profetizar. Como dijimos anteriormente, el verbo *profetizar* significa proclamar. Esta don es la capacidad de proclamar un nuevo mensaje de parte del Dios viviente. De todas las motivaciones, esta es la que no se puede ejercer a voluntad. Se encuentra bajo el control directo e inmediato del Espíritu Santo, razón por la cual los profetas del Antiguo Testamento decían a menudo que la palabra del Señor «vino a mí». Algunas veces, profetizar sucede en la predicación; la mayoría de veces la predicación es enseñanza o exhortación (o uno de los otros verbos que vimos en el capítulo cuatro). La palabra profética puede ser un mensaje de advertencia o de consolación, un reclamo o litigio o un lamento. Cada vez que aparece, los oyentes sabrán que se trata de la palabra de Dios.

Prestar servicio. La palabra que Pablo usa es *diakonia*, de la cual se deriva la palabra *diácono.* Aunque todos los discípulos de Jesús han sido llamados a servir, a lo que Pablo se refiere aquí es a una motivación especial a prestar servicio. Las personas que poseen esta facultad están profundamente conscientes de las necesidades inmediatas de la gente a su alrededor. Son personas que tan pronto entran a una habitación de inmediato se dan cuenta de las cosas concretas que deben hacerse y se disponen a hacerlas.

Enseñar. Esta motivación abarca la interpretación y práctica cuidadosa y sistemática de la Escritura. Lo que se desea es impartir información para que la gente logre entender el mensaje que los apóstoles y los profetas han proclamado. «¿Por qué necesitamos la teología?» preguntó Clark Pinnock retóricamente. «Porque el cristianismo es una religión misionera, y si vamos a proclamar el mensaje, ¡es mejor que lo hagamos bien!»[326] Esta facultad busca proteger y transmitir «la fe encomendada una vez por todas a los santos» (Jud 3).

Animar. La palabra que Pablo usa aquí es *paraklēsis*, del verbo *parakaleō*, que se relaciona con la palabra que Jesús usó para el Espíritu Santo, *paraklētos.* El Espíritu Santo ha sido convocado para acompañar a los discípulos de Jesús y cumplir ciertas tareas para ellos: convencer, consolar, aconsejar, amonestar. Aquellos que poseen esta motivación, desean acompañar a los demás con el fin de prestarles ayuda en lo que necesiten en el momento. Charles Cranfield dice que el propósito de esta facultad es «ofrecer ayuda a los cristianos para que lleven a la práctica su obediencia al evangelio».[327]

Dar. Todos los cristianos han sido llamados a dar de sus recursos financieros. Pablo se refiere aquí a una categoría especial de contri-buyentes; personas motivadas a dar de manera generosa. ¿Será que son personas motivadas a dar de sus propios recursos? O, tal como pensó Juan Calvino: ¿será que se les ha entregado la responsabilidad de distribuir los bienes públicos de la iglesia»?[328] Cualquiera que sea el caso, son personas que les agrada dar generosamente, esperando así motivar a los demás para que también den con generosidad.

Dirigir. La palabra que Pablo usa es un término militar que se deriva de un verbo, cuyo significado es «presentarse delante de los demás». La motivación aquí es pasar al frente y dirigir las cosas en una dirección determinada. Otra palabra relacionada es *administración*: aquellos que con dignidad administran el personal y los recursos existentes para cumplir con las necesidades de los demás. El deseo es ver el progreso del reino de Dios en el mundo.

Mostrar compasión. Es la palabra clave de los tres capítulos anteriores a Romanos 12. La compasión de Dios consiste en que Dios hace por nosotros lo que jamás podríamos hacer por nosotros mismos, y que, por causa del pecado, jamás lo mereceríamos. Las personas con esta facultad motivacional poseen una gran empatía por los demás. Se trata sencillamente del deseo de estar presente para los demás, así como Jesús lo está para nosotros.

Segunda ronda: otras expresiones.

En esta sección, analizaremos aquellas palabras y frases cuyo uso tiende a revelar diferentes motivaciones y que nos ofrecen otras perspectivas respecto a las distintas maneras de predicar.[329]

Profetizar. Algunas de las frases más frecuentes que algunos usan en la predicación son: «ver la realidad tal como es» y «conocer a Dios tal como Dios realmente es». Aquellos que usan estas expresiones piensan siempre en términos del potencial y las posibilidades: «No tiene por qué ser así», nos repiten con regularidad. Sienten la necesidad de decirle a los demás lo que ven: la alegría de ver lo que aún no está completo sin que otros también lo vean.

Prestar servicio. Estas personas reconocen rápidamente «las necesidades concretas» de la gente a su alrededor. Aprecian el hecho de que son detallistas y organizados. «No hay tarea que esté por debajo de tu dignidad como un discípulo del Gran Siervo». Prestan servicio en todo y lo hacen con un espíritu alegre.

Enseñar. Son precisos, sistemáticos, capaces de sopesar pasajes específicos de la Biblia con «todo el propósito de Dios». Nos dice: «Bueno, la Biblia no afirma exactamente eso; más bien, dice…». Buscan exactitud en el pasaje bíblico. Disfrutan la investigación; se deleitan cuando ven que los demás «captan» el mensaje.

Animar. De estas personas escuchamos muchas veces la expresión: «las relaciones son importantes». Son los que disfrutan el contacto interpersonal, el acompañamiento personal. «Consuelan a los afligidos y afligen a los que están cómodos». Ven la vida cristiana como una «caminar» y les agrada ayudar a los demás a dar el siguiente paso en el viaje. «Cumplir lo prometido». «Vive lo que eres en Cristo».

Dar. Estos discípulos jamás dicen: «no tenemos dinero». No tienen ningún recato de hablar de dinero. «La prueba de fe más segura no es recitar los credos de memoria, sino qué haces con tu dinero». Disfrutan cuando ven que otros ministerios comienzan y prosperan.

Dirigir. Los oímos decir a menudo cosas como: «preparemos a la gente», «cumplamos la visión» y «estamos en esto juntos». Están dispuestos a tomar decisiones difíciles y asumir sus consecuencias. «Sin sacrificio no hay beneficio».

Mostrar compasión. No tienen temor de sufrir el dolor de los demás. «Hay algo en aquella persona que hace aflorar la compasión de Jesús» (Glen Thorp solía decirlo). «A nadie le importa cuánto sabemos hasta que sepa cuánto nos preocupa su bienestar». «No importa saber por qué los demás están en problemas, todo lo que importa es que sufren necesidad». Y también, «tan solo ofrece tu ayuda a los demás».

Tercera ronda: la pasión.

Cada una de las distintas facultades se relaciona con la vida y, por lo tanto, con la predicación partiendo desde una pasión que es inherente en cada motivación.

Profetizar. Ver uno mismo y ayudar a los demás a ver.

Prestar servicio. Ver que las necesidades de los demás sean atendidas.

Enseñar. Entender uno mismo y ayudar a que los demás entiendan.

Animar. Acompañar a los demás y ayudarlos a que tomen el siguiente paso.

Dar. Poner recursos a disposición de los demás.

Dirigir. Ver que la labor se lleve a cabo.

Mostrar compasión. Estar presente para los demás y ofrecerles la compasión de Jesús.

Cuarta ronda: pasajes bíblicos.

Cada motivación le gusta llevar a la práctica y predicar partes y géneros específicos de las Escrituras. A continuación, ofrecemos lo que parece atraer con mayor fuerza a cada facultad y, por lo tanto, lo que probablemente se preferirá predicar.

Profetizar. 1 y 2 Reyes, donde Dios elige los prototípicos profetas, Elías y Eliseo. Isaías, el gran visionario, el profeta de la mente de Dios. Jeremías, el profeta suplicante, el profeta del sentimiento de Dios. Habacuc, a quien le dijeron que se mantuviera alerta porque no podía ver lo que Dios estaba haciendo: «Pues la visión… sin falta vendrá» (Hab 2.3). Apocalipsis, donde vemos a Jesucristo en toda su gloria y triunfo. Efesios, especialmente los capítulos 1-3, el indicativo de la gracia. Y Juan, que declara con alegría: «Y hemos contemplado su gloria» (Jn 1.14).

Prestar servicio. Éxodo, donde vemos a Dios satisfacer las necesidades físicas de su pueblo mientras se dirige a la tierra prometida. Hageo, el profeta que se preocupa por las necesidades específicas, concretas (literalmente) del templo. 1 Timoteo, que aborda problemas cotidianos como la toma de decisiones, procesos, presupuestos y el cuidado de las viudas. Lucas, donde encontramos a Jesús que satisface las necesidades de personas heridas y luego nos llama a que nos unamos a él en esta labor (por ejemplo, las mujeres que financiaron el ministerio itinerante de Jesús, la parábola del buen samaritano).

Enseñar. Deuteronomio, el «segundo relato» de la ley, donde Moisés sistematiza los anteriores mandamientos. Jueces, donde Israel lucha por discernir y vivir según la verdad que les ha sido revelada. Isaías, el más grande teólogo de Israel. Romanos, donde Pablo describe con mayor precisión el evangelio de Dios. Hebreos, la amplia y brillante explicación de la obra terminada de Jesús, el supremo sacerdote. Mateo, donde se recogen las palabras y los hechos de Jesús en cinco secciones didácticas y ordenadas.

Animar. 1 y 2 Corintios, que nos explican las consecuencias inherentes de la obediencia y la desobediencia. Proverbios, donde la sabiduría nos ruega que aprendamos de ella, para saber vivir cada día. Amós, el profeta que quiere que la gente logre un mayor grado de madurez y obediencia. Efesios, especialmente los capítulos 4-6, el imperativo de la gracia. Santiago, con su énfasis en poner la palabra «en práctica». Mateo y Lucas, donde Jesús se acerca a la gente y los anima a seguir adelante.

Dar. Éxodo, donde la generosidad de Dios se manifiesta de una manera tan maravillosa, que permite que un millón de personas se abran paso a través de un desierto calcinante y seco. 2 Samuel a 1 Crónicas: la vida de David, el dadivoso. Filipenses, donde Pablo rinde homenaje al Señor que provee. Lucas, con las parábolas de Jesús acerca de la generosa gracia de Dios y las historias de aquellos que proveyeron para el trabajo del reino.

Dirigir. Esdras y Nehemías, donde Dios dirige y da poder a su pueblo para que reconstruyan la destruida Jerusalén. Daniel, a quien Dios elige como un dirigente importante en un país extranjero. Éxodo, donde Moisés tuvo que asumir la dirección. Josué, el dirigente reacio, al que Dios le dijo: «sé fuerte y valiente». 1 y 2 Timoteo, un dirigente que entrena a otro. Y Marcos, con aquellas expresiones «en seguida», «al momento», «al instante» «inmediatamente».

Mostrar compasión. Génesis 12-50, donde comprobamos el misericordioso trato de Dios hacia las familias disfuncionales de Abraham, Isaac y Jacob. Oseas, el profeta de la segunda oportunidad. Los salmos, las súplicas por la misericordia de Dios. Filemón, donde Pablo ruega «en nombre del amor» (Flm 9).

¡Qué variedad tan creativa! ¿Cómo podría ser posible que se diera un solo tipo de predicador?

¿Dónde se ubican ustedes en todo esto? ¿Cuál de las motivaciones es la que mejor los describe cuando están por predicar? Por ello, el apóstol Pablo nos anima: «que avives la llama del don de Dios que recibiste» (2Ti 1.6). Acepten de todo corazón la motivación singular que Dios ha obrado en ustedes. Una vez más, no tengamos un concepto de nosotros más alto del que debemos tener (Ro 12.3). Creernos que estamos en una posición más alta que los demás significa pensar que se nos ha dado todas las facultades existentes. Al contrario, aceptar la facultad que se nos ha dado nos hace pensar en nosotros mismos con moderación.

Dios respeta toda la ecología de nuestra persona: el temperamento, nuestra condición de seres humanos heridos, y los dones que el Espíritu nos ha dado. Así mismo debemos hacer nosotros. Parker Palmer lo expresa tan bien: «El Dios que conozco no nos pide que nos conformemos a una norma abstracta de un yo ideal. Dios solo nos pide que respetemos nuestra naturaleza creada, lo cual significa aceptar nuestros límites y potenciales».[330] En mi experiencia, quemarse por el ministerio no es por causa del exceso de trabajo, sino que es el resultado del agotamiento que surge de no haber respetado lo que somos y, en cambio, haber tratado de ser lo que creíamos que debíamos ser. En mi experiencia, el gozo nace de aceptar lo que somos, si bien no somos todo lo que quisiéramos ser, y de confiar en que el gran Predicador predique por medio de este predicador que está produciendo, redimiendo y moldeando.[331]

Notas

300. William A. Quayle, *The Pastor-Preacher* (1910), reimpresión, Pasig City, Metro Manila: LifeLine Philippines, 1984, p. 363. Las cursivas son mías.

301. *Ibid.*

302. *Ibid.*, p. 367.

303. *Ibid.*, p. 364.

304. Nota del editor: Del inglés, *givenness*, que significa: «cualidad de entrega, donación», es decir, ese acto de la voluntad de parte de la persona, que la dispone a entregarse a la vocación de predicador.

305. Nota del editor: Respecto a la traducción del término inglés *carol*, cuyo equivalente oficial y correcto es «villancico», hemos optado por usar el más conocido término «himno navideño», que es de reciente origen y pertenece a un grupo cada vez mayor de términos evangélicos anglosajonizados y cuya razón de ser es porque psicológicamente guardan distancia de vocablos de origen católico romano.

306. Philips Brooks, *Lectures on Preaching*, New York: E. P. Dutton, 1877, p. 5.

307. William Willimon, *Pastor: The Theology and Practice of Ordained Ministry*, Nashville: Abingdon, 2002, pp. 157-158. Al cabo de casi 40 años de predicación, ¡estoy de acuerdo!

308. Brooks, *op. cit.*, p. 5.

309. *Ibid.*

310. Le oí este término por primera vez a Ken Shigematsu en un sermón en la iglesia Tenth Avenue Alliance Church en Vancouver, B.C, en mayo de 2007.

311. Ver Andre Resner, *The Preacher and the Cross: Person and Message in Theology and Rhetoric*, Grand Rapids: Eerdmans, 1999, para un estudio a fondo de la persona en el momento de la comunicación.

312. Nota de editor: El autor presenta los términos en inglés *temperament*, *woundedness* y *Spirit gifting*. El primero de ellos es de fácil traducción. El segundo de ellos es imposible de traducir; proviene de la psicología moderna y es casi seguro que se refiera al término que Henri Nouwen popularizara hace unas décadas atrás, *the wounded healer*, es decir, nuestra condición humana de seres heridos, en el sentido psicológico. El tercer término no tiene una traducción exacta, por ello, lo hemos traducido sencillamente como «los dones que el Espíritu da».

313. Robert M. Taylor y Lucile P. Morrison, *Taylor-Johnson Temperamental Analysis*, Thousand Oaks, CA: Psychological Publication Co., 1984. Nota del editor: Este cuestionario se originó en el contexto anglosajón en California en la década de 1930, se cuestiona su pertinencia para el contexto hispano actual.

314. Ver www.birkman.com

315. Isabel Briggs Myers con Peter B. Myers, *Gift Differing*, Palo Alto, CA: Consulting Psychologists Press, 1980; Isabel Briggs Myers y Mary H. McCaulley, *Manual: A Guide to the Development and Use of the Myers-Briggs Type Indicator*, Palo Alto, CA: Consulting Psychologists Press, 1985; David Keirsey and Marilyn Bates, *Please Understand Me. Character & Temperament Types*, Del Mar, CA: Prometheus Nemesis Book Company, 1984. Nota del editor: El método ha sido cuestionado en otros contextos culturales como el francés y el hispano.

316. Usé intencionalmente el plural, nosotros, a lo largo de mi descripción de la herramienta porque Myers-Briggs sostiene que todos tenemos la capacidad para vivir todas esas tendencias. La diferencia está en que tenemos nuestras preferencias a las que recurrimos automáticamente cuando estamos bajo estrés.

317. Ver Lloyd Edwards, *How We Belong, Fight, and Pray: MBTI as a Key to Understanding Congregational Dynamics*, Washington, D.C.: The Alban Institute, 1993; W. Harold Grant, Magdala Thompson y Thomas E. Clarke, *From Image to Likeness: A Jungian Path in Gospel Journey*, Mahwah, N.J.: Paulist, 1983; Otto Kroeger y Janet M. Thuesen, *Type Talk, or How to Determine Your Personality Type and Change Your Life: Base on the Myers.Briggs Indicator*, New York: Delacorte, 1988; Roy M. Oswald y Otto Kroeger, *Personality Type and Religious Leadership*, Washington, D.C.: The Alban Institute, 1988.

318. Lo que he elaborado ha sido influenciado por el trabajo de Chester P. Michael y Marie C. Norrisey, *Prayer and Temperament: Different Prayer Forms for Different Personality Types*, Charlottesville, Va.: Open Door, 1984. Los autores presentan una investigación fascinante de las correlaciones entre el tipo de personalidad y las formas de oración preferidas las cuales tienen implicaciones significativas en lo tocante a los predicadores y sus formas de predicación preferidas.

319. Ver Paul Johnson, *Intellectuals*, New York: Harper & Row, 1988; y Susan Howatch, *Glittering Images*, New York: Fawcett Crest, 1989.

320. Tres buenos ejemplos: Jonathan Edwards, E. Stanely Jones y A. W. Tozer. Ver George M. Marsden, *Jonathan Edwards: A Life*, New Haven, Conn.: Yale University Press, 2003; Stephen A. Graham, *Ordinary Man, Extraordinary Mission: The Life and Work of E. Stanley Jones*, Nasville: Abingdon, 2005); y Lyle Dorsett, *A Passion for God: The Spiritual Journey of A. W. Tozer*, Chicago: Moody Press, 2008.

321. Ver especialmente el trabajo de Archibald Hart, *Healing Life's Hidden Addictions*, Ann Arbor, Mich.: Servant, 1990; Henri Nouwen, *The Wounded Healer: Ministry in Contemporary Society*, Garden City, N.Y.: Doubleday, 1972. Hay versión en español, *El sanador herido*, Madrid: PPC, 1996; David Seamands, *Healing for Damaged Emotions*, Wheaton, Ill.: Victor, 1991.

322. He venido descubriendo que es de gran provecho el trabajo que se viene desarrollando en torno a lo que se conoce como Eneagrama, un intento antiguo por entender «el lado oscuro» de nuestra ecología humana. Ver especialmente Richard Rohr y Andreas Ebert, *The Enneagram: A Christian Perspective*, New York: Crossroads, 2002. Nota del editor: la filosofía detrás del eneagrama es controversial entre católicos y evangélicos.

323. C. Baxter Kruger, en su blog www.perichoresis.org (consultado mediante un sitio seguro).

324. Bruce Bugbee, «Do you Have the Right People in the Right Places for the Right Reasons?» CRM marzo/abril 1995, pp. 18-20.

325. Glen A. Thorp, *Freed and Equipped for Ministry: A Critical Study of Spiritual Gifts and Their Use Within the Church*, tesis para optar al título de Doctor en Ministerios, San Francisco Theological Seminary, San Francisco, CA: 1980. No estoy citando directamente de la disertación doctoral ya que he trabajado con ese material por tanto tiempo que opté por reformularlo en mis propias palabras. Sin embargo, el origen de las ideas se las debo al Dr. Thorp.

326. «Why Do We Need Theology?» Christianity Today, marzo 27, 1981, p. 68.

327. C. E. B. Cranfield, *A Critical and Exegetical Commentary of the Epistle to the Romans*, Inernational Critical Commentary, Edinburgh: T&T Clark, 1979, p. 623.

328. John Calvin, *Calvin's New Testament Commentaries: The Epistles of Paul to the Romans and Thessalonians*, trad. por R. Mackenzie, Grand Rapids: Eerdmans, 1973, p. 270.

329. Aquí tengo una deuda inmensa con Glen Thorp.

330. Parker Palmer, *Let Your Life Speak: Listening to the Voice of Vocation*, San Francisco: Jossey-Bass, 2000, p. 50.

331. Una vez, les recomiendo los trabajos de Kenton C. Anderson, *Choosing to Preach: A Comprehensive Introduction to Sermon Options and Structures*, Grand Rapids: Zondervan, 2006; y Robert Stephen Reid, *The Four Voices of Preaching Connecting Purpose and Identity Behind the Pulpit*, Grand Rapids: Brazos Press, 2006. Los dos autores, cada uno a su manera, se ocupan de los asuntos que trabajo en este capítulo.

9

La vida del predicador
Vive tu vida según...

El llamado del predicador consiste en vivir su vida de una manera distinta a las demás. Los grandes predicadores, aquellos que forman parte del milagro de Ezequiel 37, no surgirán a menos, y hasta que, acepten este llamado y opten por vivir de otra manera. Lograr un gran nivel de predicación requiere también que las iglesias acepten las consecuencias del llamado del predicador y hagan lo posible para que sus pastores logren obedecer ese llamado.

Hasta ahora en este libro hemos hablado en torno al momento de la predicación, acerca del evento donde se comunica el evangelio. En este capítulo, quiero invitarlos a que reflexionemos respecto a la vida dedicada a la predicación. Como veremos (y como ustedes que han estado predicando desde hace un tiempo ya lo saben), responder con un sí a este llamado significa, de manera lógica y necesaria, que nos negamos a muchas otras actividades valiosas y necesarias. Cada sí es un no a algo o a alguien más. Si los predicadores decimos sí a todo y a todos los que se nos acerquen, implícitamente diremos no a las prioridades y actividades inherentes al llamado a predicar. Sería de gran ayuda si las iglesias captaran la dinámica de este llamamiento y ayudaran a mejorar las exigencias y expectativas que nos distraen e impiden cumplir con esa misión. Sin embargo, solo el predicador tiene la palabra final para decir el sí o no que sea necesario.

En ello radica el mayor precio a pagar que nos permita participar efectivamente con el gran Predicador en el ministerio de predicación. Los predicadores, en su mayor parte, sufren de una marcada propensión a agradar a la gente. Al decirle que sí a Jesús, inevitablemente significa decir no a muchas cosas que tradicionalmente se esperan del pastor-predicador. Sin embargo, lo cierto es que los pastores a menudo se imponen aquellas expectativas ellos mismos. Esta tendencia nace de nuestra necesidad de querer ser importantes y (más específico) de que se nos perciba como alguien importante. Por causa de nuestra inseguridad respecto a lo ocupadas que son las personas «importantes» del mundo, nos volvemos igualmente ocupados, asumimos toda clase de responsabilidades, y respondemos a toda solicitud de nuestros servicios «indispensables». ¿Quién fue el que dijo que «el trabajo profesional excesivo es un signo de pereza espiritual»? Eugene Peterson, refiriéndose como de costumbre al meollo del asunto, dice: «El trabajo excesivo es una enfermedad del espíritu, un afán de saltar de una cosa a la otra porque no hay contrapeso alguno de integridad vocacional y se carece de confianza en la gracia».[332] James S. Stewart lo dijo en términos aún más fuertes: «Cuidado con el trabajo profesional excesivo, que es tan solo flojera disfrazada».[333] Él se pregunta: «¿Para qué sirven todos esos bienes parafernales de buenas obras y su maquinaria religiosa, si al sermón le falta aquella intensa concentración, cuyo propósito es evitar que los oyentes lloren de desesperación, que tropiecen y que sus almas se pierdan, todo porque no se ha luchado contra Dios como en Peniel para lograr que nos dé su bendición?»[334]

Como hemos visto con bastante claridad, el Espíritu y la Palabra están en control de lo que sucede en el momento de la predicación. Sin embargo, lo que sucede en aquel momento, desde la perspectiva humana respecto a los detalles operativos, está ligado a la manera en que el predicador vive su vida antes y después de dicho momento.

En este capítulo, identifico ocho dinámicas básicas en la vida del predicador. Las explico usando ocho afirmaciones que comienzan con la frase: «Vive tu vida según…». En distintos grados y maneras, las primeras siete son válidas para todos los discípulos de Jesús; el discipulado cristiano es imposible de vivir sin cumplir una u otra. El predicador las vive con un mayor sentido de propósito y durante más tiempo. Lo que se espera de todos los discípulos a fin de que logren la madurez en Jesús, se espera aún más de los que él ha llamado como predicadores.

Vive tu vida según el gran predicador

El predicador vive su vida en relación con el Predicador. Mejor dicho, esta vida se vive «en Cristo», tal como dijo el apóstol Pablo muchas veces. «En Cristo» es, según James S. Stewart, el meollo de la teología de Pablo porque es el centro de su existencia.[335] Stewart señala que Pablo fue primero predicador y, en segundo lugar, escritor.

> Y ambas esferas, la predicación y la escritura, estuvieron gobernadas por un gran hecho: un Señor vivo y presente; y por una decisión que lo cambió todo: la unión y comunión con él. Este fue el llamado del apóstol. Esta era su única vocación y preocupación. Para ello fue que él nació. Pablo vino a anunciar, no un sistema, sino al Cristo vivo.[336]

Toda la teología de Pablo «se resume en el gran hecho de la comunión con Cristo».[337] Todo lo que Pablo predicó, enseñó y escribió no es más que «radios de un mismo círculo del cual la unión con Cristo es el centro».[338] «Para mí el vivir es Cristo» (Fil 1.21). «Estimo todo como pérdida en vista del valor supremo de conocer a Cristo Jesús mi Señor» (Fil 3.8). «Si alguno está en Cristo, es una nueva creación» (2Co 5.17). «Cristo en ustedes, la esperanza de gloria» (Col 1.27). La preposición *en* de verdad que es una bendita preposición. Podemos estar en Cristo, y Cristo puede estar en nosotros. La predicación poderosa y efectiva de Pablo respecto a Cristo surge de una vida que se vive en Cristo.

Pablo sencillamente obedecía el mandato que Jesús le dio, aquella noche antes que Jesús fuera entregado a la muerte. En Juan 15.4-5, uno de los pasajes más importantes respecto al discipulado, Jesús nos dice: «Permanezcan en mí, y yo en ustedes». Vive en mí, y yo en ti. Haz de mí tu hogar, y yo viviré en ti. «Yo soy la vid y ustedes son las ramas. El que permanece en mí, como yo en él, dará mucho fruto; separados de mí no pueden ustedes hacer nada» (Jn 15.5). Tanto él como ella no podrán hacer nada, especialmente predicar. Fue aquel pasaje, dijo E. Stanley Jones, el que le mostró cuál sería la única vocación importante de su vida: permanecer en Jesús. Del resto, Jesús se encargaría. «La única ocupación de mi vida es permanecer en él. Todo lo demás viene por añadidura».[339] El llamado a predicar a Jesús es, ante todo, un llamado a permanecer en él, así de sencillo.

Me encanta lo que Jones dice respecto a ese estar «en». Escuchen con atención: «Estar en él significa que estamos en todo lo que está en él. Estar en él significa que estamos en todo lo bueno, todo lo alegre, todo lo creativo, todo lo saludable, todo por todo el tiempo y la eternidad».[340] ¿Están de acuerdo? Estar en Jesús significa estar en todo lo que está en Jesús: en su amor, su luz, su vida, su santidad, su sabiduría, su poder, su paz, su esperanza y así sucesivamente. Y cuando Jesús está en nosotros, todo lo que está en Jesús está en nosotros: su amor, su luz, su vida, su santidad, su poder y todo lo demás. El llamado a predicar es, ante todo, el llamado a vivir esta doble permanencia: él en nosotros, nosotros en él.

Lo que pronto descubrimos cuando vivimos en él es que vive en el que él llama «Padre» y en el que él llama «el Paráclito». Jesús vive su vida en relación con el Padre y el Espíritu; Jesús vive su vida en la vida interior del Dios trino. Y, maravilla de maravillas, por medio de su muerte y resurrección, él hace posible que vivamos con él en la vida interior del Padre, del Hijo y del Espíritu Santo. Pierdo el aliento cada vez que digo esas palabras. Imagínense: nosotros, simples seres humanos pecaminosos, se nos ha invitado a vivir realmente en el interior de la vida del Dios viviente.[341] Quisiera anunciarlo en voz alta desde las cumbres de las montañas o, en nuestro mundo urbano, desde las azoteas de los edificios más altos: «¡Jesús nos incluye en la vida eterna de la Trinidad!» Sin embargo, antes de exclamar esa noticia, debo vivirla. La vida del predicador se vive en unión y comunión con Jesús, su Padre y su Espíritu.

De esto se tratan en última instancia las disciplinas espirituales: son formas de permanecer, maneras de estar conectados a la vid. Especialmente importantes para los predicadores son las disciplinas del silencio, la soledad y el sabbat.[342] Ya que vivimos hablando, tenemos que dejar de hablar periódicamente para asegurarnos que no solo estamos hablando en un intento por darle forma a nuestros mundos y protegerlos. «Estamos acostumbrados a confiar en las palabras para manejar y controlar a los demás. Si guardamos silencio, ¿quién tomará el control? Dios va a tomarlo; pero jamás dejaremos que tome el control hasta que confiemos en él. El silencio se relaciona íntimamente con la confianza».[343] Dado que vivimos continuamente interactuando con otras personas, necesitamos dejar de hacerlo periódicamente para asegurarnos que no estamos sencillamente cumpliendo un protocolo. «En la soledad, encaramos nuestra propia alma, con sus oscuras fuerzas y conflictos que escapan a nuestra atención cuando interactuamos con los demás».[344]

En la soledad nos encontramos de nuevo con el Jesús resucitado, y él nos sana para que podamos «regresar a la sociedad como personas libres».[345] Y, junto con cada discípulo, tenemos que detenernos periódicamente (un día por semana) y cambiar el enfoque de nuestro trabajo a la obra del Dios viviente, de lo que nuestras manos logran a lo que las manos de Dios logran.[346] No se trata de que guardemos el sabbat, más bien que el sabbat nos guarda.[347] El objetivo del sabbat es buscar y deleitarse en Dios Padre, Hijo y Espíritu Santo, logrando así cambiar el enfoque de lo que estamos haciendo a lo que Dios está haciendo, de modo que cuando actuemos, nos demos cuenta de que actuamos junto al Dios trino. No se trata de que el predicador deba guardar el sabbat, sino que el sabbat guarda al predicador. No se trata de que el predicador guarde silencio, sino que el silencio guarda al predicador. No se trata de que el predicador guarde la soledad, sino que la soledad guarda al predicador.[348]

Debemos hacer lo que sea necesario para vivir en el gran Predicador, Jesús.

Vive tu vida según el evangelio

El predicador vive su vida según el evangelio. Lo mismo sucede con todos los discípulos. Jamás podremos decir que estamos saturados del evangelio. En primer lugar, nos olvidamos del evangelio y necesitamos que constantemente se nos refresque la memoria (2P 1.13). En segundo lugar, el evangelio es tan profundo, tan amplio y grandioso que ninguno de nosotros jamás podrá entenderlos a plenitud. Nadie jamás podrá decir: «Bueno, ya domino el evangelio; es hora de pasar a otro asunto». El llamado a predicar consiste en vivir según la plenitud de lo que Dios ha hecho, está haciendo y hará en Jesucristo.

Para decirlo de otra manera, antes de que podamos predicar el evangelio, necesitamos que el evangelio nos sea predicado. Aunque esto puede suceder por medio de otros, a menudo debemos predicárnoslo a nosotros mismos. D. Martyn Lloyd-Jones lo describió de esta manera: «Propongo que el principal problema en todo este asunto de la depresión espiritual» (del cual los predicadores sufren de manera particular) «en cierto sentido es este: que permitimos que nuestro yo nos hable, en lugar de dejar que nosotros le hablemos a nuestro yo… El arte principal de la vida espiritual es saber cómo conducirse a sí mismo. Tienes que controlarte a ti mismo, hablarte a ti mismo, predicarte a ti mismo, cuestionarte a ti mismo».[349] Y la pregunta que nos seguimos preguntando es: «entonces, ¿qué es el evangelio?» Tengan por costumbre tomar un pedazo de papel y escribir regularmente lo que ustedes creen que son las buenas nuevas. Pregúntense: «¿Qué fue lo que "quedó consumado" en la cruz? ¿Qué es lo que se cumplió y que jamás necesita repetirse y que se le agregue nada más?» Pregúntense: «¿en qué consiste la victoria que Dios logró en la muerte y la resurrección de Jesús de Nazaret?» Pregúntense: «¿qué cambios se dieron en el universo debido a lo que Dios hizo en la cruz y en la tumba vacía?» Pregúntense: «¿qué significa que Jesús está ahora a la diestra del Padre?» Pregúntense: «¿qué significa que Jesús ha derramado ahora su Espíritu Santo sobre nosotros?» Pregúntense: «¿hay algo o alguien que pueda deshacer lo que Jesús hizo?» Pregúntense: «¿cuáles son las consecuencias para el mundo al saber que "Jesús es el Señor"?» Pregúntense: «¿en qué consiste aquella nueva creación, que pronto descenderá a la tierra?»

El pecado ha sido superado. El mal ha sido vencido. La muerte ha sido derrotada. Se ha abierto el acceso a la presencia del Dios Santo. Los principados y los poderes han sido sometidos. El reino de Dios irrumpe en los reinos de las tinieblas y la muerte. Las cadenas de la opresión están siendo abolidas. El ritmo al que el universo está acostumbrado ha sido alterado para siempre, y alterado en una dirección en la que los cautivos reciben libertad. Y así sucesivamente. Predíquense este mensaje, hasta que sus corazones se enardezcan, sus mentes se reaviven y sus pies dancen de alegría. Los predicadores viven según la nueva realidad que el evangelio ha traído. Vivan según el evangelio.[350]

Vive tu vida según la Biblia

El predicador vive según la Biblia (tal como se espera de la vida de todo discípulo). Es la manera principal por la que recibimos poder para vivir según el Predicador y su evangelio. «Si permanecen en mí, y mis palabras permanecen en ustedes» (Jn 15.7). «Las palabras que les he hablado son espíritu y son vida» (Jn 6.63). El llamado a predicar consiste en vivir nuestras vidas según lo que enseña la Biblia.

El Salmo 1 lo expresa de la mejor manera.

> Dichoso el hombre
> que no sigue el consejo de los malvados,
> ni se detiene en la senda de los pecadores
> ni cultiva la amistad de los blasfemos,
> sino que en la ley del Señor se deleita,
> y día y noche medita en ella.
> Es como el árbol
> plantado a la orilla de un río
> que, cuando llega su tiempo, da fruto
> y sus hojas jamás se marchitan.
> ¡Todo cuanto hace prospera!
> En cambio, los malvados
> son como paja arrastrada por el viento.
> Por eso no se sostendrán los malvados en el juicio,
> ni los pecadores en la asamblea de los justos.
> Porque el Señor cuida el camino de los justos,
> mas la senda de los malos lleva a la perdición.

Este salmo presente un contraste entre aquellos que pasan el tiempo escuchando las últimas noticias y opiniones y han perdido el contacto con el Dios viviente, y entre los que de «día y noche» escuchan los puntos de vista y noticias del Dios viviente. El Salmo 1 a menudo me pesca cuando pierdo mi tiempo prestando atención a palabras que en última instancia no importan, y me llama de nuevo a las palabras que dan vida. No se trata de que los predicadores jamás deban escuchar lo que dicen los «malvados, pecadores y malos». Más bien, los predicadores, como discípulos, no deben «seguir el consejo de», «detenerse en la senda de», «sentarse en la silla de» (como lo dice la versión Reina Valera) aquellos que no tienen nada que ver con Jesús y su reino. Los predicadores, como discípulos, deben «meditar» («reflexionar» es la palabra) en la revelación que Dios ofrece de sí mismo (ese es el punto de la Torá) en la creación, la redención, la ley y el evangelio. (Ver también el Salmo 119, salmo para aquellos que viven y trabajan con palabras.)

El llamado a predicar es el llamado a volverse un estudiante de las Escrituras. La idea de todo ello es que al ser estudiante se escucha al Maestro. Como observa Eugene Peterson, podemos leer la Biblia y estudiarla, pero jamás llegar a oírla. «Si mi pueblo tan solo me escuchara» (Sal 81.13). «Escúchame, familia de Jacob» (Is 46.3), «escúchenme ustedes, obstinados de corazón» (Is 46.12), «escúchame, Jacob, Israel, a quien he llamado» (Is 48.12), «escúchenme, costas lejanas» (Is 49.1), «escúchenme» (Is 51.7). «Si ustedes oyen hoy su voz, no endurezcan el corazón» (Sal 95.7-8). «El que tenga oídos, que oiga lo que el Espíritu dice a las iglesias» (siete veces en Ap 2-3). Y en el pasaje para los siervos de la palabra, escuchemos el testimonio del propio Siervo de la Palabra del Señor: «El Señor omnipotente me ha concedido tener una lengua instruida, para sostener con mi palabra al fatigado» (Is 50.4). Eso es lo que queremos hacer cuando predicamos, ¿no es así? ¿Qué es lo que hace todo eso posible? El Siervo continúa: «Todas las mañanas me despierta, y también me despierta el oído, para que escuche como los discípulos. El Señor omnipotente me ha abierto los oídos, y no he sido rebelde ni me he vuelto atrás» (Is 50.4-5). J. A. T. Motyer, comentando estos versículos, dice que las palabras del Siervo, que ya habían sido descritas como una espada afilada y una flecha pulida (Is 49.2), no fueron pronunciadas en el acto, por así decirlo, sino que «fueron producto de una prolongada atención, definida aquí como el discipulado de una cita, mañana tras mañana, con Dios».[351] Y estas citas, mañana tras mañana con Dios no eran una disciplina que el Siervo se impusiera a sí mismo, sino una disciplina forjada tras «responder al acercamiento disciplinado y consuetudinario del Señor a su siervo».[352] Motyer escribe, por lo tanto: «La cita mañana tras mañana no es una disposición especial ni una exigencia relacionada con el Siervo perfecto, sino que es el plan de estudios estándar para todos los discípulos».[353] Y mucho más aún para todos los predicadores. El sí principal de la vida del predicador es el sí al Dios que nos despierta por la mañana para oírle. «La lengua llena de palabras adecuadas para el ministerio es producto del oído lleno de la palabra de Dios».[354] Los alumnos escuchan. Los predicadores escuchan.

Como predicador, me acosa lo que Dios les dice a los que pensaron que estaban anunciando la palabra de Dios en los días de Jeremías:

Así dice el Señor Todopoderoso:
«No hagan caso de lo que dicen los profetas,
    pues alientan en ustedes falsas esperanzas;
cuentan visiones que se han imaginado
    y que no proceden de la boca del Señor.
«A los que me desprecian les aseguran
    que yo digo que gozarán de bienestar;
a los que obedecen los dictados de su terco corazón
    les dicen que no les sobrevendrá ningún mal.
«¿Quién de ellos ha estado en el consejo del Señor?
    ¿Quién ha recibido o escuchado su palabra?
    ¿Quién ha atendido y escuchado su palabra?
«El huracán del Señor se ha desatado con furor;
    un torbellino se cierne amenazante
    sobre la cabeza de los malvados.
La ira del Señor no cesará
    hasta que haya realizado por completo
    los propósitos de su corazón.
Al final de los tiempos
    lo comprenderán con claridad.
«Yo no envié a esos profetas,
    pero ellos corrieron;
ni siquiera les hablé,
    pero ellos profetizaron.
«Si hubieran estado en mi consejo,
    habrían proclamado mis palabras a mi pueblo;
lo habrían hecho volver de su mal camino
    y de sus malas acciones».

(Jer 23.16-22)

No quiero proclamar palabras de mi «propia imaginación», ni siquiera las que provienen de mi mejor pensamiento «cristianizado». Quiero anunciar las palabras que escuché en el consejo de Dios, consejo al cual Dios invita a aquellos que le temen (Sal 25.14), y a los que son amigos de Jesús (Jn 15.15). Quiero hablar de los pensamientos, sentimientos, opiniones y puntos de vista y noticias del único cuya palabra da vida. Ustedes también aspiran a lo mismo. Así que estamos en la presencia de Dios, y escuchamos.

Vive tu vida según los libros

El predicador vive entre libros. No solo en la Biblia, sino también entre aquellos que nos ayudan a vivir en la Biblia. Mientras moría en prisión, el apóstol Pablo le hace varias peticiones a su querido delegado apostólico, Timoteo. «Cuando vengas, trae la capa que dejé en Troas, en casa de Carpo» (2Ti 4.13). Tiene sentido. «Trae también los libros, especialmente los pergaminos» (2Ti 4.13). ¡Imagínense aquello! Incluso el más grande de todos los teólogos y predicadores (próximo a Jesús, nada menos) necesitaba libros. Me gusta cómo comenta Charles Spurgeon este hecho.

> Incluso un apóstol debe leer… ha recibido inspiración, sin embargo ¡quiere libros! Ha predicado por lo menos durante treinta años y, sin embargo, ¡quiere libros! Ha visto al Señor y, sin embargo, ¡quiere libros! Tuvo una experiencia más amplia que la mayoría de los hombres y, sin embargo, ¡quiere libros! Fue arrebatado hasta el tercer cielo y, sin embargo, ¡quiere libros! Escribió gran parte del Nuevo Testamento y, sin embargo, ¡quiere libros! El apóstol le dice a Timoteo y así a cada predicador: «Dedícate a la lectura».[355]

Lean especialmente teología bíblica. Sí, lean algunos de los últimos libros que tienen mayor circulación y que todo el mundo lee; y lean algunos de los libros que ocupan un lugar prominente en los anaqueles de las librerías cristianas. Lean también algunas revistas y periódicos y blogs de Internet. Lean la historia de la iglesia y las biografías de sus grandes personajes espirituales. Lean novelas. «Lean» películas. Pero especialmente lean libros de teología bíblica.[356] Es la clase de literatura que nos impulsa a profundizar en la Biblia, y la clase de literatura que resiste el paso del tiempo.

Vive tu vida según la cultura

El predicador vive en una cultura. En realidad, es imposible evitar esto a menos que uno quiera volverse un ermitaño. No podemos evitar «beber el agua» de la cultura particular en la que Dios nos ha colocado. Se dice que Karl Barth solía afirmar: vivimos con la Biblia en una mano y el periódico en la otra. Necesitamos ver películas, escuchar música, leer lo que la gente escribe, asistir a conciertos, escuchar debates, asistir a eventos deportivos, colaborar como voluntarios en una liga infantil. Todas esas actividades nos permiten relacionarnos y hablar de maneras que nos conecten y faciliten la comunicación. Sin embargo, no debemos vivir en la cultura a expensas de nuestra vida en el reino que ha llegado, el cual es también una cultura en sí mismo. En nuestro deseo de conectarnos, es fácil de ser absorbidos por la cultura, por así decirlo, al punto de perder el mensaje especial para dicha cultura. Veamos el Salmo 1 nuevamente; y también Romanos 12.2: «No se amolden al mundo actual». ¿Quién fue el que dijo algo así como «lee los tiempos, pero especialmente lee las eternidades»?[357] Diré más sobre esta dinámica de nuestras vidas en el próximo capítulo.

Vive tu vida según el sufrimiento

El predicador vive en el sufrimiento. Una vez más hay que aclararlo, es imposible no hacerlo dadas las condiciones del mundo caído. Así que permítanme decirlo de esta manera: El predicador no vive tratando de evitar el sufrimiento, sino que ha elegido vivir con Jesús y su sufrimiento continuo con el mundo. Efectivamente, él ha sufrido «una vez y para siempre» en el sentido expiatorio. Dicho sufrimiento ha concluido, «todo se ha cumplido». Sin embargo, él todavía ha elegido estar presente y disponible para el mundo, y sufrir con el mundo en nuestro sufrimiento continuo.

En la noche de la primera Pascua, «entró Jesús y, poniéndose en medio de ellos», saludó a los discípulos («paz a vosotros», RV1960), quienes estaban reunidos a puertas cerradas, «por miedo a los judíos» (Jn 20.19). Esta aparición del Jesús resucitado es una de mis favoritas, porque dio a conocer la naturaleza del ministerio en su Espíritu. Observen lo que dijo e hizo. Primero, los saludó (Jn 20.19). Luego, «les mostró las manos y el costado» (Jn 20.20), esto es, les mostró sus heridas. Después, volvió a saludarlos: «¡La paz sea con ustedes!» (Jn 20.21). Los saludó con un saludo de paz; les mostró sus heridas; volvió a saludarlos con un saludo de paz. Paz, heridas, paz. ¿Por qué de este modo? Jesús muestra que, debido a sus heridas, ahora podemos tener paz. «Haciendo la paz mediante la sangre que derramó en la cruz» (Col 1.20). Por medio de sus heridas experimentamos la paz en este mundo. La paz aparece en la participación de su sufrimiento para el mundo. Esta es la razón por la que Pablo lo expresa de la manera en que lo hace: «...a fin de conocer a Cristo, experimentar el poder que se manifestó en su resurrección, participar en sus sufrimientos y llegar a ser semejante a él en su muerte» (Fil 3.10). ¿No debería ser «participar en sus sufrimientos y el poder de su resurrección»? ¿Acaso el movimiento no debería ser del sufrimiento a la vida de resurrección? ¿Por qué al revés? Porque sus sufrimientos son la condición necesaria para nuestra paz, y porque en los sufrimientos de Jesús nosotros experimentamos la paz en esta presente forma de existencia.

Así que, en la noche de esa primera Pascua, después del primer saludo de paz, Jesús dijo: «Como el Padre me envió a mí, yo también los envío a ustedes» (Jn 20.21). Jesús usa el adverbio *como* no solo en el sentido de «ahora es el turno de ustedes para que sean enviados al mundo», sino también en el de «de la misma manera que el Padre me envió, yo los envío». Tomándome la libertad de parafrasear a Jesús, yo diría: «Como el Padre me envió al mundo para hacerme cargo del pecado y el dolor del mundo y cargar con él como si fuera mío, así mismo él los envía a ustedes al mundo para que se hagan cargo del pecado y el dolor del mundo, y lo carguen como si fuera el suyo». Por eso Jesús sopla sobre sus discípulos diciéndoles: «Reciban el Espíritu Santo» (Jn 20.22). No podemos cumplir con lo que hemos sido llamados a hacer recurriendo a nuestras propias fuerzas. Necesitamos la ayuda del Espíritu Santo para que nos capacite a ingresar al sufrimiento continuo de Jesús por el mundo. Necesitamos que el Espíritu Santo nos faculte para enfrentar el pecado del mundo y, en el nombre del «Cordero de Dios que quita el pecado del mundo» (Jn 1.29), proclamar la palabra que el mundo anhela escuchar: «Tus pecados han sido perdonados» (Jn 20.23 modificado). Paz, heridas, paz. Por causa de las heridas del Salvador tenemos y hemos experimentado la paz. «A Cristo coronad, divino Salvador; sentado en alta majestad, es digno de loor; al Rey de gloria y paz loores tributad, y bendecid al Inmortal por la eternidad».[358]

El llamado a predicar es el llamado a entrar en el sufrimiento del mundo con el siervo sufriente. Este vivir en sufrimiento es lo que «añade a la vida la nota de gracia» y también a la predicación.[359]

El predicador jamás tendrá que decir nada respecto a esto; la gente sabrá implícitamente que el predicador lo sabe.

Vive tu vida según la oración

El predicador vive en oración. A la luz de todo lo que se ha dicho, ¿cómo podría ser de otra manera? ¿No es, acaso, el apóstol Pablo el que nos muestra el ejemplo de una vida de oración? En diez de sus trece cartas en el Nuevo Testamento, Pablo ofrece una oración a Dios antes de presentarnos sus afirmaciones (en indicativo) y sus exhortaciones (en imperativo) del evangelio.[360] Antes de escribirle a sus lectores, Pablo se dirige a Dios respecto a sus lectores. Agradece a Dios por su obra divina en la vida de sus discípulos y luego ora a Dios por lo que seguirá haciendo en la vida de ellos. Pablo fue capaz de predicar con mucho denuedo porque oraba con mucho denuedo.

Esta dimensión de la vida del predicador es la que nos permite seguir adelante. Si podemos seguir agradeciendo a Dios por las señales del reino en la vida de la gente a la que servimos, y si podemos seguir intercediendo por la plenitud del reino, tendremos la visión y la fuerza para seguir anunciando el evangelio del reino. Cuando dejamos de agradecer e interceder, empezamos a perder la gracia que necesitamos para seguir predicando. James S. Stewart tiene razón: «La mayoría de los fracasos en el ministerio se debieron, no a la falta de visitas o de estudio o de actividad organizativa, sino a la falta de oración».[361]

Vivan según las oraciones de Pablo; que aquellas oraciones moldeen su oración. Doblemos nuestras rodillas y oremos con Pablo que «por medio del Espíritu y con el poder que procede de sus gloriosas riquezas», riquezas que jamás se acaban, «los fortalezca a ustedes en lo íntimo de su ser, para que por fe Cristo habite en sus corazones». ¡Otra vez, esa bendita preposición! «…que, arraigados y cimentados en amor, puedan comprender, junto con todos los santos, cuán ancho y largo, alto y profundo es el amor de Cristo…; que sobrepasa nuestro conocimiento», si una vez hubo una oración del predicador, esta es, «para que sean llenos de la plenitud de Dios» (Ef 3.16-19 modificado). Oren así y observen cómo cambia el tono de sus predicaciones, y observen lo que comienza a suceder en la vida de las personas (ver también Ro 1.8-10; Ef 1.16-22; Fil 1.3-6,

9-11; Col 1.3-5, 9-12; 1Ts 1.2-3; 2Ts 1.3, 11-12; 2.13-14; 2Ti 1.3-4; Flm 4-6).

O vivan también según el Padrenuestro. Oren para que Dios santifique su nombre en las vidas de aquellos a quienes servimos. Oren para que Dios traiga su reino a sus hogares y lugares de trabajo, «en la tierra como en el cielo». Oren para que Dios obre su voluntad, su buena voluntad en sus relaciones, decisiones y vocaciones. Solo Dios puede hacer estas cosas: solo Dios puede santificar su nombre, traer su reino, lograr sus propósitos para el mundo. «¡Padre, hazlo!» Esta es la libertad que Jesús nos da en su oración. «Padre, no podemos hacer estas cosas; solo tú puedes. ¡Así que hazlo!» Oren para que Dios supla todas las necesidades de sus oyentes, todo lo que necesitan para vivir una vida y ministerio de acuerdo con el reino de Dios. Oren para que Dios cancele todas sus deudas, que les dé el poder para que puedan cancelar las deudas de los demás. Oren para que Dios los rescate de las tentaciones del maligno, especialmente del deseo de socavar y destruir su confianza en la bondad del Padre. Oren de esta manera y observen la transformación en su predicación, observen lo que sucede en la vida de sus oyentes.[362]

O vivan también según Juan 17, otra oración del Señor Jesús. Vivan según el más sagrado de los pasajes, donde el Hijo de Dios, encarnado en nuestra humanidad, abre su corazón a su Padre. A esta oración yo la denomino: «Escuchando la conversación que sucede en el centro del universo». Gracias a lo que nos cuentan los cuatro evangelios, sabemos que Jesús tenía la costumbre de orar. La mayor parte del tiempo se encontraba solo y no se sabe lo que oraba. Pero en Juan 17, se acerca a sus primeros discípulos, y luego a nosotros, y nos permite que escuchemos lo que él ora. La razón de ello es que quiere que escuchemos el deseo de su corazón para que podemos llevarlo a la práctica. Vivan según la oración de Jesús y observen lo que le sucede a su predicación y lo que sucede en su predicación.

O vivan según los salmos, el gran libro de oraciones de la Biblia. Llevo haciendo esto por tantos años que no me puedo imaginar orar sin ellos. Juan Calvino los llama «una anatomía de todas las partes del alma».[363] Martín Lutero dice que en estas oraciones tenemos «un espejo en el cual cada uno de nosotros ve los gestos de nuestras propias almas».[364] Después de orar estas oraciones casi todos los días durante veinte años, concuerdo con Martín Lutero que en cualquier situación en la que nos encontremos, hay en los Salmos oraciones que se ajustan a nuestro caso como «hechas a la medida», inmejorables por nosotros mismos, incluso «si las quisiéramos mejorar».[365] Oren con los salmistas, y las personas que los escuchan predicar regularmente dirán: «Conocen de mi vida», pues así ha sido, en efecto. Los salmistas conocen nuestras vidas.[366]

El llamado a predicar es el llamado a orar. James Stewart dice que hay dos consecuencias específicas de la predicación que surge de la oración. Por una parte, la gente será bendecida. Por la otra, «cuando usted mire sus rostros el domingo, mientras los dirige en adoración a Dios, y les proclama de nuevo la gracia todo suficiente de Cristo, aquel trasfondo de su intercesión escondida, aquellos ruegos que usted ha elevado a favor de ellos llamándolos nombre por nombre, elevará su mensaje y le dará alas de amor, pasión y contacto con la realidad».[367] No es necesario decir que oramos por la gente; ellos sabrán implícitamente que, antes de dar un paso para hablarles sobre Dios, hemos ya hablado con Dios respecto a ellos.

Vive tu vida según tu preparación

El predicador vive en preparación. Es una preparación constante. La vida del predicador consiste en siempre pensar, siempre escuchar, siempre estar atento, siempre planificar. Ya insinué esto en capítulos anteriores cuando dije que no hay manera (excepto por un gran milagro) que podamos ponernos de pie ante la gente el domingo en la mañana y ofrecerles una «comida casera», si tan solo comenzamos el proceso de preparación el sábado en la noche. La preparación del sermón (y la del predicador) lleva tiempo; de hecho, segmentos de tiempo. No puede ser una preparación apresurada.

Aliento a mis colegas predicadores a que preparen sus sermones de dos maneras: la semanal y la anual. Semanalmente: distribuyan el proceso de tal manera que dediquen tiempo al sermón todos los días, no solo un día. Anualmente: siempre tengan en mente un pasaje bíblico provisional para los domingos de aquí a un año. Permítanme mostrarles lo que quiero decir.

Semanal. Comiencen el proceso el lunes. Si este día es el que normalmente se lo toman libre, de todas maneras dediquen tiempo al final de la tarde para leer el pasaje, aunque solo sea de manera devocional. (Este pasaje se habrá elegido de antemano y gran parte del estudio requerido ya se habrá hecho con anticipación, como veremos en un momento). El martes, aborden la exégesis, comenzando primero con los problemas más difíciles. Cuando se ocupen de otras actividades durante el día, su mente procesará lo que ya estudiaron. Así que mantengan un papel a mano o fichas donde puedan tomar notas y guardarlas en el bolsillo o cartera. El miércoles, terminen cualquier trabajo exegético, resuelvan lo de la gran idea y pasen al proceso hermenéutico, pensando particularmente en cómo ilustrar lo que dice el pasaje. De nuevo, mantengan un pedazo de papel a mano; sus mentes van a estar dándoles vueltas al asunto incluso cuando se ocupen en la consejería, dirijan las reuniones de algún comité o hagan visitas al hospital. El jueves, pasen a elaborar un bosquejo del sermón, tratando de tenerlo esbozado a la hora de la cena. El viernes por la mañana, escriban el sermón (incluso si no van a usar el manuscrito el domingo). Intenten terminarlo al mediodía. Y de nuevo, a medida que avanzan en sus tareas el resto del día, tengan a mano un trozo de papel, ya que ahora sus mentes se sentirán muy creativas y van a querer ajustarlo todo. El sábado, tómense su tiempo para leer el sermón en voz alta al menos dos veces. La primera vez, siéntanse en el escritorio, o salgan al patio trasero, y léanlo mirando las páginas en las que lo han escrito. Préstenle atención a cómo suena. Háganle los ajustes necesarios. La segunda vez, léanlo mirando la página, pero solo para obtener la primera línea de las oraciones y buscando hablar sin leer. Es sorprendente cómo la mente puede lograr esto; en realidad están memorizando las palabras. Pongan todo a un lado. Entren en un ambiente más tranquilo el sábado en la noche. (Aquí les habla un introvertido). Luego, el domingo, entren en el flujo ya descrito en el capítulo seis. Repartir todo el trabajo a lo largo de la semana les da a nuestras mentes y corazones el espacio necesario para respirar libremente.

Anual. Intenten en todo momento vivir con un año de anticipación. Es posible que no hagamos lo que provisionalmente habíamos planeado. Está bien. La meta es siempre estar en el proceso y seguir adelante. Es más fácil que un tren en movimiento cambie de carril que poner uno en marcha.

Aliento a los predicadores a que aprovechen el calendario litúrgico.[368] Soy consciente de que muchas iglesias ya no siguen esta tradición centenaria, pero creo que se están perdiendo un gran beneficio. El propósito del calendario litúrgico es garantizar que en el transcurso de un año repasemos la esencia del evangelio. Robert Webber llamó al calendario litúrgico «una confesión de fe cronológica».[369] Yo lo llamo «el evangelio cíclico», una manera de dejar que Jesús y sus buenas noticias le den forma al ritmo del año, en lugar de que los eventos actuales o el mejor pensamiento cristianizado del predicador le dé forma. El calendario litúrgico agrupa los doce meses en siete tiempos principales (algunas tradiciones refinan uno o dos de estos tiempos). Los siete tiempos no tienen la misma duración, pero tienen el mismo valor en términos de anunciar y vivir el evangelio.[370] Estos son, brevemente:

Adviento (cuatro domingos antes del día de Navidad): un momento para enfocarse y celebrar las venidas (plural) de Jesús; su primera venida en los eventos que ocurren alrededor de Belén; su segunda venida en toda su gloria, trayendo el nuevo cielo y la nueva tierra.

Navidad (Nochebuena, Navidad y el domingo después de Navidad): un momento para enfocarse directamente en «La invasión», como la llamó C. S. Lewis.[371]

Epifanía (cinco a ocho domingos, dependiendo de la fecha del Domingo de Resurrección, comenzando el primer domingo después del 6 de enero, para los cristianos ortodoxos de Oriente): un tiempo para celebrar la vida terrenal y el ministerio de Jesús, su «aparición» y, por lo tanto, la aparición del reino de la luz, la vida y el amor. Este es un gran momento para predicar de uno de los cuatro Evangelios. (Uno de los hechos tristes de nuestro tiempo es que la mayoría de los cristianos conocen mucho mejor el catálogo de Amazon o las prestaciones de Microsoft Windows que los hechos de la vida de Jesús, sus enseñanzas y su ministerio).

Cuaresma (los cinco domingos antes del Domingo de Ramos): un momento para enfocarse en la muerte de Jesús y sus consecuencias para el discipulado, en el sentido de que morir y resucitar no es solo un evento definitivo que ocurrió una sola vez, sino que es el patrón de nuestras vidas en Jesús.

Semana Santa (Domingo de Ramos, de lunes a miércoles, Jueves Santo, Viernes Santo, Sábado de Gloria y Domingo de Resurrección o Domingo de Pascua): es un tiempo para enfocarse en «la semana que cambió el mundo». El Domingo de Ramos presenta al Rey paradójico, no el que esperábamos, pero ciertamente el Rey que necesitábamos. De lunes a miércoles, Jesús enseña en el contexto de sus conflictos con la «religión» establecida. El Jueves Santo se enfoca en el lavado de los pies de los discípulos por parte de Jesús y su mandamiento de amarse los unos a los otros con la misma renunciación con la que él nos ama.[372] El Viernes Santo se centra en la pasión de Jesús. ¿Qué tiene eso de *santo*?[373] Si hubiéramos estado allí, ¿hubiéramos usado la palabra *santo*? Fue más bien un viernes horrible, malvado, oscuro. ¿Pero, santo? Este es el momento perfecto para profundizar en su muerte y, por lo tanto, profundizar aún más en las buenas nuevas de Dios para el mundo. El Domingo de Pascua proclama la derrota de la muerte, la reinvindicación que el Padre hizo de su Hijo, el último Adán que emerge, el nuevo ser humano, la cabeza y el progenitor de una nueva raza humana, «el primer día del Nuevo Mundo». ¡Qué mejor día para predicar! Como Richard Lischer correctamente afirma: «la predicación cristiana nació en la resurrección… Que el recordatorio para los predicadores sea: solo por la resurrección la predicación cristiana asume el significado y la importancia que tan desesperadamente reclama para sí».[374]

Tiempo de Pascua (seis semanas): un momento para enfocarse en lo que significa vivir a la luz de la resurrección de Jesús. En este tiempo, el Día de la Ascensión brinda el momento para enfocarnos en el significado de la ascensión de Jesús a la diestra del Padre, que él vive y reina como Señor.

Pentecostés (cincuenta días después de la Pascua, el Domingo de Pentecostés celebra la venida del Espíritu Santo. La temporada de Pentecostés continúa hasta el Domingo de Cristo Rey, el domingo cumbre del año, que para el caso de culturas como la estadounidense es el domingo después del Día de Acción de Gracias): un momento para enfocarse en la persona y la obra del Espíritu y la vida que él sopla en nosotros. Como dije en el capítulo seis, la iglesia de Jesucristo finalmente habrá entendido su evangelio cuando Pentecostés sea una celebración tan importante como la Navidad y la Semana Santa. (Trágicamente, muchas congregaciones evangélicas ni siquiera están al tanto de este gran día del año).

Lo que pueden hacer a continuación es tomar este calendario y, luego de haber orado y escuchado la voz de Dios, planear una series de sermones para cada tiempo.[375] Abogo el uso de las series de predicaciones por tres razones: una, nos quedamos en una sección de la Biblia por varias semanas, enseñando a la gente cómo leer la Biblia; dos, nos obliga a los predicadores a tratar con pasajes y problemas que de otra manera podríamos pasar por alto; y tres, crea el entorno en el que la iglesia se orienta por la Palabra y no solo por el pastor con su agendas y necesidades. Claro que, ustedes podrían planificar una serie que comience en un tiempo y siga avanzando al siguiente; una serie sobre el Sermón del Monte, por ejemplo, que muy bien podría comenzar en el tiempo de la Epifanía y que podría continuar a lo largo de la Cuaresma. En mi caso, lo que yo hago es crear un archivo para cada serie por temporada, con archivos más pequeños para cada domingo de una temporada determinada; una serie en la historia de la tentación, por ejemplo, con un archivo separado para la introducción, primera ronda, segunda ronda y tercera ronda.

Esto lo pueden hacer de dos maneras. Una es tomar una semana o dos durante las vacaciones de verano y planear todo el año. El único problema es que la serie de otoño (o primavera, si están en el hemisferio sur) vendrá demasiado rápido como para que puedan anticiparse en lectura y oración. Así que la otra forma es establecer la serie para la temporada del año siguiente al final de la temporada de este año; estar planeando todo el tiempo, no solo una vez al año. Entonces, por ejemplo, la tarde del último domingo de Adviento 2019 planifiquen la serie para la temporada de Adviento 2020. En la tarde de la Cuaresma 2019 planifiquen la serie para la Cuaresma 2020 y así sucesivamente. Yo suelo llegar tarde a casa luego de la Nochebuena.

En realidad, llego muy temprano en la mañana de Navidad. Es entonces cuando me siento, solo por un momento, y planeo provisionalmente para la próxima Nochebuena. ¿Por qué solo entonces? ¿Por qué no esperar unas pocas semanas más o algunos meses? Las últimas horas de la víspera de Navidad ofrecen el mejor momento porque, en primer lugar, todos los sonidos, olores e imágenes de la celebración están todavía frescos en mis sentidos, y, en segundo lugar, tengo conciencia de lo que no prediqué por falta de tiempo y desearía haber podido hacerlo. Mientras camino a casa después del culto del Domingo de Pascua, provisionalmente planifico para la próxima Pascua. ¿Por qué solo entonces? Por las mismas razones: la música y la pompa del día todavía retumban en mi mente y corazón, y estoy al tanto de todo lo que no pude ni siquiera atisbar por estar inmerso en tanta Pascua, por falta de tiempo.

Toda esta planificación por anticipado les provee un ropero mental en el que pueden colgar todo lo que puedan pensar, escuchar y leer en el año que sigue. Ahí cuentan con 52 ganchos para colgar las distintas experiencias de la vida. Es así como comienzan a fijarse en todo: cumpleaños, aniversarios, elecciones, muertes, tragedias, eventos deportivos, todo por medio de la lente del evangelio. Sus mentes comienzan a reunir y ordenar todos los insumos y reflexiones en torno a Jesús y sus buenas nuevas. Y así empiezan a cambiar.

Algunos ejemplos pueden serles útiles.

Ejemplo A

Adviento 2020: Lucas 1-2

Canciones de Salvación

1. Lucas 1.45-55: El Magnificat de María (Magnifica)
2. Lucas 1.67-79: El Benedictus de Zacarías (Sea Bendito)
3. Lucas 2.14: El Gloria de los ángeles (Sea la Gloria)
4. Lucas 2.29-32: El Nunc Dimittis de Simeón (Ahora ve en paz)

Nochebuena 2020: Lucas 2.1-20:

Cuando César Augusto pensó que gobernaba el mundo

Domingo después de Navidad 2020: Lucas 2.41-51

Los asuntos de mi Padre: preparándose para un nuevo año

Epifanía 2021: Encuentros con Jesús: Retratos de gracia (Lucas)
1. Lucas 5.1-11: Un pescador
2. Lucas 6.11-17: El hijo único de una viuda
3. Lucas 7.36-50: un fariseo y una mujer de la calle
4. Lucas 18.35-43: Un hombre ciego
5. Lucas 19.1-10: un recaudador de impuestos
(Si hay más de cinco domingos, trabaje con más encuentros).

Cuaresma 2021: El llamado al discipulado (Lucas)
1. Lucas 9.18-27: ¿Quién dicen ustedes que soy yo?
2. Lucas 9.51-62: Cuando las lealtades crean conflictos
3. Lucas 10.1-20: Obreros en su cosecha
4. Lucas 14.15-24: Excusas débiles
5. Lucas 14.25-35: ¿No puede o no quiere?

Domingo de Ramos 2021: Lucas 19.28-44
Las cosas que traen la paz

Jueves Santo 2021: Lucas 22.7-23:
Hasta

Viernes Santo 2021: Lucas 23.32-38
Padre, perdónalos

Domingo de Pascua 2021: Lucas 24.1-12
¡Justo como él lo había dicho!

Tiempo de Pascua 2021:
Vivir en el espacio de la Pascua
1. Lucas 24.13-35: Ojos que se abren
2. Lucas 24.13-35: El libro y la mesa
3. Lucas 24.36-43: Una resurrección corporal
4. Lucas 24.44-49: Abriendo la Escritura
5. Lucas 24.50-53: La postura de la bendición

Domingo de Pentecostés 2021: Hechos 2.1-13
Viento y fuego

Pentecostés, temporada 2021 (hasta las vacaciones de verano):
Gálatas 3.1-4; 5.13-6.8
Una nueva vida y forma de vivirla

1. Gálatas 3.1-3; 5.16: Carne y espíritu: dos formas opuestas de ser humano.
2. Gálatas 5.16: Caminando por el Espíritu
3. Gálatas 5.22: Un tipo diferente de amor
4. Gálatas 5.22: Un tipo diferente de alegría
5. Gálatas 5.22: Un tipo diferente de paz
6. Gálatas 5.22: un tipo diferente de paciencia
7. Gálatas 5.22: Un tipo diferente de amabilidad
8. Gálatas 5.22: Un tipo diferente de bondad
9. Gálatas 5.22: Un tipo diferente de fidelidad
10. Gálatas 5.23: Un tipo diferente de gentileza
11. Gálatas 5.23: Un tipo diferente de autocontrol

(Aunque cada sermón en los # 2-11 se enfocará en un fruto diferente del Espíritu, tomar las cosas lentamente le permite a uno explicar cómo caminar por el Espíritu de once maneras distintas: ¡el verdadero propósito de la serie!)

Pentecostés Temporada 2021 (De las vacaciones de verano hasta el otoño): Filipenses

Alegría en una celda

1. Trasfondo de Pablo, su encarcelamiento y la iglesia de Filipos; presente todo el libro recitándolo de memoria (toma alrededor de 16 minutos).
2. Filipenses 1.3-11: Él siempre termina lo que comienza
3. Filipenses 1.12-20: ¿Las circunstancias confusas hacen avanzar el evangelio?
4. Filipenses 1.21-30: Vivir es Cristo
5. Filipenses 2.1-11: El secreto del universo
6. Filipenses 2.12-30: ¿Quién hace el trabajo?
7. Filipenses 3.1-11: Todas las cosas son pérdida por esta razón
8. Filipenses 3.12-16: Capturado por Cristo
9. Filipenses 3.17-21: Esperando ansiosamente un Salvador
10. Filipenses 4.1-9: La mente en paz
11. Filipenses 4.10-23: El verdadero patrón

Domingo de Cristo Rey 2021: Filipenses 2.5-11

Entonces, ¿es eso lo que significa ser rey?

(Revisando el himno y yendo más profundo y, por lo tanto, más ampliamente.)

Ejemplo B. Esta vez comenzando la planificación desde el otoño y trabajando hasta el año siguiente.

Pentecostés, temporada 2030 (comenzando en el otoño): Génesis 1-3:
Lo que significa ser humano
Tres sermones en Génesis 1

1. Recite el pasaje de memoria. La canción de la creación
2. Orden a partir del caos, plenitud a partir del vacío
3. A imagen nuestra

Tres sermones en Génesis 2

1. Una armonía relacional cuádruple
2. El único mandamiento
3. Hombre y mujer

Tres sermones en Génesis 3

1. Ingresa el tentador
2. Cómo fue que el mundo se vino abajo
3. Protegidos del árbol de la vida

Domingo de Cristo Rey 2030: Daniel 2
La perspectiva previa (de la historia)

Adviento 2030: Mateo 1

1. Mateo 1.1-17: El ADN del Salvador (Su genealogía sorprendente)
2. Mateo 1.18-20: Comenzando de nuevo: El significado del nacimiento virginal
3. Mateo 1.20: Lo extraño que le sucede a usted es del Espíritu Santo: el ángel habla en un sueño
4. Mateo 1.23-25: Él realmente es todo lo que sus nombres implican

Nochebuena 2030: Isaías 9.2-7
¡Tales nombres para un niño!

Domingo después de Navidad: Gálatas 4.4-7
En la plenitud del tiempo

Epifanía y Cuaresma 2031: Abraham y Sara

Tras los pasos de una fe que salva
1. Génesis 12.1-3: Bendecido para bendecir
2. Génesis 12.4-13.4: Arriba y abajo, pero siempre hacia adelante
3. Génesis 13.5-18: Lidera con tus ojos: ¡Ten cuidado donde miras!
4. Génesis 15.1-6: Solo di «amén»
5. Génesis 15.7-21: La seguridad mayor
6. Génesis 16.1-6: Diseñando los planes de Dios
7. Génesis 16.7-16: El Dios que ve
8. Génesis 18.1-15: ¿Por qué te ríes?
9. Génesis 18.16-33: Avanzando
10. Génesis 20.1-18: ¿No, otra vez?
11. Génesis 22.1-19: Último riesgo, último descubrimiento

Domingo de Ramos 2031: Mateo 21.1-17
He aquí vuestro rey

Viernes Santo 2031: Mateo 27.45-54
¡No más separación!

Domingo de Pascua 2031: Mateo 28.1-10
Los verbos de la Pascua: Ven, mira, vete, di

Tiempo de Pascua: Pentecostés 2031 (hasta las vacaciones de verano): Efesios 1-3
En Cristo: la maravilla de la gracia
1. Antecedentes: Pablo, su circunstancia, la iglesia en Éfeso (y el área mayor del valle del Lyco); presentar todo el libro de memoria (tarda unos 20 minutos)
2. Efesios 1.3-14: Parte I: ¡Toda bendición espiritual!
3. Efesios 1.3-14: Parte II: ¡Más de toda bendición espiritual!
4. Efesios 1.3-14: Parte III: ¡Aún más de toda bendición espiritual!
5. Efesios 1.15-23: Abre los ojos de nuestros corazones
6. Efesios 1.19-22: Estructuras alteradas de la realidad
7. Efesios 2.1-10: ¡Pero Dios!
8. Efesios 2.11-22: La Nueva Humanidad
9. Efesios 3.1-13: Las insondables riquezas de Cristo

10. Efesios 3.14-20: Vivir en la Trinidad
11. Efesios 3.20-21: Por qué todo sucede

Pentecostés, temporada 2031 (desde las vacaciones de verano hasta el otoño): Efesios 4-6
En Cristo: La andadura de la gracia
1. Por lo tanto (Un sermón para revisar el libro completo y mostrar el patrón normal de Pablo, desde el indicativo al imperativo, y para argumentar que debems mantener los capítulos 1-3 ante nosotros mientras trabajamos a lo largo de los capítulos 4-6)
2. Efesios 4.1-16: Preservando la unidad del Espíritu
3. Efesios 4.17-24: Cambiándose de ropa
4. Efesios 4.25-32: No entristezcas al Espíritu
5. Efesios 5.1-2: ¿Imitadores de Dios?
6. Efesios 5.3-14: Hijos de la luz
7. Efesios 5.15-21: La llenura del Espíritu
8. Efesios 5.21: Sujeción mutua: el milagro del Espíritu
9. Efesios 5.21-33: La gracia presente en el matrimonio: ¿escala de jerarquía o círculo de sujeción?
10. Efesios 6.1-4: La gracia presente en la familia
11. Efesios 6.5-9: La gracia presente en el mercado
12. Efesios 6.10-24: Vestidos para estar de pie

Domingo de Cristo Rey 2031: Salmo 96-99
Anuncien a las naciones: '¡Nuestro Dios reina!'
(O también, confesando a Jesús como el Señor en tiempos peligrosos)

Adviento 2031: Mateo 24-25
Vivir en la espera
1. Mateo 24.1-44: Sin advertencia adicional
2. Mateo 24.45-25.13: ¡Listo o no, aquí viene!
3. Mateo 25.14-30: Poner dinero en el banco: no es una buena idea
4. Mateo 25.31-46: Darle la bienvenida a Jesús en sus disfraces extraños

Nochebuena 2031: Mateo 2.1-12
Magnético: ¡Él atrae incluso a las estrellas!

Domingo después de Navidad: Mateo 2.1-6
   ¿Debería Herodes haberse puesto nervioso?

¿No es divertido? Un último ejemplo que muestra cómo predicar un libro completo en un año, en este caso el Evangelio de Juan.

Ejemplo C
Adviento: Juan 1.1-18
   1. Juan 1.1-2: La autoexpresión de Dios
   2. Juan 1.3-5: Antes de Belén
   3. Juan 1.9-13: Bienvenido a casa
   4. Juan 1.14-18: Contemplando la gloria

Nochebuena: Juan 1.14
   Si la historia fuese a ser contada

Domingo después de Navidad: Juan 1.19-51
   ¿En qué nos hemos metido?

Epifanía: Juan 2-4
   Todas las cosas son hechas nuevas
   1. Juan 2.1-11: El milagro prototípico
   2. Juan 2.13-25: Adecuado para la gloria
   3. Juan 3.1-21: De bios a zoe
   4. Juan 4.1-45: La mujer que se convirtió en pozo
   5. Juan 4.46-54: Tu hijo vive

Cuaresma: Juan 18-19
   Él reina desde el árbol
   1. Juan 18.1-11: No es una víctima indefensa
   2. Juan 18.12-27: La religión a prueba
   3. Juan 18.28-19: 16: La política a prueba
   4. Juan 19.17-30: Para que la Escritura se cumpla
   5. Juan 19.30: ¿Qué está terminado?

Domingo de Ramos: Juan 12
   El teatro de la gloria

Jueves Santo: Juan 13
   ¡Sorpresa!

Viernes Santo: Juan 19.38-42
    Un discípulo secreto

Domingo de Pascua: Tiempo de Pascua: Juan 20-21
    1. Juan 20.1-10: Atravesando hasta el otro lado
    2. Juan 20.11-18: En verdad, el jardinero
    3. Juan 20.19-23: Paz en las heridas
    4. Juan 20.24-29: Tomás, discípulo de nuestro tiempo
    5. Juan 21.1-23: Él me dio un nuevo pasado

Pentecostés y temporada de Pentecostés: Juan 14-16
    En la ausencia de la presencia física de Jesús
    1. Juan 14.1-3: Preparándose para la boda
    2. Juan 14.4-15: El camino a casa
    3. Juan 14.16-24: Contigo y en ti
    4. Juan 14.25-31: Te enseño todas las cosas
    5. Juan 15.1-11: Tu verdadero hogar
    6. Juan 15.12-17: Ahora los llamo amigos
    7. Juan 15.17-27: El Espíritu y el Mundo: Parte i
    8. Juan 16.1-16: El Espíritu y el mundo: Parte ii
    9. Juan 16.17-28: En trabajo
    10. Juan 16.29-33: ¡Yo he vencido!
    11. Juan 17: Escuchando la conversación en el centro de la Universo
    12. Juan 17: Continuación
    13. John 17: Continuación

Temporada de Pentecostés (hasta el otoño): Juan 5-11
    Nunca un hombre habló como habla este hombre
    1. Juan 5: Jesús y el Sabbath: estoy trabajando
    2. Juan 6: Jesús y la Pascua: Yo soy el pan de la vida, Parte i
    3. Juan 6: Yo soy el pan de la vida, Parte ii
    4. Juan 7: Jesús y la fiesta de los Tabernáculos, Parte I: Agua Viva
    5. Juan 8: Jesús y la fiesta de los Tabernáculos, Parte ii: Yo soy la luz de la Mundo
    6. Juan 8: Jesús y la fiesta de los Tabernáculos, Parte iii: Yo Soy el Yo Soy

7. Juan 9: Jesús y los líderes religiosos: Yo soy la luz de la Mundo-Otra vez
8. Juan 10: Jesús y la fiesta de Dedicación (o Hanukkah): Yo soy el Buen Pastor
9. Juan 11: Jesús y la Muerte: Yo soy la Resurrección y la Vida
10. Juan 11.47-12.11: Entonces, ¿qué vas a hacer?

Como pueden ver a partir de estos ejemplos, vivir en una preparación anticipada nos permitir vivir en la plenitud del evangelio. Lo he dicho por muchos años, que la persona que más se beneficia del llamado que Dios me hizo a predicar soy yo mismo. ¡Qué vida! Vivir según el evangelio día tras día, año tras año. También he dicho en los últimos años que ninguno de nosotros tiene suficientes domingos (o sábados o miércoles) para predicar todo lo que necesita ser predicado. Supongo que es por ello que Dios llama a tantos predicadores.

Supongo que a estas alturas ustedes tienen dos preguntas. La primera: ¿Siempre debo ceñirme a un plan? No. El Señor puede y cambia el plan. Pero cuando lo hace es porque él está trabajando con alguien que ya está inmerso en la Palabra. La segunda: ¿Qué haces con las crisis que surgen? Primero, me pregunto si lo que ha sido planeado puede, en la providencia de Dios, hablar a la crisis. El domingo después del 11 de septiembre del 2001 no tuve que cambiar el pasaje en absoluto. Ese pasaje ofreció un mensaje muy poderoso al miedo que la mayoría de la gente sentía en esos momentos. Todavía hay ocasiones en que el plan tiene que ser alterado, en cuyo caso trabajo con otro pasaje durante un domingo o dos, y luego regreso al plan.

El llamado a predicar es el llamado a vivir una vida diferente. Una vida
que se vive según la del Predicador, de su evangelio, de su Libro, de los libros, de la cultura, del sufrimiento, de la oración y de la planificación por anticipado. ¡Todo ello es parte del honor de la predicación!

Alexander M'Laren fue uno de los predicadores más efectivos que Escocia jamás haya tenido. De él se decía que no era «ni sacerdote ni filósofo, sino mensajero y proclamador». Tenía la capacidad de analizar un pasaje de forma tal que, después de haber visto lo que él vio, uno no quisiera verlo de otra manera. Y tenía la habilidad de darle forma a la «oración consumada» y entregarla con facilidad y gracia. En su elogio póstumo, W. Robertson Nicoll hizo esta observación: «Si hubo alguien que alguna vez fue capturado por Cristo Jesús en sus primeros años, ese fue Alexander M'Laren… jamás hubo nadie más profundamente leal a las lecciones de la mañana. No deseaba otra cosa mejor, ni nada más sino que el final de su vida cerrara el círculo iniciado al principio, pero ahora, al menos, con una convicción más profunda y un amor más fuerte».[376] ¿No es ese el deseo de cada uno de ustedes? Nicoll agrega, y la traigo como una conclusión adecuada para este capítulo sobre la vida del predicador: «Aquellos que lo observaron reconocieron que bebía de fuentes más antiguas que el mundo, que para él siempre fluían como corrientes de agua fresca».[377]

Refréscalas de igual manera para mí, Señor, y para nosotros los que estamos leyendo estas palabras. Amén.

Notas

332. Eugene Peterson, *Five Smooth Stones for Pastoral Work*, Grand Rapids: Eerdmans, 1997, pp. 61-62. Petersen amplía el tratamiento de este tema en *Under the Unpredictable Plant: An Exploration in Vocational Holiness*, Grand Rapids: Eerdmans, 1992, y en *The Contemplative Pastor: Returning to the Art of Spiritual Formation*, Grand Rapids: Eerdmans, 1994.

333. James S. Stewart, *Heralds of God* (1946), reimpresión, Vancouver, B.C.: Regent College Publishing, 2001, p. 196.

334. *Ibid.*, pp. 196-197.

335. James S. Stewart, *A Man in Christ: The Vital Elements of St Paul's Religion*, Vancouver, B.C.: Regent College Publishing, 2002.

336. *Ibid.*, p. 8.

337. *Ibid.*, p. 10.

338. *Ibid.*, p. 12.

339. E. Stanley Jones, *In Christ*, Nashville: Abingdon, 1961, p. 67.

340. *Ibid.*

341. Amplío aún más esta buena noticia en mi *Experiencing the Trinity*, Vancouver, B.C.: Regent College Publishing, 2000.

342. Nota del editor: El lector hispanohablante deberá ejercer precaución cada vez que se encuentre con el término sabbat, que es una traducción del término inglés *Sabbath* y no se refiere al sábado común. En el mundo evangélico inglés, producto de su desarrollo protestante en el siglo posterior a la Reforma, el término sabbat se refiere a la corriente no-conformista que enfatizaba guardar el primer día de la semana, es decir, el domingo o, como ellos lo denominaban *First Day Sabbath*. Dicha corriente es bastante foránea al mundo hispánico e históricamente ha sido una imposición cultural, cuya evidencia se puede ver en confesiones religiosas como los adventistas y varios nuevos movimientos religiosos contemporáneos.

343. Richard Foster, *Celebration of Discipline*, San Francisco: Harper & Row, 1978, p. 88.

344. Dallas Willard, *The Spirit of the Disciplines: Understanding How God Changes Lives*, San Francisco: Harper & Row, 1988, p. 161.

345. *Ibid.*

346. Ver Petersen, *Working the Angles*, pp. 44-60, y Marva Dawn, *Keeping the Sabbath Wholly: Ceasing, Resting, Embracing, Feasting*, Grand Rapids: Eerdmans, 1989.

347. Creo que fue Abraham Heschel el que dijo: «No es que Israel haya guardado el sabbat, sino que el sabbat guardó a Israel».

348. He aprendido que tengo que proteger la mitad de un día (mínimo) por semana solo para aislarme y estar a solas con el Señor. No para invertirlo estudiando (aunque es posible que estudie); no es tampoco un tiempo de descanso (aunque es posible que me eche una siesta corta); no es un tiempo para oración de intercesión (aunque es posible que ore por otras personas durante esas horas). Es un tiempo simplemente para estar en la presencia de Dios, para sentirme atraído aún más a la comunión de la Trinidad. Lo interesante es que esa disciplina se me facilitó más siendo yo un pastor de tiempo completo que un profesor.

349. D. Martin Lloyd-Jones, *Spiritual Depression: Its Causes and Cures*, Grand Rapids: Eerdmans, 1965, p. 20.

350. Algunos recursos: Elizabeth Achtemeier, *The Old Testament and the Proclamation of the Gospel*, Philadelphia: Westminster Press, 1973; Mortimer Arias, *Announcing the Reign of God*, Philadelphia, Fortress, 1984; Carl F. Braaten, *No Other Gospel! Christianity Among the World's Religions*, Minneapolis: Fortress, 1992; George B. Caird, comp. por Lincoln Hurst, *New Testament Theology*, New York: Oxford University Press, 1994; C. H. Dodd, *The Apostolic Preaching and Its Development*, Londres: Hodder and Stoughton, 1936; Michael Green, *The Meaning of Salvation*, Londres: Hodder and Stoughton, reimpreso por Regent College Publishing, 1998; Richard Hays, *The Moral Vision of the New Testament*, San Francisco: HarperSanFrancisco, 1996; Dorothy Sayers, «The Dogma Is the Drama», en *The Whimsical Christian: 18 Essays by Dorothy Sayers*, New York: Macmillan, 1987; James S. Stewart, *A Faith to Proclaim* (1953), reimpreso, Vancouver, B.C.: Regent College Publishing, 2002; John G. Stackhouse Jr. (ed.), *What Does It Mean to Be Saved? Broadening Evangelical Horizons of Salvation*, Grand Rapids: Baker Academic, 2002; John R. W. Stott, *The Incomparable Christ*, Downers Grove, Ill.: InterVarsity Press, 2001.

351. J. A. T. Motyer, *The Prophecy of Isaiah: An Introduction & Commentary*, Downers Grove, Ill.: InterVarsity Press, 1993, p. 399. Motyer escribió ese comentario luego de tres décadas de estudio y enseñanza de Isaías. Es un tesoro de agudeza exegética y espiritual profunda, muy profunda.

352. *Ibid.*

353. *Ibid.*

354. *Ibid.*

355. C. H. Spurgeon, «Sermon #542, 'Paul –His Cloak and His Books,'» en *Metropolitan Tabernacle Pulpit*, Londres: Passmore and Alabstar, 1863, p. 9.

356. Les recomiendo de manera especial los trabajos de Richard Bauckham, George Caird, Richard Hays, George Ladd, Christopher Wright y N. T. Wright.

357. Nota del editor: El autor ha citado libremente a Henry David Thoreau: «Read not the Times, read the Eternities», que es un juego de palabras.

358. Nota del editor: el autor cita un antiguo himno inglés de Matthew Bridges, *Crown Him With Many Crowns,* escrito en 1851, y que contiene alusiones al tema (versión en español «A Cristo coronad»). Pero, obviamente los himnos traducidos casi nunca expresan las ideas de sus originales, mayormente debido al léxico y al número de sílabas que no corresponden entre idiomas.

359. William Barclay, comentando sobre 1 Pedro 5.10, en *The Letters of James and Peter: Daily Bible Studies Series*, Philadelphia: Westminster Press, 1976, p. 273.

360. Romanos, 1 y 2 Corintios, Efesios, Filipenses, Colosenses, 1 y 2 Tesalonicenses, 2 Timoteo y Filemón.

361. Stewart, Heralds, p. 202.

362. Ver mi *Fifty-Seven Words That Change The World: A Journey Through the Lord's Prayer*, Vancouver, B.C.: Regent College Publishing, 2003.

363. John Calvin, *Commentary on the Book of Psalms*, trad. por Arthur Golding, rev. y ed. por T. H. L. Parker, Grand Rapids: Eerdmans, 1949, 1:334.

364. Martin Luther, *Word and Sacrament* I, Luther's Works, Philadelphia: Fortress, 1960, 35:255-256.

365. *Ibid.*

366. Los dos recursos más útiles sobre la oración en los Salmos que yo conozco son Eugene Peterson, *Answering God: The Psalms as Tools for Prayer*, San Francisco: Harper & Row, 1989, y Charles Hadden Spurgeon, Treasury of David, 3 vols., Grand Rapids: Zondervan, 1966.

367. Stewart, *op. cit.*, pp. 203-204.

368. Ver, por ejemplo, Ronald Allen, *Interpreting the Gospel*, St. Louis: Chalice Press, 1998, pp. 104-109; Robert Webber, *Blended Worship: Achieving Substance and Relevance in Worship*, Peabody, Mass.: Hendrickson, 1996, y *Worship Old and New*, 2ª. ed., Grand Rapids: Zondervan, 1994); Marva Dawn, *Reaching Out Without Dumbing Down: A Theological Worship for the Turn of the Century*, Grand Rapids: Eerdmans, 1995. Nota del editor: El calendario litúrgico es utilizado entre las iglesias históricas en hispanoamérica, pero no entre las iglesias evangélicas.

369. Webber, *op. cit.*, 136.

370. La historia del desarrollo del Año Litúrgico sobrepasa los alcances del presente capítulo. En términos simples, el Año básicamente se construye alrededor de dos fechas: la Semana Santa, cuya fecha específica es una función de los movimientos de la luna, y diciembre 25, la fecha escogida en el año 360 d. C por Liberius, obispo de Roma, para el nacimiento de Jesús. La iglesia se apropió de la Saturnalia, el antiguo festival romano dedicado a Saturno que celebraba la libertad universal y el retorno de la luz inconquistable. «La Pascua, por su conexión a la Semana Santa, establece un enlace al calendario litúrgico judío, que es lunar; la Navidad fue establecida el 25 de diciembre en el siglo IV coincidiendo con el solsticio de invierno en el calendario romano, y establece así un vínculo con el año civil romano que comienza el 1º de enero, y que es solar» («Year, liturgical», en Oxford Dictionary of the Christian Church, ed. por F. L. Cross y E. A. Livingstone, 3ª ed., Oxford: Oxford University Press, 1997, p. 1772). Paul Jewett llamó al Año el «Ciclo Trinitario»: «Dios es el Padre que envió a su Hijo (ciclo de la Navidad); Dios es el Hijo que murió y resucitó (el ciclo de la Pascua); Dios es el Espíritu Santo que fue derramado sobre la Iglesia (el ciclo del Pentecostés)» (en un ensayo inédito para un curso de Jewett sobre teología sistemática en Fuller Theological Seminary, 1971).

371. C. S. Lewis, Mere Christianity, New York: Macmillan, 1952, pp. 32-36.

372. No prediquen sobre Juan 13 sin haber consultado antes el comentario de Leslie Newbigin, *The Light Has Come: An Exposition of the Fourth Gospel*, Grand Rapids: Eerdmans, 1982, pp. 170-171.

373. Nota del editor: el autor cuestiona en la versión inglesa el nombre del Viernes Santo, *Good Friday*, que literalmente significa «buen viernes». Entonces, en inglés tiene sentido preguntar qué de bueno tiene ese viernes.

Sin embargo, todas las lenguas romances lo expresan con el adjetivo «santo» y, entonces, la pregunta deja de tener sentido.

374. Richard Lischer, *A Theology of Preaching: The Dynamics of the Gospel*, Nashville: Abingdon, 1986, p. 31. «La predicación, para que sea predicación, reedita y participa en la derrota y victoria de Jesús» (p. 43).

375. Si algunos de ustedes no siguen ese calendario en sus congregaciones, pueden dividir todo el año siguiendo los «días festivos importantes» naturales. En el hemisferio del norte, el año comienza el domingo después del Día del Trabajo, que se celebra en septiembre. Así que pueden comenzar con ese largo período que se extiende hasta la Navidad. El siguiente festivo importante es el día de Año Nuevo; pueden entonces comenzar con el domingo inmediatamente posterior y planificar hasta la Pascua.

376. W. Robertson Nicoll, *Princes of the Church*, Londres: Hodder and Stoughton, 1921, p. 245.

377. Ibid., p. 246.

Parte III

Nuevamente:

Fundamentos teóricos

10

Permanecer en el misterio
El espacio en el que predicamos

Tras todo el trabajo de preparación, ya estamos listos para que todo nuestro esfuerzo se convierta en sermón. Un sermón preparado no se convierte en un verdadero sermón hasta que no lo proclamemos. El sermón «sucede» cuando nos paramos ante otras personas, Biblia en mano, y decimos lo que Dios dice en el pasaje del día.

Nos ponemos de pie en calidad de representantes. Nos ponemos de pie para permanecer en un lugar específico (con todo lo que esto implica), en un tiempo específico (con todos sus desafíos, temores y anhelos), ante personas específicas y sus vivencias particulares. Y cuando lo hacemos, nos hallamos de pie en medio de un misterio. Cuando finalmente estamos listos para ponernos de pie y predicar, nos levantamos para quedarnos en un espacio, en un evento, en un acontecimiento sobre el cual, al final de todo, no tenemos el control, y cuya naturaleza y dinámica no podemos explicar. Nos ponemos de pie para permanecer en un misterio.

Estoy usando la palabra *misterio* en el sentido que le da el Nuevo Testamento. Misterio no es algo que solo las personas supremamente brillantes, supremamente espirituales de una élite pueden acceder luego de toda clase de ritos elaborados. Es más bien algo que, aunque por lo común no es obvio de inmediato, ha sido revelado por Dios y cualquiera que esté dispuesto a confiar en él puede llegar a conocer y experimentar. Estoy usando la palabra en el sentido de «secreto abierto».[378] No es nada esotérico; sin embargo, es algo que no descubriríamos por nuestra propia cuenta, no es algo que podamos hacer que suceda ni que podamos articular por completo para la satisfacción de todos. «El misterio no es la ausencia de significado, sino la presencia de más significado de lo que podemos comprender».[379] Ponerse de pie para predicar es permanecer en un misterio.

En este capítulo, me propongo hacer dos cosas. Primero, quiero intentar abrir la dinámica del misterio de tal manera que, en segundo lugar, podamos sentirnos más confortables (en el sentido tradicional de la palabra, *con*: con; *forte*: fuerza) asumiendo nuestra postura en el misterio.

¿Por qué hablo de esta manera? Les ruego que retrocedamos un poco por el momento.

Ya pudieron haber notado que no me he referido a la posmodernidad en este libro de una manera seria. Les escribo desde el 2008. Es posible que ustedes me estén leyendo en el 2021 o (si el libro sigue impreso) en el 2055. Teniendo en cuenta que muchos predicadores cristianos en el 2008 dicen que la posmodernidad es la construcción filosófica dominante del día, ustedes se preguntarán por qué no la he mencionado ni he lidiado con sus consecuencias respecto a la predicación.

Esa omisión ha sido intencional. No es que tenga temor de hacerlo. De hecho, creo que la posmodernidad, al rechazar la arrogancia de la modernidad y sus pretensiones poco realistas, ha contribuido a inaugurar una nueva oportunidad para el evangelio.[380] Pero no he querido debatir la posmodernidad por cuatro razones.

Primero, aún no me siento competente para hacerlo. Afortunadamente, muchos de los que se ganan la vida reflexionando acerca de estos asuntos se sienten de la misma manera. Kevin Vanhoozer, por ejemplo, dice: «Aquellos que intentan definir o analizar el concepto de la posmodernidad lo hacen bajo su propio riesgo».[381] De hecho, David Tracy, uno de los principales pensadores de la situación posmoderna, argumenta que «no existe un fenómeno como la posmodernidad», solo muchos postmodernistas distintos.[382]

En segundo lugar, me parece que la construcción teórica posmoderna es un andamiaje provisional, una reacción a los abusos de la modernidad (que sostiene asuntos como que los hechos son la única fuente del conocimiento, los seres humanos son la medida de todas las cosas, la opresión de las ideologías, etc.) y, por lo tanto, es un vaivén extremo del péndulo, tan típico de nosotros los seres humanos. Con el tiempo, el péndulo volverá a un término medio, a una forma de pensar y existir que todavía no ha surgido. Dada la naturaleza volátil de nuestro tiempo, el mundo puede atravesar una serie de otros acuerdos provisionales antes de que nos conformemos a un esquema de cosas que conducirá al mundo a su próxima temporada a largo plazo. Los predicadores deben ser sensibles a los problemas que la posmodernidad plantea y discute, pero no necesitamos ajustar toda nuestra forma de conocer, ser y actuar al calor del debate. «Esto también pasará», decía sabiamente mi abuela. Necesitamos no ceder a la presión de tener que sacudir toda nuestra comprensión de la predicación para acomodarnos a lo que finalmente no puede sostenerse.

La tercera razón por la que intencionalmente no mencioné el asunto es más importante. A decir verdad, la posmodernidad no es una construcción ni una condición tan dominante como a menudo se nos hace pensar. Puede ser dominante en ciertas partes del mundo, en el llamado Occidente secular, por ejemplo, el Occidente rico y educado; pero no lo es la ideología en el Oriente ni el Sur globales. Es decir, no es la cosmovisión dominante en los nuevos centros del cristianismo. Hablen con predicadores de Asia o África y podrán comprobar que los desafíos son muy distintos, mucho más acordes con lo que se podría llamar lo post-posmoderno. Los creyentes en esas partes del mundo siempre han tenido que vivir con el desafío de competir con «metarrelatos» rivales. El caso es que cada uno de ustedes siempre ha tenido que cavar profundo y encontrar razones para seguir a Jesús como Señor, que no se encuentran en la cosmovisión dominante donde viven. Siempre han tenido que entender y comunicar la historia cristiana en mundos dominados por «historias profundas»[383] y verdaderamente opresivas. Cuando me reuní con estudiantes en Suecia, hace unos años, luchaban contra las nada agradables decepciones que les habían dejado formas anteriores de posmodernidad. Cuando me encontré con estudiantes en Armenia, sentados alrededor de una mesa a unos metros de donde una vez estuvo una estatua de Lenin, luchaban con problemas muy diferentes, frente a los cuales la posmodernidad occidental no tenía nada que decir. Sencillamente querían saber más acerca de Jesús; querían conocer a Jesús, y estaban dispuestos a pagar el precio que tuvieran que pagar para hacerlo, ya fuera financiero, intelectual o social. La posmodernidad no moldea la vida de nuestros hermanos y hermanas en Beirut, Nazaret, Bagdad o Trípoli. No pretendo tratar a la ligera el asunto; siento la presencia de algunos aspectos de la posmodernidad todo el tiempo, especialmente en post-todo Vancouver, Canadá. Sin embargo, me permito recordarles a los predicadores que la posmodernidad es solo una ideología con la cual tienen que conversar para comunicar el evangelio. Si hubo en 2007 una ideología que exigía nuestra comprensión fue la del islam radical e integrista. Si algunos de ustedes viven en Occidente y leen esto en el 2050, probablemente estarán lidiando con problemas distintos.

La cuarta razón por la que intencionalmente no he abordado el tema es la razón más importante; es la que procuro plantear tan cuidadosamente como me pueda ser posible: al dialogar con cualquier ideología que cuestione o desafíe al Evangelio existe la posibilidad muy real de que podamos «caer» en esa ideología. No completamente, pero sí lo suficiente como para que sutilmente comencemos a perder contacto con las dimensiones esenciales del evangelio. Eso me sucedió cuando entré en diálogo con el proyecto desmitificador de los seguidores de Bultmann.[384] Al querer hacer que Jesús y su evangelio tuvieran sentido para las cosmovisiones que no armonizaban con Jesús y su evangelio, es posible que sutilmente se socave el evangelio. Me temo que esto está sucediendo más de lo que nos importa saber en el presente afán por hacer que el evangelio sea comprensible para el marco de referencia posmoderno. Un buen número de predicadores que respeto comienzan a encarnar el fenómeno tras ser absorbidos luego de haber interactuado con este. De repente empiezan a mostrar cierto filo posmoderno en su predicación, un dejo de arrogancia sutil, por ejemplo, sobre aquellos que aún quieren defender que Jesús es el único camino hacia Dios, especie de sospecha sobre el deseo de la iglesia de conocer y vivir «la verdad». Creo que los predicadores deben ejercer precaución con este tipo de cautiverio sutil a las ideologías.

Este peligro acerca de preocuparse demasiado por hacer que Jesús y su evangelio tengan sentido para cualquier «-ismo» creció en mí debido, en parte, a que inconscientemente me volví un «desmitificador de armario». Sin embargo, la mayor parte de mi preocupación se la debo a un libro titulado *Without God, Without Creed: The Origins of Unbelief in America,* por James Turner, a la sazón profesor de Historia en la Universidad de Michigan.[385] Turner plantea la pregunta: ¿Por qué, dado todo el patrimonio religioso de los Estados Unidos, de hecho, en virtud de toda su herencia específicamente cristiana, surgió la incredulidad como una opción completamente viable para los estadounidenses? La respuesta convencional fue que la creencia religiosa básicamente colapsó bajo la presión de los nuevos descubrimientos científicos y el masivo cambio social. Dando por sentado que dicha presión es un factor, Turner propone otra respuesta muy sorprendente. Escribe: «Aunque tanto la ciencia como la transformación social ocupan un lugar preponderante en el escenario, ninguna de ellas causó incredulidad. Afirmar que una de las dos lo hizo, creo ahora, es aproximarse al problema de la incredulidad de una manera totalmente equivocada, es darle crédito al plano arquitectónico, pero ignorar al arquitecto que lo diseñó y, en última instancia, desfigurar la historia de la religión occidental desde el siglo XVI hasta el XIX».[386] Entonces, ¿qué causó la incredulidad en un mundo impregnado, supuestamente, de fe? «En pocas palabras, la incredulidad no fue algo que le sucedió a la religión. Por el contrario, la religión fue la causante de la incredulidad».[387] ¿Qué? ¿Cómo podría ser eso? Aquí está la tesis de Turner y la razón por la que me ocupo en llamar la atención de los predicadores: «Al tratar de adaptar las creencias religiosas a los cambios socioeconómicos, a los nuevos desafíos morales, a los nuevos problemas del conocimiento, a los rígidos métodos de la ciencia, los defensores de Dios lo estrangularon lentamente».[388] ¿Cómo lo lograron? Ciertamente, no lo hicieron intencionalmente. Turner continúa: «Si alguien debiera ser enjuiciado por deicidio no es Charles Darwin sino su adversario, el obispo Samuel Wilberforce; no el ateo Robert Ingersoll, sino la piadosa familia Beecher» (prominente familia estadounidense de predicadores del siglo XIX).[389] La historia es, comprensiblemente, compleja. A riesgo de simplificar excesivamente el argumento, todo se reduce a esto: al intentar hacer que la fe cristiana tuviera sentido en términos de «problemas novedosos para el conocimiento» y «el exigente rigor de la ciencia», los predicadores sutilmente adoptaron las presuposiciones de la nueva forma de pensar. Como consecuencia, empezaron a presentar la fe cristiana en términos de esas presuposiciones y, sin darse cuenta, redujeron la fe cristiana a esas presuposiciones, diluyendo así la fe en algo menos que el evangelio bíblico. En particular, los predicadores, sin darse cuenta repito, predicaron al Dios de la ley natural, el dios deísta que le da cuerda al universo como si fuera un reloj de antaño y lo deja correr por sí solo.[390] Dado que este dios solo puede ser conocido por la vía del consentimiento intelectual a partir de «hechos» racionalmente verificables, los predicadores comenzaron a defender la fe apelando a proposiciones «demostrables». El evangelio se convirtió en algo a lo que uno consiente intelectualmente (que es una dimensión de la fe) y se convirtió en «principios para vivir». Lyman Beecher, dice Turner, «inconscientemente imitó a Jefferson cuando llamó a la Biblia "un código de leyes" y afirmó que su "verdadero significado" radica en que contiene las "leyes de un gobierno moral"».[391] La fe dejó de ser confianza plena en una persona. El evangelio dejó de ser las buenas nuevas de lo que esa persona, el Dios revelado en Jesús, hizo, hace o hará. «Ayúdate, que yo te ayudaré» se convirtió en la base de la vida cristiana. Turner concluye, y lo cito en detalle porque advierte a los predicadores de cualquier época y de cualquier ideología:

> Entonces, el ingrediente crucial de la mezcla que produjo una perdurable incredulidad fue la decisión de los creyentes. Más precisamente, la incredulidad fue el resultado de las decisiones que tomaron los grandes dirigentes de la iglesia, escritores laicos, teólogos y pastores, respecto a cómo enfrentar las presiones modernas contra las convicciones religiosa… Y estas decisiones que se tomaron en conjunto, en resumidas cuentas consistió en enfrentarse a la modernidad aceptándola, es decir, desactivar la amenaza contra las bases tradicionales de la fe colocando a Dios a tono con la modernidad.
>
> No importa lo que se diga en retrospectiva, esta estrategia fue para nada desdeñable. Cualquiera que crea en Dios querrá esa creencia, que Dios tenga algo que decir respecto al mundo en que pensamos, vivimos y morimos…
>
> Sin embargo, al ajustar la fe acercándola al entendimiento y la aspiración humana, muchos dirigentes religiosos cometieron un error fatal. No estaban equivocados cuando creyeron que cualquier fe debía manifestarse en términos de conducta moral. Pero se olvidaron que se suponía que los propósitos

de su Dios no debían ser los mismos que los del ser
humano. Tampoco estaban equivocado cuando creyeron
que cualquier creencia duradera debía fundamentarse
en el pensamiento y la experiencia de los seres humanos.
Pero, se olvidaron de la tensión que, por definición,
debe existir entre un Dios incomprensible y el esfuerzo
humano por conocerlo. No fueron tan tontos como para
insistir que cualquier Dios debía ser el señor de este
mundo, pero no siempre recordaron que este mundo no
podía limitarlo. En resumidas cuentas, se olvidaron de
que su Dios era —como todo Dios tiene que ser si es que
va a producir fe a largo plazo— radicalmente diferente
del hombre.[392]

Sin embargo, después de todo, en realidad quizá
haya solamente una lección aquí. El universo no ha
sido hecho a la medida de nuestros cálculos. Al haberse
olvidado esto, muchos creyentes perdieron a su Dios.[393]

Las ideas de Turner hacen que me tranquilice. Uno podría
argumentar que Turner quizá exageró un poco sus conclusiones.
Alguien más podría acusarme de que no he comunicado bien sus
conclusiones. El punto, sin embargo, sigue siendo el mismo: por
causa de nuestro deseo de conectar, de ser pertinentes en nuestra
predicación, podemos perder el mensaje que queremos anunciar.

Tres de mis contemporáneos lo expresan de esta manera:

Lo que en primer lugar habíamos creído que eran
intentos humildes y discretos de parte nuestra, de
expresar el evangelio de una manera «responsable
y contemporánea», fue una sencilla muestra que
nos habíamos sometido a los poderes de turno. Nos
habíamos rendido demasiado pronto. *Al tratar de
hacer lo imposible por dirigirnos al «mundo moderno»,
tropezamos y aceptamos sus postulados.* En el diálogo con
la cultura contemporánea, el tráfico se movía en una sola
dirección. Siempre fue la cultura contemporánea la que
estuvo hurgando en el evangelio, diciéndole lo que podía
y no podía creer. En este proyecto hemos perdido la fe.[394]

El peligro de que esto suceda es aún mayor cuando «hacemos malabares» para hablarle al mundo posmoderno, porque la posmodernidad exhibe fundamentalmente la pérdida de la fe en casi todo. «Las palabras crean mundos», lo cual es contrario a la sospecha posmoderna de que las palabras carecen de significado e influencia reales.[395] «Como Walter Bridgman nos ha dicho a los pastores, si no permitimos que el evangelio nos use para crear un mundo nuevo, entonces todo lo que podemos hacer es servirle al viejo».[396] Oh Señor, no permitas que vayamos por el mal camino.

Cuando cité a estos tres pastores, omití la primera frase del párrafo, que ahora incluyo: «Estamos aprendiendo que *todo tiene que ver con la conversión*».[397] Lo interpreto en el sentido de que siempre necesitamos la conversión, de «pensar de nuevo», de rectificar nuestro pensamiento. Siempre necesitamos arrepentirnos. No hay construcción humana, ni siquiera aquella de carácter religioso, que puedan jamás resumir, capturar, encapsular y encarnar completamente a Jesús y su evangelio. «Ninguna forma de conocer las cosas podrá navegar el laberinto de la realidad».[398]

> «Porque mis pensamientos no son los de ustedes,
>   ni sus caminos son los míos —afirma el Señor—.
> *(Is 55.8)*

Hacemos el mejor esfuerzo para comprender el Evangelio, y hacemos el mejor esfuerzo para ayudar a que los demás comprendan el evangelio; nos esforzamos por encontrar puntos de contacto y analogías adecuadas; y luego nos damos cuenta de que cuanto más nos acercamos a la esencia del evangelio, tanto más se vuelve virtualmente imposible ilustrarlo desde cualquier marco de referencia. Nuestra manera de hablar, por necesidad, se vuelve cada vez más «apofática», es decir, hablamos en términos negativos, de que algo no es, o no se le parece. Al decir esto, no estoy afirmando todo lo concerniente a la Vía Negativa. Lo que estoy diciendo es que cuanto más avanzamos hacia la esencia del evangelio, tanto más incapaces son los convencionalismos culturales para ayudarnos a articular lo que ha sido revelado. Por ejemplo: la encarnación. «La encarnación es como…» ¿Como qué? Nada jamás que haya sucedido en la historia humana se le parece.

Por ejemplo, pasé cuatro años en Manila, Filipinas, cuatro de los mejores años de mi ministerio. Llegué a querer al pueblo filipino (¡adoptamos una hija filipina!). Dije que si por convertirme en un filipino yo pudiera ayudar a que a ese pueblo encantador se le reconociera el estatus que se merece en el mundo, lo haría: cambiaría el color de mi piel, la forma de mi cara, la forma en que veo el mundo, la forma en que me relaciono. Me convertiría en carne y sangre filipinas. Es la analogía más cercana que puedo encontrar para la encarnación. Y, sin embargo, esa comparación está tan alejada de la verdad. Sí, en un sentido me podría convertir en lo que no soy; pero no cambiaría de ninguna manera mi forma esencial de ser. Seguiría siendo humano, solo que un ser humano distinto. En la encarnación, Dios se convirtió en lo que no era (y no lo era en lo absoluto). Cualquier analogía, en el mejor de los casos, señala el misterio y nos inclina a decir: «Como si fuera…, pero no del todo».

O respecto a la resurrección, por dar otro ejemplo. «Es como…» ¿Como qué? Como una mariposa que sale del capullo, como solía escuchar a los predicadores cuando era niño. ¿De veras? La analogía señala, de verdad, la continuidad entre el cuerpo de Jesús el Viernes Santo y el cuerpo de Jesús el Domingo de Pascua; pero la analogía pierde la esencia del evento. Las mariposas salen del capullo como resultado del proceso natural de la larva. La resurrección no es el resultado de un proceso inherente del cuerpo humano, ni siquiera del cuerpo de Dios encarnado. La resurrección es un acto nuevo, que da vida a una nueva realidad, algo que jamás antes había existido y para el cual sencillamente no hay nada que se le parezca en ninguna cosmovisión. «Jesús y su evangelio son como…» Sí; pero «Jesús y su evangelio no son como…». No es como cualquier cosa que haya en cualquier construcción humana de la realidad. El evangelio, las increíblemente buenas noticias, se enfrenta a todas las formas humanas del conocimiento, del pensamiento, del sentimiento, del ser y su conducta. El evangelio exige un giro radical hacia una nueva manera de conocer, pensar, sentir, existir y vivir.

A veces, temprano en la mañana de algún domingo, cuando leo el manuscrito del sermón, me abruma una profunda sensación de no estar a la altura del reto. A veces me invade la sensación de que soy realmente un tonto como para decir lo que pienso decir;

que soy lamentablemente ingenuo, que la gente me juzga como poco realista o sin educación o sencillamente estúpido. Escuchen nada más lo que decimos cuando nos paramos frente a nuestros contemporáneos: «Dios existe y está vivo». ¿Cómo lo sabes? ¿Quién te da el derecho de afirmar esto? « Dios creó el mundo». ¿Qué? ¿Te atreves a decir esto frente a la «indisputable evidencia» de que el mundo evolucionó a lo largo de un proceso largo y natural? «Dios creó al ser humano; de hecho, nos creó según su imagen». Te has ido muy lejos, estás loco (como mi vecino me dijo un día). «Dios ama a los seres humanos y nos cuida más que una madre o un padre lo harían». ¡Estás muy sentimental y desconectado con la realidad! «Dios se volvió ser humano, como uno de nosotros, en la persona de aquel niño que nació en Belén». Estás realmente chiflado; ¿en qué andas últimamente? «Este Dios vivió la única vida genuinamente humana que jamás se haya vivido y nos invita a seguirlo en su camino». «Este Dios fue crucificado». ¡Increíble! «En una cruz romana. Y este hecho constituye el eje central de toda la historia. Este hecho tiene consecuencias para todo ser humano que haya vivido, viva o vivirá». Un hombre en particular, que dices que es Dios encarnado, ¿muere y su muerte afecta a toda la raza humana? ¿Te estás escuchando a ti mismo? ¡Estás perdiendo el juicio! «En este hombre en particular, Dios encarnado, la muerte no tuvo la última palabra; solo tuvo la penúltima. Este hombre sufrió la muerte y volvió a vivir, el nuevo ser humano, la cabeza y progenitor de una raza humana completamente nueva». ¡Espera un minuto! «Y un día vendrá otra vez y traerá consigo una creación completamente nueva, donde ya no habrá enfermedad, tristeza o muerte». Estás afectando todo mi sentido de la realidad; jamás he oído algo como esto. O estás realmente desquiciado, o…

¿Qué cosmovisión (cultural o filosófica) capta todo esto? Ninguna. Solo llegamos a captar esto cuando damos un giro total y creemos aquello que no encaja en ninguna cosmovisión humana. Aquel giro que damos no es otra cosa que un milagro.

Por lo tanto, nuestra postura en la predicación debe ser, por necesidad, una de invitación. Incluso cuando proclamamos («Oigan, oigan») o profetizamos («Así dice el Señor»), invitamos a las personas, si no en palabras, entonces en tono y afecto, a considerar a Jesús y su evangelio. Reconocemos que Jesús y su evangelio quizá no tengan sentido inmediato. Entonces, que así sea. «Vengan a ver». Jesús les dijo esas palabras a los dos discípulos de Juan el Bautista que le habían preguntado: «Rabí, ¿dónde te hospedas?» «Vengan a ver» (Jn 1.39). Felipe le dijo aquellas palabras a Natanael, quien ya le había preguntado: «¡De Nazaret! ¿Acaso de allí puede salir algo bueno?» «Ven a ver» (Jn 1.46). La mujer desconocida que estaba junto al pozo, dijo aquellas palabras cuando regresó a su pueblo después de conocer a Jesús: «Vengan a ver a un hombre que me ha dicho todo lo que he hecho. ¿No será este el Cristo?» (Jn 4.29). «Ven, mira, escucha, investiga, haz preguntas».

Esto es lo que hacemos con aquella caprichosa alegría de Dorothy Sayers, quien, dándose cuenta de lo extraño y desafiante que podría sonar el evangelio a nuestros contemporáneos, nos animó a seguirlo contando. La teología cristiana es capaz de defenderse en el mercado de las ideas; la gran historia puede sobresalir en medio de todas las historias que compiten. «El dogma es el drama», nos dijo la dramaturga.[399] Por «dogma» se refería al contenido del evangelio:

> El dogma es el drama —no las frases bellas ni los sentimientos reconfortantes, ni las vagas aspiraciones a la bondad y el aliento, ni la promesa de algo lindo después de la muerte— sino la aterradora noticia de que aquel Dios que creó el mundo, también vivió en él y sufrió la muerte. Muéstrale esto a los incrédulos, y quizá no lo crean; pero al menos se darán cuenta de que aquí hay alguien que está dispuesto a creer de todo corazón en este mensaje.[400]

Es por todo ello que me refiero a «permanecer en el misterio». Frente a todo lo anterior (y mucho más), nos ponemos de pie ante otras personas, Biblia en mano, y permanecemos en el misterio.

El misterio tiene, por supuesto, muchas, muchas dimensiones. Tres de ellas son especialmente pertinentes para entender el evento de la predicación. Estas son el misterio de la persona humana, el misterio de las estructuras alteradas de la realidad y el misterio de la obra del Espíritu Santo. Tan solo podremos empezar a explorarlos en este último capítulo.

La persona humana

Cuando nos ponemos de pie frente a otros, ¿qué es lo que vemos? La respuesta determinará gran parte del qué y cómo predicamos. Cuando los autores del Nuevo Testamento observaban a otras personas, lo que veían eran personas creadas por Jesús, para Jesús, unidas en Jesús, que anhelaban a Jesús, personas que alcanzan su potencial humano cuando está en relación con Jesús. Los otros seres humanos pueden no estar conscientes de ello; la mayoría ni siquiera sospecha de ello; algunos incluso se sentirían ofendidos si alguien les dijera ello; pero los escritores y predicadores de la Biblia se pronuncian en contra de los demás respecto a este misterio.

El apóstol Pablo fue el que describió este asunto de la manera más concisa. Refiriéndose a Jesús como el Hijo de Dios, como el «Hijo amado» (Col 1.13), Pablo escribe lo siguiente (más bien, canta):

> Él es la imagen del Dios invisible, el primogénito de toda creación, porque por medio de él fueron creadas todas las cosas en el cielo y en la tierra, visibles e invisibles, sean tronos, poderes, principados o autoridades: todo ha sido creado por medio de él y para él. Él es anterior a todas las cosas, que por medio de él forman un todo coherente. Él es la cabeza del cuerpo, que es la iglesia. Él es el principio, el primogénito de la resurrección, para ser en todo el primero. Porque a Dios le agradó habitar en él con toda su plenitud y, por medio de él, reconciliar consigo todas las cosas, tanto las que están en la tierra como las que están en el cielo, haciendo la paz mediante la sangre que derramó en la cruz.
>
> *(Col 1.15-20)*

En 1931, E. Stanley Jones dijo: «El mundo cristiano no ha tomado este pasaje en serio, lo ha tratado como una floritura retórica».[401] Así también el mundo cristiano de nuestros días. Sin embargo, no hay nada más importante que ello.[402] Cada persona que conocemos ha sido creada por Jesucristo. Cada persona que conocemos ha sido creada para Jesucristo. Cada persona que conocemos se mantiene unida en Jesucristo. Incluso aquellos que todavía no creen. Incluso aquellos que piensan que lo odian. Incluso aquellos que los insultan que están locos por predicar lo que están predicando. Ustedes como predicadores saben algo acerca de las personas que está sentada o de pie ante ustedes y que quizá ellas desconozcan. Ustedes saben que, habiendo sido creados por Dios, la única manera de vivir es obedeciéndolo. Ustedes saben que, habiendo sido creados por él, solo él puede finalmente cumplir todos sus anhelos. En efecto, ustedes saben que todos sus anhelos son síntomas del anhelo que ellos tienen por Dios. Saben que, al mantenerse unidos en él, descubrirán la más grande alegría conociéndolo y cooperando con él mientras él opera su voluntad en ellos. Es decir, ustedes saben que ninguno otro sino el propio Jesús los complacerá plenamente. Otra vez, quizá ellos no lo sepan, y ustedes no necesitan contárselo todo de una vez; pero ustedes conocen este misterio. Y, por lo tanto, les hablan conscientes de este misterio.

Además, saben que debido a que Jesús ha hecho a sus oyentes para él mismo y los mantiene juntos momento a momento, él los busca. Esto significa que Jesucristo, en el misterio de las cosas, ha reunido a aquellas personas que se sientan ante nosotros mientras nos ponemos de pie ante ellas. El verdadero «buscador»[403] en esta situación no es la persona que se acerca a la iglesia, ni siquiera la propia iglesia, sino el mismísimo Jesús. Esto es lo que sucede en la historia de Zaqueo. Este se sube a un árbol «tratando de ver quién era Jesús» (Lc 19.3), y entonces descubre que él no es el verdadero buscador; es Jesús. «Porque el Hijo del hombre vino a buscar y a salvar lo que se había perdido» (Lc 19.10). El verbo *buscar* funciona como corchetes del relato: Zaqueo busca a Jesús, quien así mismo buscaba a Zaqueo.[404] ¿Hay algo más que explique por qué las personas se levantan de la cama un domingo por la mañana, se visten, caminan o conducen un auto o toman un autobús con rumbo a un edificio que alberga la iglesia, buscan un asiento, y luego prestan atención a la lectura y a la predicación de la Biblia? Esta es la razón por la que no tenemos que «diluir» nuestra predicación para poder alcanzar a las personas; cuando alguien se toma la molestia en venir a un edificio que alberga la iglesia, él o ella ya está pensando, aunque sea implícitamente: «Voy a escuchar algo que normalmente no escucho, y puede que no lo entienda completamente; pero busco más de lo que actualmente sé y entiendo». Esto significa que más nos vale, a nosotros los predicadores, que les demos aquello que los atrajo y que quieren obtener: la «historia profunda» respecto a quién es Jesús, qué ha hecho, hace y hará por el mundo. No importa de qué más trate el sermón, más nos vale que les proporcione aquello para lo cual los oyentes fueron creados: para Jesús, y para que permanezcan en él, en la Trinidad y en el reino.

Como ya lo han notado varias personas, el vínculo común con cualquier buscador no es la cultura sino la creación. Tanto ellos como nosotros hemos sido creados por el único y para el único que puede decir: «Yo soy el principio y el fin».

Estructuras alteradas de la realidad

Cuando nos ponemos de pie frente a otras personas, sabemos que el Evangelio que estamos a punto de anunciar ha cambiado drásticamente la realidad en la que nos encontramos. Estamos plenamente conscientes de que el pecado, el mal y la muerte operan en el espacio desde el que hablamos; pero también sabemos que el pecado, el mal y la muerte han dejado de ocupar el espacio que alguna vez tuvieron. Sabemos que, cuando vivimos en el evangelio, estos poderes que atacan a la humanidad han sido derrotados, aunque aún no eliminados.

Dos escritores del Nuevo Testamento lo dicen mejor:

> Antes de recibir esa circuncisión, ustedes estaban muertos en sus pecados. Sin embargo, Dios nos dio vida en unión con Cristo, al perdonarnos todos los pecados y anular la deuda que teníamos pendiente por los requisitos de la ley. Él anuló esa deuda que nos era adversa, clavándola en la cruz. Desarmó a los poderes y a las potestades, y por medio de Cristo los humilló en público al exhibirlos en su desfile triunfal
>
> *(Col 2.13-15)*

Y,

> Por tanto, ya que ellos son de carne y hueso, él también compartió esa naturaleza humana para anular, mediante la muerte, al que tiene el dominio de la muerte —es decir, al diablo—, y librar a todos los que

por temor a la muerte estaban sometidos a esclavitud
durante toda la vida

(Heb 2.14-15)

¡Miren que nos referíamos a pasajes que transforman el mundo! Ambos anuncian las buenas nuevas de que la venida de Jesús alteró las propias estructuras de realidad. Las cosas realmente han cambiado. Antes del nacimiento, vida, muerte, resurrección y ascensión de Jesús la realidad y la vida en el universo iban juntas en una sola dirección. Después de su nacimiento, vida, muerte, resurrección y ascensión, la realidad y la vida en el universo fueron arregladas de otra manera. Cuando él venga de nuevo, todo será arreglado de otra manera totalmente distinta.

Imagínense un sótano o cobertizo donde se almacenan cosas. Con el paso de los años, las arañas ha hecho sus nidos y desplegado sus telarañas. Antes de abrir la puerta, la «realidad» en ese rincón del sótano o el cobertizo ha sido arreglado de cierta manera. Pero después de abrir la puerta y meter la mano en ese espacio, la «realidad» se configura de otra manera. O imagínense una nación que atraviesa por una revolución política. Sé cómo es eso. Mi familia y yo estuvimos atrapados en la llamada revolución del People Power de 1986, en las Filipinas. Antes de la revolución, las estructuras de la vida en las Filipinas se configuraron de una manera; después de la revolución, las estructuras de la vida se configuraron de otra manera. El desafío después de las revoluciones es aprender a vivir en la nueva realidad.

Antes de los eventos de Jesús (su nacimiento, vida, muerte, resurrección y ascensión), la realidad estaba configurada de una manera. El pecado, el mal y la muerte ocupaban su lugar en el universo; pero después de los eventos de Jesús, la realidad se configuró de una nueva manera. El pecado, el mal y la muerte ya no ocupan el lugar que antes tuvieron. Efectivamente, las arañas todavía están por ahí y saben cómo tejer sus telarañas en la nueva configuración. Las fuerzas derrocadas en la revolución todavía ejercen presión (ver Ap 12-13); pero ya no ocupan el lugar en las estructuras de la realidad que alguna vez tuvieron. Por medio de los eventos de Jesús, las estructuras han sido alteradas para siempre. Las arañas y las fuerzas del mal no ejercen sobre nosotros el poder que tenían antes del Viernes Santo y del Domingo de Pascua, Pentecostés y Ascensión.[405]

Cuando nos ponemos de pie frente a otras personas, sabemos que el pecado, aunque todavía está ahí y sigue siendo muy despreciable, no tiene el poder que una vez tuvo. Jesús nos ha librado de su control; no tenemos que obedecer su voz nunca más. Pecamos, pero ya no tenemos la obligación de hacerlo (Ro 6.1-22; Jn 8.31-36). Cuando nos ponemos de pie frente a otras personas, sabemos que las fuerzas del mal, las «autoridades» y las «potestades», «las fuerzas mundiales de esta oscuridad», «las fuerzas espirituales malignas en las regiones celestiales» (Ef 6.12), no tienen el poder que alguna vez tuvieron. Jesús los venció en el instante mismo de su muerte, y las despojó de sus armas de temor y acusación.[406] Ya no tenemos que obedecer a aquellas potestades; no debemos temer sus amenazas de muerte contra los que no acatan sus demandas.

> Y aunque estén demonios mil,
> Prontos a devorarnos,
> No temeremos, porque Dios
> Sabrá aún prosperarnos.
> Que muestre su vigor,
> Satán y su furor;
> Dañarnos no podrá,
> Pues condenado es ya;
> Por la palabra santa.
> Martín Lutero, 1529, «Castillo fuerte es nuestro Dios».

Aquella palabra santa es el nombre de Jesús. El mal todavía está aquí e intenta con lo mejor de su inventario diabólico destruir a Jesús y todo lo que él hace y redime; pero el mal ya no es lo que era; tiene ahora la correa al cuello y ha sido despojado de su poder y autoridad. Cuando nos ponemos de pie ante otras personas sabemos que la muerte, aunque sigue siendo «el último enemigo» (1Co 15.26), no tiene el poder que alguna vez tuvo. Jesús ha vencido a la muerte y le ha quitado su poder final. Tal como uno de mis mentores, Peter Joshua (a quien mencioné en el capítulo seis), solía decir: «Cuando la muerte clavó su aguijón en Jesucristo, se aguijoneó hasta la muerte». Entonces, «¿dónde está, oh muerte, tu victoria?» (1Co 15.55, citando a Os 13.14).

Esto significa que podemos entrar en cualquier espacio y decirle al pecado: «No tienes ningún poder sobre Jesús, y puesto que estas personas y yo somos suyos, no tienes poder sobre ellas ni sobre mí». Podemos entrar en cualquier espacio y decirle al mal: «Tú no tienes autoridad sobre Jesús. Debes someterte a él; y puesto que estas personas y yo le pertenecemos, no tienes la autoridad final sobre nosotros». Podemos entrar en cualquier espacio y decirle a la muerte: «No tienes control sobre Jesús; y puesto que estas personas y yo le pertenecemos, no tienes la decisión final para ellos ni para mí. Tanto ellos como yo no seremos intimidados por ti jamás. No importa lo que tú nos digas, obedeceremos a Jesús y haremos lo que él nos diga».

Nos ponemos de pie para predicar en medio del pecado, del mal y de la muerte; pero seguimos de pie en medio de todo porque nos mantenemos en el misterio que, a causa del Salvador y Señor de todos, el pecado y el mal y la muerte no son lo que una vez fueron y ya no pueden hacer lo que alguna vez hicieron.

La obra del Espíritu Santo

Cuando nos ponemos de pie ante otras personas para acometer esta tarea audaz que llamamos predicación no estamos solos. Ciertamente, a veces sentimos como si estuviéramos solos. Y a veces ese sentimiento es aterrador, pero en el misterio de las cosas, no estamos solos en lo absoluto. Cuando nos paramos frente a otros para hablar en el nombre de Jesús, nos acompaña el Espíritu Santo. Estamos en su Espíritu y en todo lo que su Espíritu hace.

Este es el gran misterio del momento de la predicación. Uno podría escribir libros sobre este misterio, sobre Jesús y su obra. Permítanme dar una visión general muy breve.

El Espíritu ha estado obrando por medio de las Escrituras y seguirá haciéndolo. Es él quien ha inspirado las palabras, las ideas, el tono, la trayectoria.[407] Es él quien ha supervisado su composición y transmisión segura. Es él quien puede desentrañar su significado. Es él quien le da sentido a un encuentro con la Palabra viva, quien anuncia las buenas nuevas, quien adapta nuestra cosmovisión a la del pasaje bíblico y nos faculta para dar un nuevo paso en la «obediencia de la fe». Es él quien puede superar cualquier dificultad para comprender, cualquier resistencia a lo que se declara, cualquier temor a seguir.

El Espíritu ha estado obrando con el predicador y seguirá haciéndolo. Él es quien ha abierto el pasaje bíblico y el que abre nuestros corazones y mentes a lo que él ha revelado. Él es quien nos ayuda a comprender la estructura del pasaje. Él es quien nos ayuda a organizar nuestros pensamientos y a crear el flujo de ideas. Él es quien nos convence respecto a la verdad del pasaje, y nos señala nuestra incredulidad y vida que no se ciñe a la verdad. Él es quien nos muestra su pasión por el Jesús del pasaje bíblico. Él es quien nos muestra su amor por aquellos que oirán nuestro mensaje. Bendito sea su nombre.

El Espíritu ha estado obrando en los oyentes y lo seguirá haciendo. Antes de que nos pusiéramos de pie ante ellos, el Espíritu ya ha estado tocando aquellos corazones endurecidos, suavizando voluntades obstinadas, despejando mentes caóticas, sanando espíritus quebrantados. El Espíritu hará que el Jesús del pasaje bíblico sea real para los oyentes. Él les mostrará maneras en que deben vivir el pasaje, que el predicador jamás imaginó. ¡El Espíritu les ofrecerá la mismísima vida del Dios viviente!

El Espíritu obrará por medio de la dinámica de la comunicación. Consideren los siguientes diagramas. El primero ilustra lo que la mayoría de los oradores dan por sentado que sucede en el momento de la predicación. El segundo, lo que muchos predicadores dan por sentado. El tercero, lo que algunos predicadores reconocen en el momento de la predicación.[408] El cuarto señala el misterio.

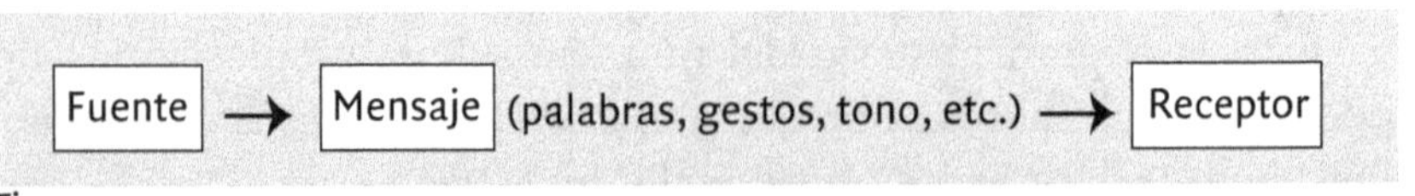

Figura 10.1

La mayoría de los oradores dan por sentado que comunican un mensaje y que los oyentes lo reciben. Sería fabuloso si todo fuera tan directo.

El orador pronuncia un mensaje que el oyente recibe. Pero el oyente también «le habla» al orador (por lo general con lenguaje no verbal: movimientos de los ojos y la cabeza, desplazamiento del cuerpo, etc.; aunque en algunas culturas, afortunadamente, estas respuestas o comentarios de parte de los oyentes se dan verbalmente. Algunas congregaciones afroamericanas, muchas en el Medio Oriente y en las Filipinas).[409]

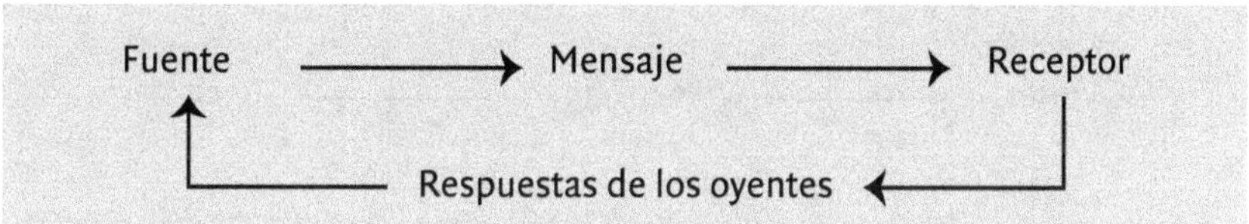

Figura 10.2

El orador, entonces, por lo general de manera inconsciente, ajusta el mensaje para conectarse con el oyente. El proceso se repite una y otra vez durante todo el evento. Por esta razón, el mismo sermón que se predica en dos cultos produce dos sermones distintos.

El orador pronuncia un mensaje que el oyente recibe. Y se da inicio al circuito de retroalimentación. Sin embargo, el orador y el oyente no son los únicos protagonistas del escenario. Dios obra junto al orador y Dios obra en el oyente, lo cual es una de las razones por las que un mismo sermón puede dar como resultado muchos sermones distintos en un mismo culto: Dios da poder a las palabras del orador, y las hace llegar de distintas maneras a distintas personas; A veces Dios se comunica con el oyente de una manera tal que el orador no está consciente.

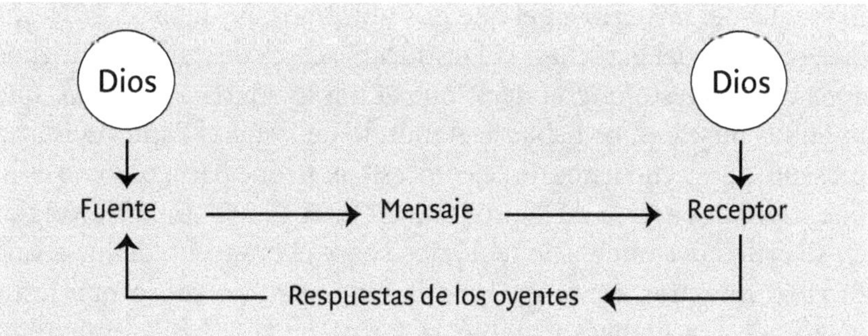

Figura 10.3

Por esta razón, cuando alguien nos comenta después de un sermón «gracias por el tremendo mensaje sobre la compasión», y sabemos que no habíamos abordado el tema, lo incorrecto sería decirle: «¡pero si el sermón no era sobre la compasión sino sobre la paciencia!» Más bien, lo adecuado sería decirle: «gracias a Dios que te habló de ello».

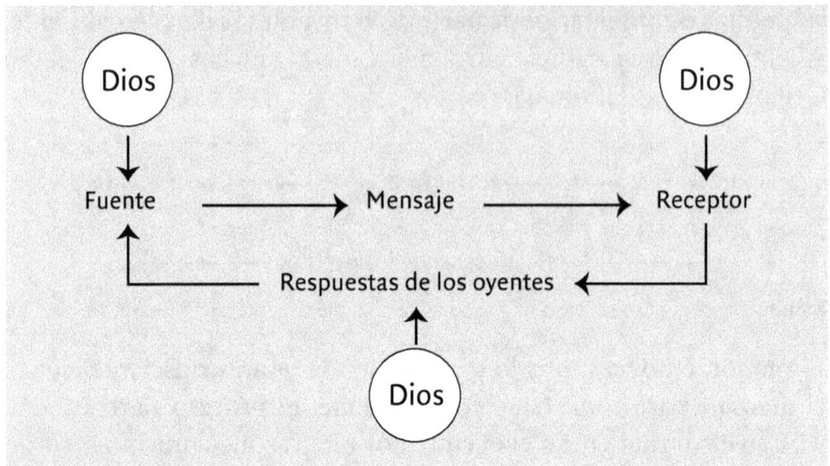

Figura 10.4

La buena noticia es que el Espíritu de Dios se ha involucrado en todos los aspectos del circuito de la comunicación. Tal como se le atribuye a Fred Rogers, el famoso «Mr. Rogers» de la televisión: «El espacio entre mi boca y tus oídos es territorio del Espíritu Santo». En ese circuito de retroalimentación, que está fuera de nuestro alcance, es donde nos paramos ante otros seres humanos, cuando anunciamos la Palabra. (Ver Hch 10.42; 14.3; Heb 2.3-4).

Como ya se ha insinuado, el Espíritu obra alejado de cualquier cosa que nosotros podamos estar haciendo. Esta es la verdadera maravilla del misterio en el que nos ubicamos. En Juan 15.26, Jesús dice respecto del Paráclito: «Él testificará acerca de mí». Por muchos años creí que esto quería decir que él nos ayudaría a testificar, que mientras buscáramos hablarle al mundo de Jesús, el Espíritu estaría presente para ayudarnos. En efecto, esto es lo que hace; pero no es lo que Jesús dice acerca de la promesa en Juan 15.26. Leslie Newbigin, en su brillante comentario teológico sobre el evangelio de Juan, que escribió mientras servía en la India, me ayudó a ver lo que Jesús dice y, de esa manera, cambió la forma en que había entendido el momento de la predicación.[410] No somos nosotros los actores principales del evento.

«Es importante tener en cuenta lo que no se dice», comienza Newbigin.[411] «No se dice que el Espíritu ayudará al discípulo a testificar. Esto haría que la obra de los discípulos fuera la principal y de la del Espíritu la secundaria. Lo que se dice es que el Espíritu testificará y que, en segundo lugar, los discípulos darán testimonio».[412] Newbigin prosigue recordándonos que no le compete a la labor humana hacer que otros reconozcan a Jesús como él realmente es; esa siempre será la obra de Dios (Jn 6.44, El Padre «nos atrae» a Jesús). Newbigin agrega:

> Lo que se promete aquí es que el Espíritu realizará su propio milagro en los corazones y las conciencias de las personas, para que puedan reconocer a Jesús como el que es. Las palabras, las obras y, sobre todo, los sufrimientos de la comunidad serán los medios por los cuales se dará testimonio de Jesús, pero el verdadero agente es el Espíritu y, dado que es el Espíritu del Padre, es también el Espíritu de verdad. Cuando el Señor le dice a Israel: «Ustedes son mis testigos» (Is 43.10), no hay ninguna indicación que dicha declaración sea un llamado a la proclamación. Israel es testigo de la majestad y la gloria del Señor, no por lo que Israel haya dicho o hecho, sino por aquellas obras poderosas de las cuales el Señor es el sujeto e Israel es el objeto. En este sentido es que los discípulos son testigos… Sus vidas, sus palabras, sus hechos, sus sufrimientos serán la ocasión, el lugar en donde el poderoso Espíritu dará su propio testimonio en los corazones y en las conciencias de hombres y mujeres para que vuelvan a mirar a aquel hombre odiado, rechazado, humillado, crucificado y así puedan confesar que «Jesús es el Señor». El Espíritu es el soberano. La promesa que se hizo a la comunidad de los discípulos no era de que tendrían al Espíritu a su disposición para que los ayude en su labor de proclamación. Este malentendido ha distorsionado profundamente la obra misionera de la Iglesia y ha permitido una especie de triunfalismo misionero del que tenemos razón de avergonzarnos. El Espíritu no es el auxiliar de la Iglesia. La promesa hecha aquí no es a una Iglesia poderosa y «exitosa» en un sentido mundano. Es una promesa a una Iglesia que comparte la tribulación y la humillación de Jesús, la tribulación que surge de la fidelidad a la verdad

en un mundo dominado por la mentira. La promesa es que, justo en esa tribulación y humillación, el poderoso Espíritu de Dios dará su propio testimonio acerca del Jesús crucificado presentándolo como Señor y dador de la vida.[413]

En esto consiste el misterio. Ese es el espacio en el que entramos cuando nos ponemos de pie ante otras personas (algunas ansiosas, otras cansadas, otras con temor, algunas hostiles) y, Biblia en mano, tratamos de decir fielmente lo que Dios dice en el pasaje bíblico.

Efectivamente, nos presentamos con toda nuestra dura labor; pero nuestra postura no nace de ello. Efectivamente, nos presentamos con la ecología de nuestra personalidad; pero nuestra postura no nace de ello. Efectivamente, nos presentamos frente a todas las relaciones dinámicas entre los oyentes y nosotros, algunas positivas, algunas problemáticas, algunas negativas; pero nuestra postura no nace de ello. Efectivamente, nos presentamos con nuestra convicción de la verdad respecto a lo que decimos, como le dijo una mujer a Leighton Ford: «Quiero que mis amigos escuchen a un predicador que cree desde lo más profundo de su ser en lo que está predicando».[414] Pero nuestra postura no nace de ello. Nos presentamos en el misterio de la persona humana, en las estructuras alteradas de la realidad y en lo que el creativo y redentor Espíritu de Dios está haciendo con el pasaje, el predicador y los oyentes. Estas son cosas que nadie más puede o debe hacer. Nos presentamos en el misterio del incomprensible amor de Dios por el mundo.

Así que, volvemos a donde empezamos, al misterio de la transformación divina del mundo por medio de la locura y la debilidad de la predicación. Cuando el Dios vivo habla, algo siempre sucede… Cuando el predicador pronuncia el discurso de Dios, Dios siempre habla… Cuando el predicador pronuncia el discurso de Dios, algo siempre sucede…

Porque cuando el predicador habla, el predicador forma parte del mensaje del gran Predicador.

¡En esto consiste el honor de la predicación!

Notas

378. El título de uno de los libros de Lesslie Newbigin sobre la misión del Dios trino en el mundo. *The Open Secret*, Grand Rapids: Eerdmans, 1978. «Comenzaré, por lo tanto, considerando la misión cristiana de tres maneras: como proclamación del reino del Padre, como un compartir en la vida del Hijo y como un dar testimonio del Espíritu» (p. 31).

379. Dennis Covington, *Salvation on Sand Mountain*, New York: Addison-Wesley, 1995, pp. 203-204.

380. Ver David Lose, *Confessing Jesus Christ: Preaching in a Postmodern World*, Grand Rapids: Eerdmans, 2003, pp. 1-62, para un análisis brillante de los asuntos involucrados. La posmodernidad, alega Lose, desafía la exigencia modernista por certeza fundamentada en «datos concretos». Aquellos que optan, con la posmodernidad, por dejar ir esa clase de certeza y vivir «con las tensiones de la incertidumbre», sigue diciendo Lose, «son libres, libres de creer, hablar y actuar con base en sus convicciones. Al final de todo, por lo tanto, lo que deponemos no es la verdad, sino la habilidad para probar la verdad; no el discurso, sino el derecho a tener la última palabra; no la fe, sino la certeza de la desambiguación; no la esperanza, sino un futuro asegurado por el fundacionalismo modernista… En este sentido, la posmodernidad les brinda a los cristianos un gran servicio al clarificar la naturaleza esencial de nuestra fe, pues nos damos cuenta de y traemos a memoria que las pretensiones cristianas descansan no en un fundamento final, ni siquiera en un no-fundacionalismo. Antes bien, el cristianismo existe únicamente por la confesión, la convicción y la afirmación de la verdad revelada aparte de cualquier apelación a otro criterio; esto es, vivimos solo por fe» (p. 62). ¡Qué gran postura luterana!

381. Una gama de perspectivas: Kevin J. Vanhoozer, ed., *The Cambridge Companion to Postmodern Theology*, Cambridge: Cambridge University Press, 2003. Este es un recurso de alto valor pues reúne al pensamiento de un amplio grupo de académicos. Ver también Stanley J. A. Grenz, *A Primer on Postmodernism*, Grand Rapids: Eerdmans, 1996, y Brian D. McLaren, *A New Kind of Christian: A Tale of Two Friends on a Spiritual Journey*, San Francisco: Jossey-Bass, 2001; Richard J. Middleton y Brian J. Walsh, *Truth Is Stranger Than It Used to Be: Biblical Faith in a Postmodern World*, Downers Grove, Ill.: InterVarsity Press, 1995; Graham Johnston, *Preaching to a Postmodern World: A Guide to Reaching Twenty-First*

Century Listeners, Grand Rapids: Baker, 2001; John H. Wright, *Telling God's Story: Narrative Preaching for Christian Formation*, Downers Grove, Ill: IVP Academic, 2007.

382. Citado en Vanhoozer, *op. cit.*, p. 1

383. Nota del editor: ver nota 100.

384. Tal como la compartí en el capítulo 3 de este libro «¿Dónde sucede?»

385. James Turner, *Without God, Without Creed: The Origins of Unbelief*, Baltimore: Johns Hopkins University Press, 1985. Thomas Gillespie, a la sazón rector de Princeton Theological Seminary, me recomendó ese trabajo durante una reunión en Whitworth College, Spokane, Washington, 1986.

386. *Ibid.*, p. xiii.

387. *Ibid.*

388. *Ibid.*

389. *Ibid.*

390. *Ibid.*, p. 73.

391. *Ibid.*, p. 84.

392. *Ibid.*, pp. 266-267.

393. *Ibid.*, p. 269.

394. Martin B. Copenhaver, Anthony B. Robinson y William H. Willimon, *Good News in Exile: Three Pastors Offer a Hopeful Vision for the Church*, Grand Rapids: Eerdmans, 1999, p. 56. Énfasis añadido.

395. *Ibid.*

396. *Ibid.*

397. *Ibid.* Énfasis en el original.

398. Turner, *op. cit.*, p. 269.

399. Dorothy Sayers, *The Whimsical Christian: 18 Essays by Dorothy Sayers*, New York: Macmillan, 1987, p. 27.

400. *Ibid.*, p. 28.

401. E. Stanley Jones, *In Christ*, Nashville: Abingdon, 1961, p. 282.

402. Para una exégesis completa y detallada de este himno, ver N. T. Wright, *The Climax of the Covenant*, Minneapolis: Augsburg, 1993, p. 104.

403. Nota del editor: el autor aquí usa el término inglés *seeker*, que es tan antiguo como el propio protestantismo inglés, pero que aquí se refiere al uso que le diera la corriente del iglecrecimiento estadounidense (influenciada

por la sociología) hace unas cuantas décadas atrás. Es decir, *seeker* es aquel que anda en la búsqueda de la verdad y se siente atraído, por alguna razón y otra, al evangelio o a la iglesia. También se usa como adjetivo para describir la manera de conducir los cultos o actividades de la iglesia con el propósito de alcanzar a los *seekers*. A pesar de que el término ha sido traducido como «buscador», carece de sentido en el mundo hispánico y requiere una explicación religiosa-cultural. Es más bien un término nacido del contexto de una sociedad protestante que vertiginosamente se ha ido secularizando.

404. Le debo esta observación a Doug Nason, en un sermón en la convocación devocional de los miércoles en Fuller Seminary.

405. Este tema lo desarrollaré más ampliamente en un próximo libro que llevará por título, *Altered Structures of Reality: Setting the Captives Free*. El contenido proviene de una serie de conferencias que impartí para el Día del Fundador, Örebro Missionsskola, Örebro, Suecia, diciembre 6, 2002.

406. Ver Gustav Aulen, *Christus Victor: An Historical Study of the Three Main Types of the Idea of Atonement*, New York: Macmillan, 1969. Estamos viviendo en un tiempo en el que necesitamos recuperar este aspecto de la obra de Jesucristo: ver Rober Webber, *Ancient-Future Faith: Rethinking Evangelicalism for a Postmodern World*, Grand Rapids: Baker, 1999, especialmente pp. 49-61.

407. Esto es lo que Jesús incluye en la promesa del Paráclito. Ver Juan 14-15.

408. Gary V. Smith, *The Prophets as Preachers*, Nashville: Broadman y Holman, 1994, p. 110.

409. Vemos que esto sucede en la vida de Jesús cuando su auditorio lo «interrumpe» con preguntas, comentarios, afirmaciones y críticas. Ver Juan 6.

410. Leslie Newbigin, *The Light Has Come: An Exposition of the Fourth Gospel*, Grand Rapids: Eerdmans, 1982, p. 206.

411. *Ibid.*

412. *Ibid.*

413. *Ibid.*, pp. 207-208.

414. Leighton Ford, «Evangelistic Preaching in the Twenty-First Century», Journal for Preachers 30, no. 4 (Pentecost 2007): 30.

Epílogo
Un sermón

Un epílogo es una «recapitulación de lo dicho en un discurso o en otra composición literaria».[415] Por lo tanto, sería adecuado «recapitular lo dicho» respecto a la predicación recurriendo a un poco de predicación, con el propósito de ilustrar de qué manera lo que hemos explorado se conjuga en un sermón expositivo y así lograr en términos prácticos que prediquemos a la vida de los predicadores.

He elegido «emitir» el sermón particular de este epílogo por tres razones. La primera es ofrecer ejemplos de las formas homiléticas más básicas, tomando sencillamente la primera palabra del pasaje y prosiguiendo palabra por palabra (no necesariamente en orden estricto).[416] La segunda, el pasaje, Mateo 11.25-30, se ha convertido para mí en el pasaje central del discipulado, que nos conduce directamente a la esencia del llamado que Jesús nos hace. Considero que este es el pasaje por excelencia para mi vida, y el otro pasaje que compite con aquel es el gran himno cristológico de Filipenses 2.5-11, donde Jesús nos revela lo que para Dios significa ser Dios.[417] La tercera, he predicado este pasaje y su sermón por todo el mundo y he visto cómo el Espíritu Santo conduce a la gente a una nueva libertad, una nueva esperanza, una nueva alegría.[418] La respuesta uniforme ha sido: «Sí. ¡Esto es vida!»

He presentado el sermón en el formato que tengo ante mí cuando lo he predicado. Es un sermón escrito con enunciados cortos, para que faciliten la respiración normal.[419] Las frases y las cláusulas gramaticales aparecen con sangrado, las palabras clave aparecen con mayúsculas para dar énfasis, las palabras de Mateo aparecen en negritas. Mientras predico, paso las páginas de derecha a izquierda. Ninguna de las oraciones del manuscrito continúa en la página siguiente. También utilizo un marcador de color para resaltar las transiciones clave (que he omitido en este libro). Lo que realmente suelo tener ante mí es un manuscrito, es decir, literalmente escrito a mano. Como ya lo he señalado, escribir con lápiz me permite colocar palabras, frases y oraciones libremente en el papel, donde las puedan detectar visualmente de manera rápida liberándome así para poder dirigirme al oído.

Señor, habla. Tus siervos escuchan.

Pasaje: Mateo 11.25-30

Título: «Lo más importante: ¡Incluido!»

Ocasión: Conclusión de El honor de la predicación[420]

Los invito a que ahora presten atención a dos citas.
Uno es de Stephen Covey, el gurú de la gestión del tiempo.
El otro es de san Mateo.
un cobrador de impuestos convertido en evangelista.
No quiero decir de ninguna manera
que los dos pasajes tengan el mismo peso.
ni que tengan la misma autoridad.
La cita de Stephen Covey
se encuentra en la página 34 de su libro *First Things First*.
Dice Covey:
«Lo más importante es que lo importante siga siendo
lo más importante».[421]
El pasaje de San Mateo
se encuentra en el capítulo 11 de su libro, versículos 25-30.
Ustedes conocen bien el pasaje.
Estoy seguro de que lo han predicado muchas veces.
Por medio de este pasaje
se nos recuerda lo más importante
y que siga siendo lo más importante.
(Cuando predico en vivo, a estas alturas por lo general digo: «Si les es posible, ¿podrían por favor ponerse de pie para leer las buenas nuevas? Tan pronto la congregación se ponga de pie, les digo: «Escuchen la Palabra de Dios».)

En aquel tiempo Jesús dijo: «Te alabo, Padre, Señor del cielo y de la tierra, porque habiendo escondido estas cosas de los sabios e instruidos, se las has revelado a los que son como niños. Sí, Padre, porque esa fue tu buena voluntad.

Mi Padre me ha entregado todas las cosas. Nadie conoce al Hijo sino el Padre, y nadie conoce al Padre sino el Hijo y aquel a quien el Hijo quiera revelarlo.

Vengan a mí todos ustedes que están cansados y agobiados, y yo les daré descanso. Carguen con mi yugo y aprendan de mí, pues yo soy apacible y humilde de corazón, y encontrarán descanso para su alma. Porque mi yugo es suave y mi carga es liviana».

Oremos. «Espíritu del Dios vivo: creemos que tú facultaste a Mateo para que recordara fielmente estas palabras de nuestro Señor, y que tú le permitiste registrarlas con precisión para nosotros. ¿Ayúdanos ahora, por tu misericordia y tu gracia, a entrar en la realidad de la que hablan esas palabras? Te lo pedimos en nombre de Jesús. Amén».

(A estas alturas, invito a los oyentes a que se dirijan a una o dos de las personas a su alrededor para que respondan a dos preguntas. 1. «Mientras leíamos este pasaje, ¿qué les llamó la atención?» 2.¿Qué pregunta les gustaría hacer para que logren entender mejor este pasaje?» Me parece que incluso alguien que visita la iglesia por primera vez podrían participar en esto, ya que las preguntas no intimidan, es decir, no hay respuestas equivocadas.)

Vengan.
Una vez vi un anuncio que decía: «La palabra favorita de Dios es "Vengan"».

Es cierto que Jesús dice «vayan»… «vayan y hagan discípulos de todas las naciones».

También Jesús dice «busquen»… «busquen el bienestar de la ciudad».

Y también «sirvan» y «canten» y «sanen» y «prediquen».

Pero su palabra favorita es «vengan».

Mí.

A mí.

Subrayen el pronombre **mí**.

Vengan a mí.

Jesús no dice: «Vengan a la religión».

Jesús no dice: «Vengan a la espiritualidad».

Jesús no dice: «Vengan a la iglesia».

No nos dice: «Vengan al ministerio».

Ni siquiera nos dice: «Vengan a la divinidad».

¡Planteándonos la pregunta respecto a quién cree que es!

Vengan a mí.

Jesús nos llama para que nos acerquemos a él.

Mientras servía de capellán en el Senado de los Estados Unidos, Richard Halverson hizo una observación.

mostrando lo fácil que es perder contacto con el pronombre.

Halverson observó que el cristianismo comenzó en suelo palestino,

en una relación con una persona.

Se trasladó a suelo griego y se convirtió en una filosofía.

Se trasladó a suelo romano y se convirtió en una institución.

Se trasladó a suelo británico y se convirtió en una cultura.

¡Se trasladó a suelo estadounidense y se convirtió en una empresa!

¿Necesito seguir avanzando?

Pues bien, el cristianismo es una filosofía,

la más coherente y completa de todas las filosofías.

El cristianismo es una institución,

la más redentora y vivificadora de todas las instituciones.

(se supone que lo es).

El cristianismo es una cultura,

la más incluyente y transformadora de todas las culturas.

El cristianismo es una empresa,

la más grande que se pueda imaginar…

¡La empresa que restaura todo el universo!

Pero el cristianismo es básicamente una persona.

Vengan a mí.

«Lo más importante es que lo importante siga siendo lo más importante».

Lo más importante es una persona.

«Vengan a mí todos ustedes que están **cansados**».

Todos los que están cansados del padecimiento de la vida.

Todos los que están cansados del sufrimiento en el mundo.

Todos los que están cansados de la injusticia y el dolor,
   del terrorismo y la guerra.
¿Conocen a alguien que sufra este cansancio?

«Vengan a mí todos ustedes que están cansados y **agobiados**».
En español, así como en griego, los verbos poseen tres voces básicas:
   la voz activa, la pasiva y la media.
      Voz activa — «Juan lavó los platos».
      Voz pasiva: «Los platos fueron lavados por Juan».
      Voz media— «Estos platos se lavan muy bien».

«Todos ustedes que están agobiados».
   Esta palabra, en griego, está en voz media: «se agobian».
   «Vengan a mí todos ustedes que se agobian».

¿Conocen a alguien que vive agobiado?
   Casi siempre, nuestro agobio lo causamos nosotros mismos.

«Vengan… y yo les daré **descanso**.
   Oh Señor, ¿en serio?
   Literalmente, «**os haré descansar**».
      ¿No sería esta una mejor manera de decirlo?
      Ciertamente, suena más acogedora.
         «os haré descansar».
   «Les daré descanso»
      podría llevarnos a pensar
         que el «descanso» podría suceder sin Jesús,
            como si el descanso fuera algo que Jesús
               ha depositado en nuestras manos
                  y que corre por nuestra cuenta.

«Os haré descansar» nos sugiere que el que nos da el descanso participa de ello.
   «Vengan a Mí y los descansaré».
Descanso.
   La palabra nos lleva al principio.
   Génesis 2.3:
      «Dios bendijo el séptimo día y lo santificó,
         porque en ese día descansó de toda su obra».

¿Qué significa que Dios «descansó»?

¿Que Dios cesó de toda actividad?

¿Que Dios puso la palanca de cambios en neutro, por así decirlo?

No.

Significa que Dios llegó a la razón por la que decidió crear

En la canción de la creación

que aparece en Génesis 1

escuchamos el estribillo

«Y vino la noche, y llegó la mañana».

«Y vino la noche y llegó la mañana, ese fue el primer día».

«Y vino la noche y llegó la mañana, ese fue el segundo día».

«…ese fue el tercer día».

«…el cuarto día»,

«…el quinto día»,

«…el sexto día»

Pero no hubo «y vino la noche y llegó la mañana, ese fue el séptimo día».

El séptimo día no tiene fin.

¡El séptimo día siete es la razón por la que Dios creó el mundo!

Que Dios haya descansado significa que nos ofrece la razón por la que

se tomó la molestia de crear el mundo.

Que Dios haya descansado significa que cumplió el propósito de su voluntad para la creación.

Vengan a mí todos ustedes que están cansados y se han agobiado… y los haré descansar.

Los conduciré a la plenitud para la cual fueron originalmente creados».

«Y encontrarán descanso **para su alma**».

Ahí es donde necesitamos hallar descanso… ¿no es así?

En nuestras almas.

Nuestros cuerpos y mentes se han agobiado

porque nuestras almas están cansadas.

Lo que necesitamos es «descanso para nuestras almas».
Vengan a mí… a mí… a mí.
> **y encontrarán descanso para su alma.**
>> ¡Te rogamos, Jesús, que escuches nuestro ruego!

¿Cómo es que Jesús nos ofrece descanso a nuestras almas?
¿Están listos?
Carguen con mi yugo.
> ¿Qué?
¿Encontraremos descanso cuando carguemos con el yugo de Jesús?
>> Estar sobrecargados es un alarmante antídoto contra el cansancio.
¡El yugo simboliza el trabajo… y del duro! [Vean 1 Reyes 12.4]
¡El profeta Isaías habló del día en que nacería un niño
> y que quebraría «el yugo que los oprimía» (Is 9:4)?
¿Acaso cargar con un yugo hará liviana mi alma agobiada?
¡Cargar con un yugo
> era lo que menos esperaban las personas cansadas y agobiadas del siglo i![422]
> Un placentero paseo de campo a las orillas del Jordán, quizá.
> O flotar relajadamente en el Mar Muerto.
> O tal vez unas vacaciones en las colinas del Líbano.
> Pero ¿cargar con un yugo?
> Los yugos se colocan sobre los cuellos de los animales
>> para que puedan llevar
>> ¡más de lo que ya llevan!

Vengan a mí… y los haré descansar.
> Carguen con mi yugo…
>> y sus almas, su ser interior, hallarán descanso.

¿Cuál es el punto? ¿Qué es lo que quiere decir Jesús?
¿Están listos?
Jesús nos dice
> que estamos cansados
>> porque llevamos el yugo equivocado.
El descanso para el alma la obtenemos por medio de «una transferencia de yugos».[423]

¿Se dan cuenta? La pregunta jamás debería ser:
«¿Cargaré alguna vez algún yugo?»
La pregunta siempre será: «¿El yugo de quién voy a cargar?»
Todos cargamos con un yugo; no hay seres humanos sin yugo.
La pregunta jamás debería ser: «¿Seré un discípulo?»
La pregunta siempre debe ser: «¿De quién seré discípulo?»
La pregunta jamás debería ser: «¿Me presionará alguna vez algún pensamiento o mentalidad?»
La pregunta siempre debe ser: «De todos los pensamiento o mentalidades de la época,
que me presionan, ¿frente a cuál cederé?
La pregunta jamás debería ser: «¿Cargaré alguna vez algún yugo?»
La pregunta siempre debe ser: «¿El yugo de quién cargaré?»

Jesús nos dice que estamos cansados y agobiados porque cargamos los yugos equivocados.
Cambien de yugo.
Tomen el mío, nos dice Jesús.
Porque «mi yugo es suave y mi carga es liviana».

¿Suave y liviana?
Sí, claro… ya he leído el resto de la historia.
¿Suave y liviana?

La pregunta del millón es, por lo tanto,
¿CUÁL ES EL YUGO DE JESÚS?
¿CUÁL ES LA CARGA DE JESÚS?

Él lo llama «**mi** yugo».
Es decir, es algo que le pertenece.
Sea lo que fuere el yugo, es algo que *él mismo* carga.
Esa es la clave.
El yugo que él nos llama a cargar
es algo que él mismo carga.
Mi yugo.
Y los hombres y mujeres a su alrededor podían verlo…
y notar la diferencia que había hecho en su vida.
«**Mi** yugo».

Y «**mi** carga».

Una vez más, es algo que *él mismo* lleva.

Sea lo que fuere, es algo que él mismo lleva.

Los hombres y las mujeres a su alrededor también podían verlo…

y notar la diferencia que había hecho en su vida.

«Carguen con mi yugo… que yo mismo llevo a cuestas».

¡Resulta que lo ha llevado a cuestas por toda la eternidad!

Lo usó antes de asumir nuestra carne y sangre.

Lo usó durante su vida terrenal.

Desde Belén hasta la cruz.

Carga con él incluso ahora.

¿Y ese yugo qué es?

¿Su nueva ley?

Los rabinos de los tiempos de Jesús hablaban del «yugo de la ley».

Así que sería fácil concluir,

como yo mismo lo hice durante muchos años,

que el yugo de Jesús es su nueva ley,

su nueva «Torá»,

descrita en el sermón del Monte.

¿Pero será esto lo que Jesús dice?

En especial, ¿es esto lo que dice el pasaje de Mateo?

No.

Entonces, ¿cuál es su yugo, el yugo que reconforta, el yugo que carga consigo mismo?

ES SU RELACIÓN CON AQUEL QUE LLAMA «PADRE».

Es su relación filial con el «Padre».

¿Cómo lo sabemos?

Rindiendo honor a la manera en que Mateo recuerda las palabras de Jesús.

La mayoría de nosotros comienza donde lo hacen las tarjetas de felicitación,

tal como lo he hecho yo en este sermón,

con el versículo 28: «Vengan a mí».

Pero ahí no es donde comienza Mateo.

Él lo hace en el versículo 25:

«En aquel tiempo, respondiendo Jesús, dijo:
Te alabo, Padre…»
Y prosigue manifestando su confianza en la sabiduría y
soberanía de su Padre.
y para dar a conocer el misterio del Dios viviente:
que existe dentro del único Dios
una comunión,
una comunidad,
una reciprocidad,
una profunda relación de conocimiento y revelación.
El llamado de Jesús «Vengan a mí… carguen con mi yugo»
surge de su oración
«Te alabo, Padre, Señor del cielo y de la tierra».
El llamado de Jesús «Carguen con mi yugo»
surge de su acto de adoración,
**«Te alabo… porque escondiste estas cosas
de los sabios y de los entendidos,
se las revelaste a los niños».**

El llamado de Jesús surge de la alabanza que le rinde al Padre,
«Sí, Padre, porque así te agradó».

El llamado de Jesús surge de su afirmación,
«Todas las cosas me fueron entregadas por mi Padre».
El llamado de Jesús surge de su declaración,
**«Nadie conoce al Hijo, sino el Padre;
ni al Padre conoce alguno, sino el Hijo,
y aquel a quien el Hijo lo quiera revelar».**
¿Lo ven?

La imagen del pasaje que más exigió a mi vida fue esta:
Jesús me dice que me acerque a él,
y luego,
sosteniendo algo en sus manos,
me dice:
«Mira, te he traído este yugo para que te lo pongas…
y hará que descanses».
La imagen del pasaje que más me exige ahora es esta:
Jesús está orando…

Jesús está adorando…
Jesús está en comunión con quien llama «Padre».

Luego se vuelve hacia nosotros
        DESDE EL INTERIOR DE ESA CONVERSACIÓN,
            desde el interior de aquella RELACIÓN,
            desde el interior de la INTIMIDAD;
Se vuelve hacia nosotros y nos dice: «Vengan».
        «Vengan a mí…
            carguen con el yugo que me ven usando ahora.
                ¿Lo ven?
                ¿Ven mi yugo?
                Mi yugo es la relación que tengo con mi Padre.
                    Los llamo a que se me unan.

¡Me quedo sin aliento!

El pasaje comienza con Jesús el Hijo en comunión con el Padre.
    Jesús realmente disfruta estar en comunión con el Padre.
    Jesús realmente ama a su Padre.
        Me quedo corto con lo que acabo de decir.
        Es el secreto de la identidad y el ministerio de Jesús;
            no podemos entender a Jesús
                si no incluimos el amor que tiene por su Padre.

Jesús alaba a su Padre,
Se deleita en él,
Confía en su Padre.
    y lo hace en un contexto.
        que solo parece exigirle todo menos
            alabanza, deleite, confianza.

        Las ciudades de Corazín, Betsaida y Capernaún.
            ¡Rechazaron su predicación del evangelio del reino!
            Algunos lo acusaron de venir de parte del diablo.
            Otros creían que estaba loco.
            Algunos quisieron apedrearlo.

Pero ahí siguió él.
    alabando a su Padre,
        deleitándose en él,

y confiando en él.
Y se vuelve a los discípulos,
    y les dice,
        «Vengan a mí»
    dando a entender,
        «Únanse conmigo en mi alabanza, mi deleite, mi confianza».

Carguen con mi yugo.
    El yugo de Jesús es la relación que tiene con su Padre.

¿Y su carga?
    Su carga es complacer a su Padre.
    Jesús vive para complacer a su Padre.
        nada menos, nada más.
    Como lo escuchamos decir en el evangelio de Juan,
        «Yo solo hago lo que veo hacer a mi Padre,
        yo solo digo lo que oigo decir a mi Padre».
    Jesús vive toda su carrera,
        si es que pudiéramos usar este término,
            para un auditorio de una persona solamente.[424]
    Y él nos llama para que hagamos lo mismo:
        vivir para un auditorio de una persona solamente.

Efectivamente, las necesidades de la humanidad quebrantada,
ejercen presión sobre Jesús,
        presionan lo profundo de su ser.
        Pero las necesidades no dictan el plan de vida.
Efectivamente, a Jesús le concierne los ruegos de la gente a su
alrededor,
        pero los ruegos no rigen el ritmo
        de su existencia cotidiana.
Jesús no quiere la aprobación de los escribas y fariseos,
        ni la de los doctores de la ley o los maestros de espiritualidad.
Jesús no quiere la bendición de los saduceos o la de los principales
sacerdotes,
        ni la de los intelectuales o los expertos religiosos.
Jesús no se siente obligado a complacer a Herodes ni a Pilato;
        saber si las estructuras de poder
            lo apoyan o no, lo tiene sin cuidado.

Jesús no se siente obligado a complacer a sus discípulos,
    ni a sus hermanos o hermanas,
    ni tampoco a su madre.
        «¿No sabían que tengo que estar en la casa de mi Padre?»
Estas palabras, que las dijo cuando tenía 12 años, marcaron toda
su vida.
    Jesús posee determinación,
        si es que pudiéramos usar este término,
            para complacer al Padre.
                Punto.

Vengan a mí todos ustedes que están cansados.
    Carguen con mi yugo.
        Lleven mi carga.
            y encontrarán descanso para su alma.
    Porque mi yugo es suave,
        y mi carga es liviana.
¿Suave y liviana?
    Quizá lo sea para ti, Jesús,
    pero ¿para nosotros? ¿Suave y liviana?
Sí, responde él.
    ¿De veras?
    Sí.
    ¿Explícanos?
¡Porque fue para esto fuimos creados y estamos siendo redimidos!

«Mi yugo es *suave*».
    La palabra griega es *jrēstós*,
        que tiene cierta relación con la palabra *Jristós*,
            Cristo.[425]
        El yugo de *Jristós* es *jrestós*.
        Jrestós significa «amable» cuando se refiere a personas.
            Significa «adecuado» cuando se refiere a cosas.

    «Mi yugo es *jrestós*,
        adecuado para mí…
        porque toda mi identidad y mi existencia se hallan en el Padre.

    Y adecuado para ustedes…
        porque han sido creados para

y están siendo redimidos para
    aquella misma identidad y existencia».

«Lo más importante es que lo importante siga siendo lo más importante».
    Lo importante es la RELACIÓN en el centro del universo.
        Una relación entre Padre e Hijo.
        Una relación tan llena de vida.
            que la propia relación
                es aliento divino,
                    es Espíritu,
                        es Persona,
                            es el Espíritu Santo.
    Fuimos creados A PARTIR DE esa relación.
    PARA aquella relación nos crearon.
    Mucho antes de que existiéramos,
        la relación ya existía.
            El Dios trino ya estaba allí.
            Disfrutando de una felicidad infinita.
            No estaba solo.
            Ni en necesidad.
    Y un día,
        si es que podemos decir «día» antes de que el tiempo existiera,
        el Padre le dijo al Hijo:
            «Esto es demasiado bueno como para que sea solo para nosotros.
                Hagamos criaturas a nuestra imagen.
                    para que disfruten lo que nosotros disfrutamos».
    ¡Fue así que Dios nos creó!
    Y cuando fuimos tan necios de rechazar aquella vida…
        y huir por nuestra cuenta…
            Dios no se rindió.
            Sino que vino a buscarnos.
            Dios descendió.
                hasta donde vivíamos
                y se volvió como uno de nosotros.
                Y nos llama,
                    «Vengan… a mí…

que los restauraré
para aquello para lo cual el Padre y yo
los creamos».
¿Acaso no es esto bueno?
Hace algunos años, yo «por accidente»
[aunque supongo que un presbiteriano no debería usar esa expresión]
tropecé con un libro
del gran teólogo escocés Thomas Torrance;
una de sus obras menos conocidas, *Trinitarian Perspectives*.[426]
Leí un renglón
que resultó ser
El descubrimiento teológico más importante.
de toda mi vida hasta ahora.
Supongo que debí haber logrado ese descubrimiento en el seminario hace décadas,
pero no fue así.

En la primera página del libro,
Torrance escribe cosas como esta:
«La doctrina de la Trinidad
es el dogma central de la teología cristiana,
la gramática fundamental de nuestro conocimiento de Dios».
¿No es esto bueno?
«Porque la doctrina de la Trinidad
manifiesta el hecho
de que Dios se dio a conocer a nosotros…
de tal manera
que podemos conocerlo en las relaciones internas de su ser divino,
y tener comunión con él en su vida divina
como Padre, Hijo y Espíritu Santo.

Me gusta lo que leo,
así que sigo
Por medio de la reconciliación que se logró en la cruz, dice Torrance,
Dios «ha establecido una íntima relación

en ambos sentidos, entre él y nosotros.
y nosotros y él,
logrando así que podamos llegar a Dios…
dándonos acceso a
la comunión interior de la vida de Dios».
¡Qué maravilla!
¡Qué honor!»
Luego leí este renglón:
«Dios se acerca a nosotros
de tal manera
que nos acerca a él mismo
y nos introduce al círculo del conocimiento que tiene
de sí mismo».

¡Casi dejé caer el libro!
Me quedé estupefacto.
Las lágrimas comenzaron a fluir.
Quería levantarme y bailar…
y caer de rodillas.
«Dios se acerca a nosotros».
ESTO nada más basta.
¡Pero hay más!
«Dios se acerca a nosotros
de tal manera que nos acerca a él mismo».
ESTO nada más basta.
Podría vivir el resto de la vida solo con eso.
¡Pero hay más!
«Dios se acerca a nosotros
y nos introduce
al círculo
del conocimiento que tiene de sí mismo».

¡ESTO es lo que Jesús quiere decir con su yugo!
El yugo de Jesús es el círculo…
es el círculo del conocimiento que la Trinidad tiene de sí
misma.
Y qué maravilla…
¡Jesús nos llama a que nos unamos a él!

Es así que Dallas Willard puede decir:
«Ser incluido en la vida eterna de Dios.
cura todas las heridas
y nos permite abandonar toda búsqueda de satisfacción.
¿Qué más importan todos los asuntos personales
cuando ha quedado claro que hemos sido incluidos?»[427]

«Carguen con mi yugo.

Mi yugo es suave…

y bien adecuado».

Es el único yugo que se adapta bien a la especie humana.

«Y mi carga es liviana».

¿Liviana?

¿Complacer a Dios el Padre es una carga «liviana»?

Podrá serlo para ti, Jesús.

Pero, ¿para nosotros?

Sí, dice él.

Es una carga infinitamente más liviana que tratar de complacer a nuestros padres y madres terrenales.

¿De veras?

¡Sí!

Pues, ¿qué es lo que agrada el Padre?

Lo que agrada al Padre es que nos abandonemos al Hijo.

Lo que agrada al Padre es que confiemos totalmente
en la obra terminada del Hijo.

Lo que agrada al Padre es que recibamos al Espíritu,
acogiendo con satisfacción su compañía y su presencia
en nuestro interior.

Carguen con mi yugo.

Ustedes están muy cansados
porque cargan con los yugos equivocados
Ustedes están agobiados
porque llevan las cargas equivocadas.
Cambien de yugo… cambien de cargas.
Lleven mi yugo… lleven mi carga
y encontrarás descanso para sus almas.

Y no estamos solos
　　para descifrar cómo hacerlo,
　　　　cómo llevar su yugo.
　　　　　　En su encarnación,
　　　　　　　　Jesús el hijo
　　　　　　　　　　vive su relación con el Padre
　　　　　　　　　　　　en términos humanos.

Aprendan de mí, dice.
　　Que significa: «Mírenme cómo vivo en confianza e intimidad».
　　　　Él es nuestro ejemplo,
　　　　　　nos muestra 24/7 cuán suave el yugo y cuán liviana la
　　　　　　carga es.
　　En su estilo de vida en general,
　　　　en el ritmo de su día y semana,
　　　　　　Jesús nos muestra cómo recibir
　　　　　　　　y trabajar a partir
　　　　　　　　　　del afecto del Padre.

Aprendan de mí.
　　También significa: «déjenme mostrarles al Padre».
　　Jesús nos dice:
　　　　o al menos me lo dice a mí:
　　　　　　«Tu problema es que no conoces al Padre.
　　　　　　　　Te digo, entonces… puedes confiar en mi Padre…
　　　　　　　　　　aun cuando tu predicación
　　　　　　　　　　　　del evangelio del reino
　　　　　　　　　　　　　　encuentre resistencia».

　　«Ven … únete conmigo y alabemos al Padre.
　　　　Ven… únete conmigo y confiemos en el Padre.
　　　　　　Ven… únete conmigo
　　　　　　　　y simplemente haz lo que yo veo al Padre hacer…
　　　　　　　　y di lo que yo oigo al Padre decir.

Pues yo soy apacible y humilde de corazón.
　　No te recriminaré por tu sobrecarga autoimpuesta.
　　　　Sé la razón por la que te sucede eso.
　　　　Sé la razón por la que decidiste vivir para otros dioses.
　　　　　　y llevar otros yugos.

Ven, déjame guiarte lejos de tus viejos caminos.
  y traerte a mi camino.

Fue así como Bernard de Clairvaux
  en el siglo XII pudo cantar:
    «¡Oh carga bendita que alivianas todas las cargas!
      ¡Oh yugo bendito que elevas a quien lo carga!
«Lo más importante es que lo importante siga siendo lo más importante».
«Vengan a mí,
  ustedes los cansados de las realidades duras de la vida,
  y los que se agobian tratando de complacer a todos los demás.
  Carguen con mi yugo…
    únanse a mí en el círculo…
      entren en mi intimidad con el Padre.

Para que también ustedes
  puedan vivir
    trabajar
      y predicar
        desde un alma en reposo».

Notas

415. Según la primera acepción del DRAE en línea.

416. Esto es bastante efectivo; aporta un flujo fácil de seguir y de recordar. Juan 1.29: «He aquí, el Cordero de Dios que quita el pecado del mundo». Cuatro términos clave: Cordero de Dios, quita, pecado, mundo. Los predico en orden inverso: mundo, pecado, quita, Cordero de Dios. Juan 12.20-33, la esencia del evangelio de Juan. Cuatro palabras: hora, glorificar, grano de trigo, levantado. Es una secuencia impresionante para predicar la esencia de las buenas nuevas. Para un ejemplo magistral de este enfoque, ver el sermón de Karl Barth sobre Mateo 14.22-31 publicado en *The Word in the World*, Vancouver, B.C.: Regent College Publishing, 2007, pp. 45-61. ¡Palabra pura!

417. Ustedes pueden escucharme predicar sobre Filipenses 2.5-11 en www.PreachingToday.com

418. He predicado variaciones del sermón en la congregación de la iglesia Glendale Presbyterian Church, en Glendale, California; la de Fremont Presbyterian Church, en Sacramento, California; en el retiro de los profesores de la Facultad de Teología, Fuller Theological Seminary, Pasadena, California; ante los miembros de un programa doctoral en ministerio que enseñé en el Tyndale Theological Seminary, Toronto, Ontario; antes los participantes en cursos ministeriales que enseñé para un programa doctoral en Fuller; en la congregación de la iglesia First Baptist Church, Beirut, Líbano; en la iglesia First Baptist Church, en Nazaret, Galilea (uno de los aspectos más destacados de mi vida: ¡predicar en la misma ciudad donde el maestro predicó!); ante 300 estudiantes universitarios en Ereván, Armenia; ante la congregación de la iglesia Chinese Presbyterian Church, en Vancouver, B. C. (¡ojalá hubieran estado allí ese día!); en la iglesia Grace Presbyterian Church, en Toronto; ante los participantes de la Reunión Anual de la Sociedad Evangélica Homilética, Trinity Western University, Langley, B.C.; en la iglesia St. John's - St. Margaret's Anglican Church, en Singapur; ante los pastores y agentes pastorales en la Conferencia de Pastores, Trinity Academia Forum, Osprey Point, Maryland; para los 250 pastores y sus cónyuges en la Conferencia de Pastores de las iglesias de la Alianza Cristiana y Misionera de la Columbia Británica, en Kelowna, B.C.; y para los estudiantes de mis clases de «Predicación y Culto» en Regent.

419. Nota del editor: el autor usa el neologismo inglés *breath-bites*, que no tiene absolutamente nada que ver con bocados para controlar el aliento

de los perros, sino que más bien se refiere a que los enunciados han sido escritos de manera que la respiración del predicador suceda de manera normal, en contraste con enunciados largos e interminables.

420. Esta es la manera como configuro el manuscrito para todos mis sermones: pasaje, título, ocasión (con más detalles que me ayuden a recordar el evento).

421. Algunos de los contextos en los que he predicado desconocen el legado de Stephen Covey. La mayoría de los contextos en el futuro probablemente tampoco lo tendrán. Así que he cambiado la introducción: «No hay duda de que han escuchado, especialmente si viven en el mundo de los negocios, el dicho "lo más importante es que lo importante siga siendo lo más importante"». Un arquitecto que me escuchó usar la frase me trajo una piedra un domingo en la que estaban grabadas esas palabras. Debió haber pensado que yo necesitaba verla todos los días. Y lo hago. «Lo más importante es que lo importante siga siendo lo más importante». Otros contextos exigen otras modificaciones al manuscrito. No me ocuparé en anotarlos aquí.

422. F. Dale Bruner, *Christbook*, Waco, Tex.: 1984, p. x.

423. George Buttrick, *The Interpreter's Bible*, New York: Abingdon, 1951, 7:390.

424. Le debo esta frase a Steve Hayner, expresidente de InterVarsity Christian Fellowship.

425. Nota del editor: La relación entre *jrestós* y *Jristós* no es en lo absoluto etimológica como se pudiera pensar. Más bien, según F.F. Bruce, *jrestós* era un nombre común de esclavos en el mundo grecorromano (Crestus en latín) el cual sonaba casi idéntico a *Jristós* (Cristos en latín, y que era la traducción del título hebreo para mesías), de allí el supuesto parentesco. Más aún, las palabras se prestaban a mayor confusión porque el idioma latín carece del sonido palatal de la letra griega xi, como la jota española, el cual lo reemplazaban con lo más parecido que tenían en su repertorio fonológico, el sonido oclusivo k, como en inglés, que tampoco posee el sonido de la jota.

426. Thomas Torrance, *Trinitarian Perspectives: Toward Doctrinal Agreement*, Edinburgh: T & T Clark, 1994. Todas las citas provienen de la página 1.

427. Dallas Willard, *The Divine Conspiracy*, San Francisco: HarperSanFrancisco, 1998, p. 341.

Ediciones Certeza Unida es la casa editorial de IFES en los países de habla hispana. La IFES (International Fellowship of Evangelical Students), también conocida en América Latina como la Comunidad Internacional de Estudiantes Evangélicos (CIEE), agrupa a movimientos estudiantiles nacionales que procuran formar comunidades de discípulos quienes, transformados por el evagelio, impacten la universidad, la iglesia y la sociedad para la gloria de Cristo.

Editoriales miembro de Certeza Unida:

Certeza Argentina, Bernardo de Irigoyen 678, 5° I, (1072) CABA, Argentina.
certeza@certezaargentina.com.ar

Ediciones Puma, Av. 28 de Julio 314, Oficina G, Jesús María, Lima, Perú.
Apartado Postal 11-168.
ventas@edicionespuma.org | www.edicionespuma.org

Andamio Editorial, Alts Forns 68, Sótano 1, 08038, Barcelona, España.
libros@andamioeditorial.com | www.andamioeditorial.com

IFES América Latina está compuesta por los siguientes movimientos nacionales

Asociación Bíblica Universitaria Argentina (ABUA)
Comunidad Cristiana Universitaria, Bolivia (CCU)
Aliança Bíblica Universitária do Brasil (ABUB)
Grupo Bíblico Universitario de Chile (GBUCH)
Unidad Cristiana Universitaria, Colombia (UCU)
Estudiantes Cristianos Unidos, Costa Rica (ECU)
Grupo de Estudiantes y Profesionales Evangélicos Koinonía, Cuba
Comunidad de Estudiantes Cristianos del Ecuador (CECE)
Movimiento Universitario Cristiano, El Salvador (MUC)
Grupo Evangélico Universitario, Guatemala (GEU)
Comunidad Cristiana Universitaria de Honduras (CCUH)
Compañerismo Estudiantil Asociación Civil, México (COMPA)
Comunidad de Estudiantes Cristianos de Nicaragua (CECNIC)
Comunidad de Estudiantes Cristianos, Panamá (CEC)
Grupo Bíblico Universitario del Paraguay (GBUP)
Asociación de Grupos Evangélicos Universitarios del Perú (AGEUP)
Asociación Bíblica Universitaria de Puerto Rico (ABU)
Asociación Dominicana de Estudiantes Evangélicos (ADEE)
Comunidad Bíblica Universitaria del Uruguay (CBUU)
Movimiento Universitario Evangélico Venezolano (MUEVE)

Web: IFES América Latina *https://ifesworld.org/es/region/americalatina/*

www.ingramcontent.com/pod-product-compliance
Lightning Source LLC
LaVergne TN
LVHW010501200726
843506LV00013B/2480